베이직부터 커스텀까지
내 손으로 만드는 15가지

드림캐쳐 수업

베이직부터 커스텀까지
내 손으로 만드는 15가지

드림캐쳐 수업

Dreamcatcher

위클리제이 · 이경미 지음

책밥

Prologue

좋은 꿈을
선물받으셨군요!

드림캐쳐는 꿈을 현실과 밀접하게 생각했던
아메리카 원주민들에게서 유래되었습니다.
그들에겐 그물이 나쁜 꿈을 걸러주고,
그물 사이로 좋은 꿈을 가져다준다는 믿음이 있었죠.

8년 전 어느 날, 저는 우연히 방송에서 드림캐쳐를 보았습니다. 깃털이 바람에 흩날리는 모습을 보고 순식간에 마음을 빼앗겼고, 곧 드림캐쳐 만들기를 시작하게 되었습니다. 그 당시엔 드림캐쳐와 관련된 책이 없었기 때문에 여러 방편으로 제작법을 찾아 하나씩 따라 만들었죠. 그러나 역시 마음에 썩 들지 않더군요. 드림캐쳐 특유의 어둡고 비비드한 컬러와 짜기 어려운 그물 기법 등이 문제였습니다.

그래서 저는 저만의 드림캐쳐 스타일을 만들기로 했습니다. 더 예쁜 드림캐쳐를 만들기 위한 다양한 기법들을 스스로 개발했고 새로운 재료들을 찾으며 연구했습니다. 그렇게 디자인을 연구하고 공방을 운영하면서 좋은 꿈을 찾아 '꿈을만드는공방'에 방문해주시는 많은 분들을 만났습니다. 그분들 덕분에 제 인생에도 좋은 꿈이 가득 채워졌죠.

이 책에는 그동안의 제 노력과 노하우가 전부 녹아 있습니다. 되도록 독자 여러분들이 반복해 연습하면 충분히 따라 하실 수 있게 기획했습니다.

이 책을 통해 드림캐쳐를 선물하는 분들에게도, 선물받는 분들에게도 좋은 꿈과 기운이 가득하길 소망합니다.

_ 위클리제이

WRITING	위클리제이(이경진 makingdream_weeklyj)
	이경미(makingdream_lucy)
PHOTO	박희성(bluehopephoto)
THANKS TO	나의 사랑하는 가족과 늘 나의 편이 되어주는 고마운 꿈공방 식구들
	포토그래퍼 모모소이(studio.moida)
	동영상 크리에이터 이봉주(eyuksa)
	홍복희(dear_mogwa)

러블리핑크 드림캐쳐
HOW TO MAKE __35p

아이방 드림캐쳐
HOW TO MAKE _73p

그린우드 드림캐쳐
HOW TO MAKE _81p

조화&자개 드림캐쳐
HOW TO MAKE _ 87p

벨 웨딩카 드림캐쳐
HOW TO MAKE _ 95p

Dreamcatcher

탄생석 드림캐쳐
HOW TO MAKE _109p

레이스 드림캐쳐
HOW TO MAKE __119p

크리스탈 드림캐쳐
HOW TO MAKE __127p

마크라메 드림캐쳐
HOW TO MAKE __143p

회전목마 드림캐쳐 모빌
HOW TO MAKE __153p

위빙스타일 드림캐처
HOW TO MAKE _181p

타조 깃털 드림캐쳐
HOW TO MAKE _ 167p

Dreamcatcher

더블링 드림캐쳐
HOW TO MAKE _195p

펜던트 드림캐쳐
HOW TO MAKE _ 223p

골드 드림캐쳐
HOW TO MAKE _ 209p

Dreamcatcher

Contents

Prologue
좋은 꿈을 선물받으셨군요! • 005

Part 1
드림캐쳐를 만들기 위한 기본 상식

1. 기본 도구 소개 • 024
2. 재료의 종류
링 • 025
실 • 026
레이스 • 027
원석 • 028
크리스탈 • 028
기타 장식류 • 029
금속 • 030
우드 • 030
깃털 • 031
펜던트와 오링 • 032
자수 패치 • 032
큐빅 열접착 시트 • 033
조화 • 033

3. 반복 기법
러블리핑크 드림캐쳐로 익혀보는 반복 기법 • 035
기본 반복 방법 익히기 • 037
링 감을 털실 길이 재는 법 • 037
실 여러 줄 겹치기 • 038
링에 털실 감고 고리 만들기 • 038
그물 짜기 • 041
원석 장식하기 • 047
깃털 다듬기 • 049
작은 깃털 다듬기 • 050
깃털 묶기 • 051
깃털에 원석 꿰고 달기 • 053

4. 그 외 필수 기법
작은 고리 만들기 • 058
링에 레이스 감기 • 059
종달새머리 매듭 • 061
X자 매듭 • 061
평매듭 • 062
랩매듭 • 064
깃털을 다는 간격과 순서 • 065

5. 포장 방법
OPP봉투 포장 • 067

08 보헤미안 느낌의
마크라메 드림캐쳐 • 143

09 아기방에 어울리는
회전목마 드림캐쳐 모빌 • 153

10 심플한 그물의
타조 깃털 드림캐쳐 • 167

11 양모실을 이용한
위빙스타일 드림캐쳐 • 181

12 몽환적인 달 디자인의
더블링 드림캐쳐 • 195

13 골드의 화려함이 돋보이는
골드 드림캐쳐 • 209

14 크리스탈이 그물 위에 화려하게 장식된
펜던트 드림캐쳐 • 223

> Part 2

다양한 재료를 활용한
선물용 드림캐쳐 만들기

01 동화 감성의
아이방 드림캐쳐 • 073

02 자연스러움이 묻어나는
그린우드 드림캐쳐 • 081

03 화사함과 균형이 돋보이는
조화&자개 드림캐쳐 • 087

04 새로운 시작을 알리는
벨 웨딩카 드림캐쳐 • 095

05 마음을 선물하는
탄생석 드림캐쳐 • 109

06 편안한 내 방에 따뜻하게 어울리는
레이스 드림캐쳐 • 119

07 플랜테리어에 잘 어울리는
크리스탈 드림캐쳐 • 127

Part 1

기본 상식 드림캐쳐를 만들기 위한

1. 기본 도구 소개

드림캐쳐 만들기에 필요한 기본 도구는 생각보다 간단합니다. 다음 재료들로 드림캐쳐 만들기를 함께 시작해볼까요?

가위   다양한 크기의 가위가 있지만, 가위는 두 가지면 충분합니다. 섬세한 부분을 자를 작은 공예 가위와 깃털처럼 면적이 큰 부분을 자르기 위한 재단 가위입니다. 단, 절삭력이 좋은 가위로 고르세요.

순간접착제   순간접착제는 반드시 좁은 부분에 섬세하게 바를 수 있는 브러시형 제품으로 준비하세요. 작업 때 세워두면 쓰러져서 본드를 흘리기도 하므로 작은 컵에 넣어 사용하면 좋습니다.

평 집게   평 집게는 오링을 벌려 크리스탈이나 펜던트를 다는 데 필수로 필요한 도구입니다. 안쪽에 스프링이 달린 것이 편리합니다. 평 집게는 두 개를 준비하세요. 오링 반지도 있으면 좋습니다.

바늘   드림캐쳐 제작 시 사용하는 바늘에는 비딩 바늘과 자수 바늘이 있습니다. 비딩 바늘은 구멍이 작은 원석이나 비즈, 칩스 원석을 꿸 때 씁니다. 얇고 부러지기 쉬우니 조심해야 합니다. 자수 바늘은 그물을 짤 때 사용합니다. 바늘 끝이 둥근 태피스트리 타입으로, 굵기는 0.6~1mm를 주로 사용합니다. 실이 두꺼울수록 바늘귀가 큰 바늘을 사용하세요.

2. 재료의 종류

드림캐쳐를 제작하는 것이 즐거운 이유는 다양한 재료를 활용할 수 있다는 데 있죠. 의외의 재료들도 드림캐쳐를 만드는 아주 좋은 재료가 돼요. 그리고 링에 내가 좋아하는 색깔의 실을 감는 것, 반짝이는 크리스탈을 장식하는 것, 의미를 담은 펜던트나 조화를 고르는 것 등 재료를 고르고 보는 것만으로도 즐거움을 느낄 수 있습니다.

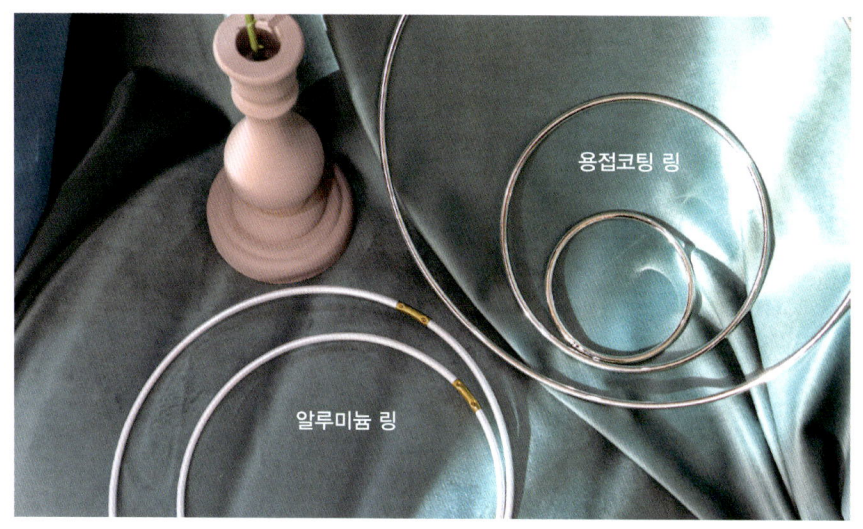

메탈 링   링은 드림캐쳐의 필수 재료입니다. 부자재 판매처에서 구매할 수 있습니다. 메탈 링 중 알류미늄 링은 지름 6~30cm의 얇은 철대를 동그랗게 말아 용접 없이 이은 링입니다. 가볍고 튼튼하며 가격이 저렴하다는 장점이 있어 연습용으로 추천합니다.

용접코팅 링은 지름 5~50cm로 용접하여 골드 또는 실버 컬러로 코팅한 링입니다. 튼튼하고 비교적 무거우며 링에 실을 감지 않는 작품을 제작할 때도 사용하기 좋습니다. 알루미늄 링보다는 비싼 편입니다.

구매처 | 꿈을만드는공방(making-dream.com)

링

우드 링   나무 그대로의 느낌을 살리는 재료입니다. 드림캐쳐를 제작하기에 적절한 사이즈의 우드 링은 지름 9~30cm입니다. 우드 링 중 합판컷팅 링은 합판을 동그랗게 잘라 제작한 링입니다. 가격이 저렴하지만 바깥쪽이 날카롭다는 단점이 있습니다. 진짜 나무를 가공하여 제작된 우드 링도 있습니다. 후가공에 따라 색이 달라지며 표면이 매끄럽습니다.

실

털실 메탈 링을 감을 때 필요한 재료입니다. 섬유의 비율에 따라 다른 느낌의 실을 고를 수 있습니다. 본 책에서 다루는 울실의 종류는 두 가지입니다. 첫째는 제일모직 헤라울사로, 부드럽고 따뜻한 느낌을 줄 수 있습니다. 둘째는 제일모직 헤라코튼사로, 부드럽고 비교적 얇은 느낌이 듭니다. 헤라울보다 보풀이 덜합니다.

면사 로프 또는 파이핑코드라고도 부릅니다. 면사의 두께는 합수나 두께로 고를 수 있습니다. 합수는 실을 합한 양에 따라 결정되는데 회사에 따라 다르니 두께를 보고 결정하는 것이 좋습니다. 두께가 1~1.5mm 되는 면사는 그물 짜는 용도로, 5~10mm는 링 감는 용도로 사용합니다.

자수실 DMC 자수실은 컬러가 다양하고 종류도 많으며 튼튼합니다. 본래 프랑스 자수용이지만 섬세한 드림캐쳐의 그물을 짜는 데 유용합니다.

마끈 마끈은 빈티지한 드림캐쳐를 디자인할 때 좋은 재료입니다. 튼튼하기도 하고, 특유의 해진 느낌이 멋스럽습니다.

양모실 따뜻한 느낌을 주는 양모실은 두께가 두껍고 컬러가 다양하여 링을 감는 데 쓰거나 드림캐쳐 그물 사이에 끼워 넣는 위빙 효과를 줄 때 씁니다.

왁스사 왁스가 입혀진 실입니다. 튼튼해서 그물이 해지지 않는 특징이 있으며 불로 녹이면 깔끔하게 잘려 예쁘게 마무리할 수 있습니다. 두께는 보통 0.5~1mm를 씁니다.

레이스

모티브 레이스(솔라 레이스) 레이스 시장에 가면 다양한 디자인의 모티브 레이스를 구매할 수 있습니다. 중심에서부터 시작해 원형, 사각형, 육각형 등의 모티브를 만드는 레이스로 독특한 원심적 디자인이 드림캐쳐에 잘 어울립니다. 대량 제작으로 가격이 저렴한 편입니다. 테네리프 레이스 또는 솔라 레이스라고도 부릅니다.

리본 레이스(토숀 레이스) 리본 형식으로 두께가 얇고 길게 제작된 레이스입니다. 드림캐쳐의 하단에 걸어 장식하거나 링을 감는 데 씁니다. 빈티지한 느낌을 주기에 좋습니다.

관통형
크리스탈

상단고리형 크리스탈

원석

원석 탄생석이나 의미 있는 원석을 넣은 드림캐쳐는 선물받는 분에게 좋은 의미를 전달할 수 있습니다. 드림캐쳐 제작에 적절한 원석 사이즈는 4~12mm 입니다. (4mm / 6mm / 8mm / 10mm / 12mm)

칩스 원석 얇고 작은 칩스 또는 조약돌 형태로 가공된 원석입니다. 구멍의 크기가 불규칙하여 비딩 바늘을 사용할 것을 추천합니다.

크리스탈

관통형 크리스탈 유리 또는 크리스탈, 플라스틱 등으로 투명하고 반짝이도록 가공된 부자재를 크리스탈이라고 부릅니다. 물방울, 축구공, 원형, 다각형 등으로 색상과 모양이 다양하게 가공되어 있어 단순한 디자인에 포인트를 주거나 반짝이는 효과를 줄 수 있습니다. 지름은 4~15mm가 있습니다. (4mm / 6mm / 8mm / 10mm / 12mm / 15mm 등)

상단고리형 크리스탈 물방울 모양 또는 원형 등의 샹들리에에 이용하는 크리스탈로 상단에 고리를 달 수 있도록 제작된 부자재입니다. 드림캐쳐 하단에 장식하여 썬캐쳐로 이용하거나 그물 중간에 장식하여 화려함을 더해줄 수 있습니다. 유리 크리스탈과 아크릴 크리스탈이 있습니다.

| 기타 장식류 |

자개   조개껍데기에서 가공된 자개는 고급스럽고 윤기가 있습니다. 바다와 어울리는 드림캐쳐를 제작하거나 고급스러운 느낌을 주기에 좋습니다. 칩스형, 원판형, 원석이 있습니다.

씨드 비즈   씨앗처럼 작은 크기의 씨드 비즈는 색이 화려하여 디테일한 작품을 완성하는 데 도움이 됩니다. 구멍이 불규칙할 가능성이 높아 비딩 바늘을 사용해야 합니다.

아크릴 진주   아크릴 진주는 표면을 진주처럼 보이도록 가공한 부자재입니다. 가벼우며, 웨딩 관련 작품을 제작할 때 좋습니다. 원형, 물결형 등 다양한 모양이 있으며 지름은 3~12mm가 있습니다. (3mm / 4mm / 6mm / 8mm / 10mm / 12mm 등)

금속

금속 론델   실을 꿸 수 있도록 타공된 금속 소재의 재료입니다.

금속 판   구멍이 있는 원형의 금속 판이며, 그물 사이에 끼우거나 붙여 사용합니다.

금속 펜던트   한쪽 또는 양쪽 고리가 달린 금속 장식으로, 펜던트로 사용합니다.

우드

우드 판   우드에 구멍을 내어 그물에 꿸 수 있는 장식입니다.

우드 볼   원형, 다각형 등의 우드 장식에 관통하여 구멍을 낸 론델입니다.

깃털

대 깃털	깃대가 두껍고 튼튼하며 휘어짐이 덜한 사이즈입니다.
중 깃털	깃대가 비교적 얇고 탄력적입니다. 가장 많이 쓰입니다.
소 깃털	깃털의 너비가 좁고 보송보송한 느낌이며 깃대가 아주 얇습니다.
타조 깃털	깃털이 흩날리는 모양의 큰 사이즈 깃털입니다.
복슬 깃털	깃털이 모두 깃대에서 분리되어 흩날리는 모양의 깃털입니다.
무늬 깃털	그림이 프린트된 깃털입니다.

펜던트와 오링

펜던트 디자인이 다양하여 콘셉트상 상징적인 강조를 주고 싶을 때 적절히 골라 사용합니다. 아이들을 위한 드림캐쳐의 경우 팅커벨, 어린 왕자, 인어공주 등 아이들을 위한 동화 시리즈나 별자리 등의 디자인을 골라볼 수 있습니다.

오링 고리 형태의 장식을 달기 위해서는 오링이 필수입니다. 지름은 3~8mm 등이 있으며 두 번 감긴 형태의 더블링(코일링)은 지름 6~13mm가 있습니다. 오링 집게 또는 오링 반지가 필요합니다.

자수 패치

다양한 디자인으로 제작된 컴퓨터 자수 패치입니다. 디자인이 다양해서 고르는 재미가 있고 상징적인 효과를 주어 유용한 부자재입니다. 뒷면이 깔끔하게 마감되거나 열접착 처리가 된 것을 사용합니다.

큐빅 열접착 시트

주로 의류 부자재로 많이 쓰이나 링에 감아주면 화려한 링을 연출할 수 있습니다.

조화

드림캐쳐는 꽃과 함께 만들면 훨씬 아름다워집니다. 프리저브드플라워 또는 생화로도 작업하지만 이 책에서는 조화를 이용하기로 합니다. 조화를 다룰 땐 조화 니퍼가 있는 것이 좋습니다.

조화 니퍼

3. 반복 기법

러블리핑크 드림캐쳐로 익혀보는 반복 기법

이번 시간에는 기본 드림캐쳐 디자인인 러블리핑크 드림캐쳐를 만들어보면서 기본 반복 기법을 익힐 거예요. 링에 실을 감고, 기본 그물을 짜고, 깃털을 묶고, 장식을 다는 순서를 익히는 것은 드림캐쳐를 만드는 데 꼭 필요한 연습입니다. 아크릴 진주와 론델이 예쁘게 장식된 핑크색의 귀여운 드림캐쳐는 앞으로 여러분이 작품들을 더 잘 만들도록 도와주는 도움닫기가 될 거예요!

작품 기본 정보

◇ 링을 감는 실　　　675cm(4팔 반) 6줄 (털실 길이 재는 방법을 참고해주세요!)
◇ 그물 실의 길이　　300cm(2팔) 1줄
◇ 서클의 개수　　　 12
◇ 깃털 방향 개수　　3
◇ 완성 크기　　　　 가로 13cm × 총 길이 30cm

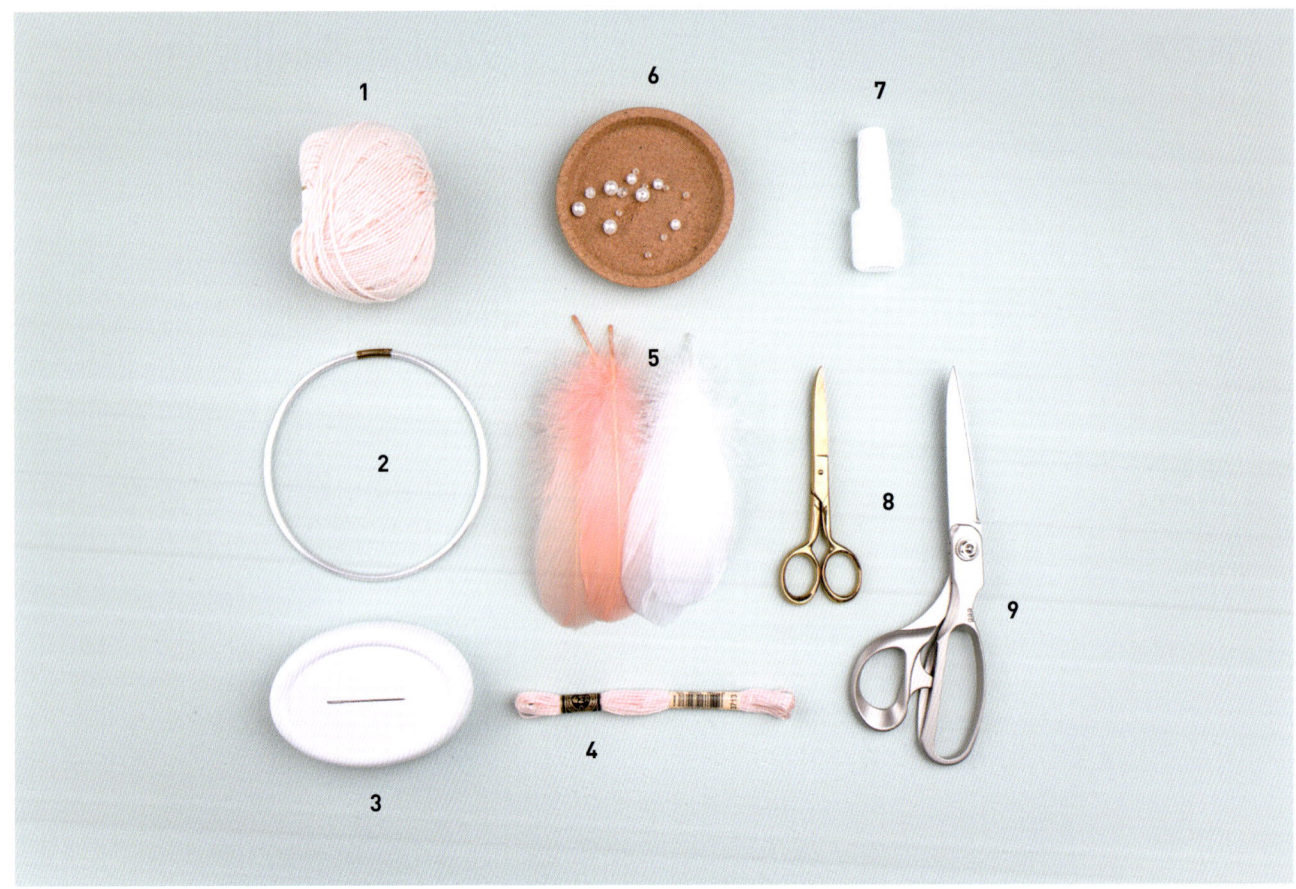

재료

1. 링 감는 용 헤라코튼 털실
2. 링 지름 12cm 1개
3. 독일 자수 바늘(24호)
4. 자수실 DMC25 #3723
   − 그물 짜는 용 300cm 1줄
   − 깃털 묶는 용 30cm 3줄
5. 핑크 깃털(중) 3개, 화이트 깃털(중) 3개
6. 아크릴 진주 8mm 4개, 아크릴 진주 6mm 3개, 베이지 컷팅 론델 6개, 수정 파괴석 6mm 6개, 투명 컷팅 론델 1개
7. 브러시형 순간접착제
8. 작은 가위
9. 재단 가위

기본 반복 방법 익히기

드림캐쳐는 매우 긴 실을 사용하여 제작하는 작품입니다. 따라서 실 길이 측정이 중요합니다. 먼저 실 길이를 쉽게 재는 방법을 알아보겠습니다.

◇ 주의! 헤라울처럼 당겼을 때 잘 늘어나는 실이라면 실을 최대한 당기지 않고 재야 합니다.

◇ 길이를 30cm 정도 추가로 더 주면서 자신의 팔 길이에 맞춰 작품을 만드는 연습을 해보는 것이 좋습니다.

◇ 헤라울, 1팔 150cm 기준
- 지름 5~7cm 링: 300cm(2팔) 6줄
- 지름 12~14cm 링: 675cm(4팔 반) 6줄
- 지름 16~18cm 링: 750cm(5팔) 6줄
- 지름 20cm 링: 825cm(5팔 반) 6줄
- 지름 26cm 링: 1,200cm(8팔) 6줄
- 지름 30cm 링: 1,500cm(10팔) 6줄

◇ 링의 굵기, 실의 종류와 굵기에 따라 줄의 수가 달라질 수 있습니다.

링 감을 털실 길이 재는 법

자신의 손끝부터 반대편 손끝의 길이를 재어 팔의 길이로 실 길이를 측정합니다.

예) 375cm의 길이가 필요하고 한 팔의 길이가 150cm라면, 실을 한 팔의 2배를 연장한 후 반 팔(가슴부터 한쪽 손끝)을 추가하여 씁니다.

* 375 ÷ 150 = 2.5

1 약 30cm
2 반 팔(약 75cm)
3 1팔(약 150cm)

실 여러 줄 겹치기

만약 675cm 6줄이 필요하다면, 실을 최대한 끊지 않고 675cm의 끝에서 접어서 두 번째 줄을 만듭니다.

링에 털실 감고 고리 만들기

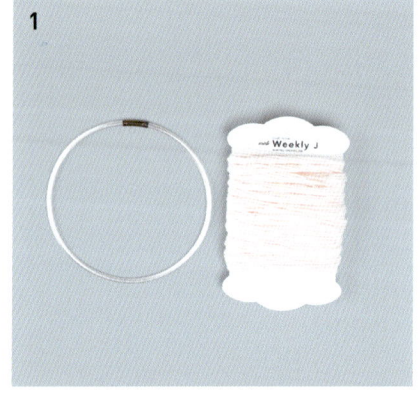

1
링과 털실을 준비합니다.

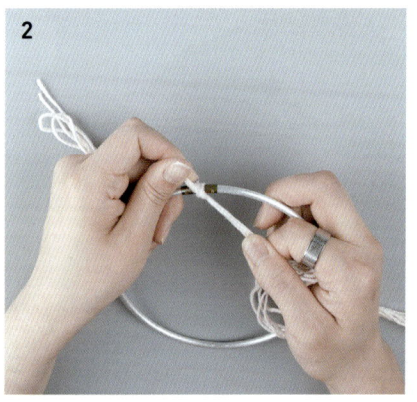
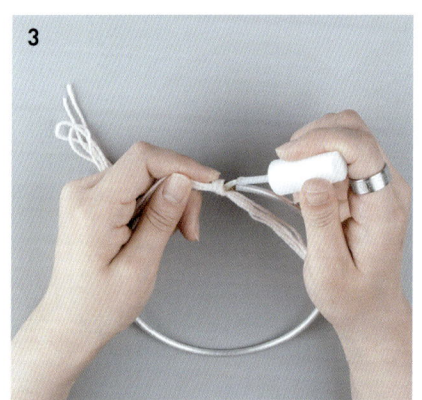

2
고리 만들 부분 15cm를 남기고 링에 실을 한 번 X자로 묶습니다.

3
X자로 묶인 매듭의 오른쪽으로 실과 링 부분에 접착제를 약간 칠해준 뒤, 접착제가 굳을 때까지 잠시 기다려주세요.

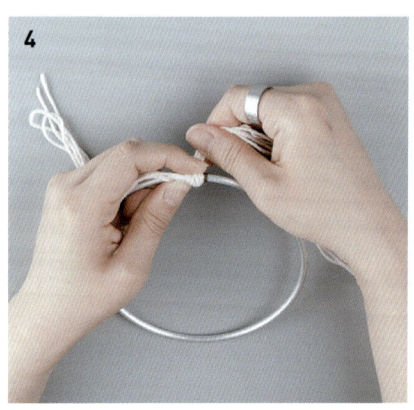

4-5
시계 방향으로 실의 결을 펴며 감습니다.

6-7

반대편 고리 끝까지 감습니다.

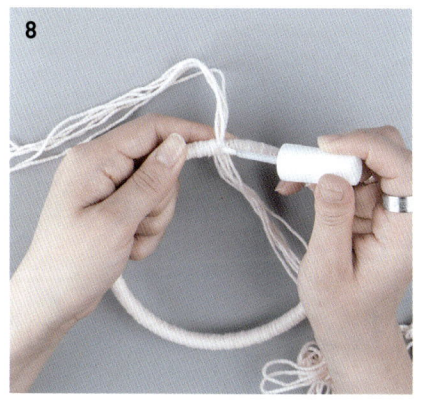

8

고리가 생길 부분 바로 밑에 접착제를 살짝 칠해줍니다.

9

털실을 올려 붙여 마를 때까지 기다립니다.

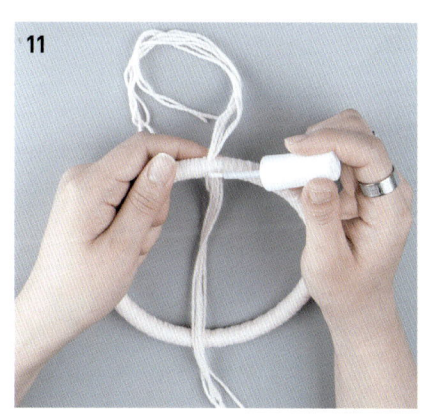

10

한 번 더 결을 펴며, 겹쳐 감습니다.

11

두 번 모두 감고 나서 고리 밑 부분에 한 번 더 접착제를 바릅니다.

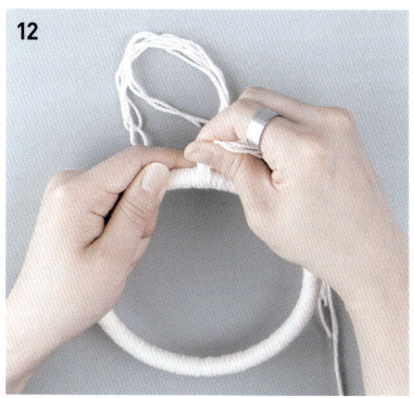

12-13

고리를 올려서 붙입니다.

Dreamcatcher

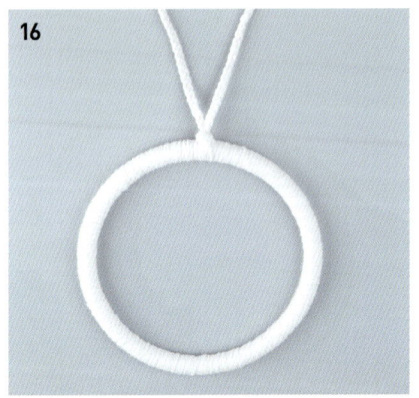

14-15
고리를 모두 모아 하나로 돌려 묶는 한매듭을 합니다.

16
두 갈래로 나누어 각각 세 줄 땋기를 합니다.

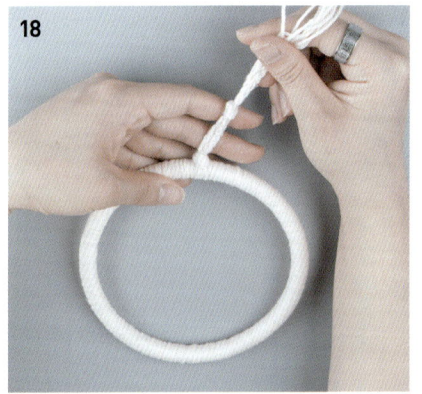

17-18
세 줄 땋기를 3cm 정도 남기고 한매듭을 합니다.

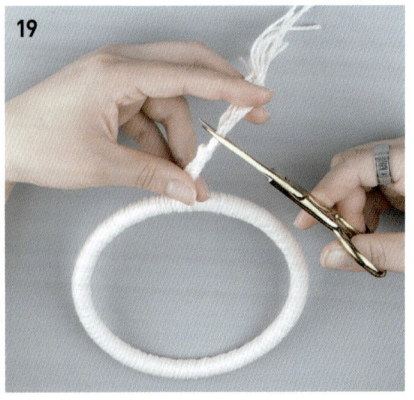

19
나머지 남는 줄을 자릅니다.

20
드림캐쳐 링이 완성되었습니다.

그물 짜기

링 사이즈에 맞는 길이의 그물 실을 준비합니다.
길이는 실의 두께에 따라 다를 수 있습니다.

◇ 링 사이즈에 따른 DMC25 자수실(1팔 150cm 기준)
- 5~7cm: 150cm(1팔)
- 12~14cm: 300cm(2팔)
- 16~18cm: 375cm(2팔 반)
- 20cm: 450cm(3팔)
- 26cm: 600cm(4팔)
- 30cm: 750cm(5팔)

써클이 12개인 경우 그물을 촘촘하게 만들 수 있고,
써클이 11개인 경우 초보자가 수월하게 그물을 짤 수 있습니다.

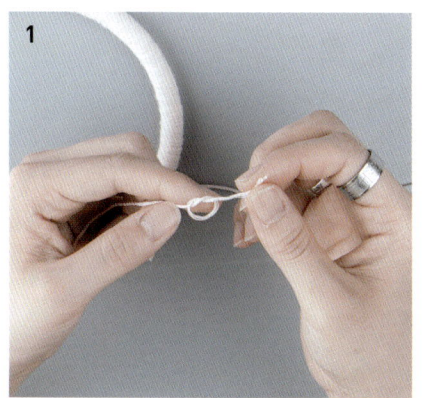

본 책의 이미지에서는 12개의 써클로 구성되어 있고,
영상에서는 11개의 써클로 구성되어 있습니다.

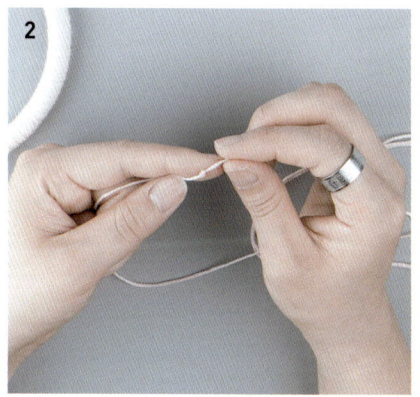
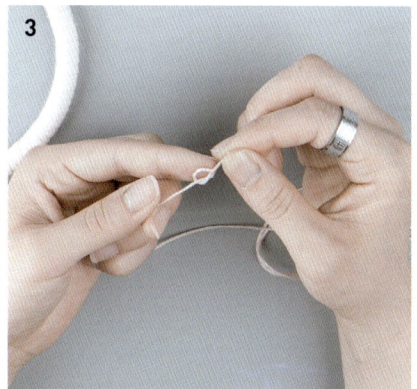

1-4

실을 바늘에 꿰고 실 끝에 매듭을 두 번 겹쳐 지어줍니다.

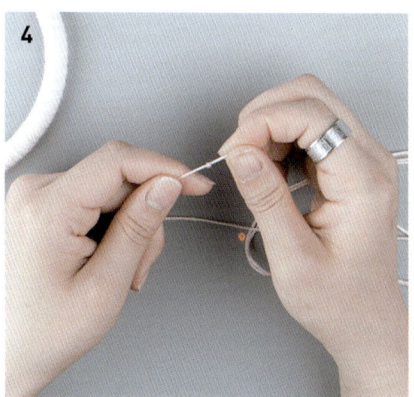
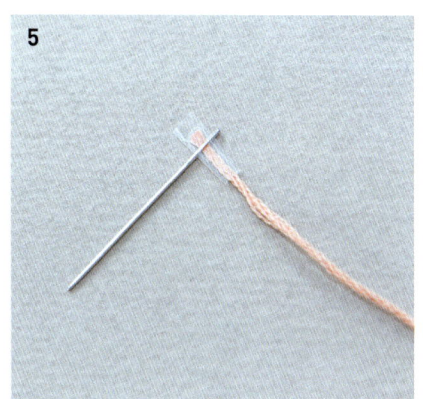

5

실에 테이프를 붙여 납작하게 누르면 좀 더 수월하게 바늘귀에 넣을 수 있습니다.

Dreamcatcher

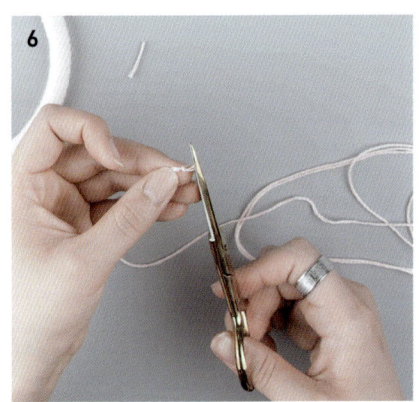

6
남는 실을 잘라냅니다.

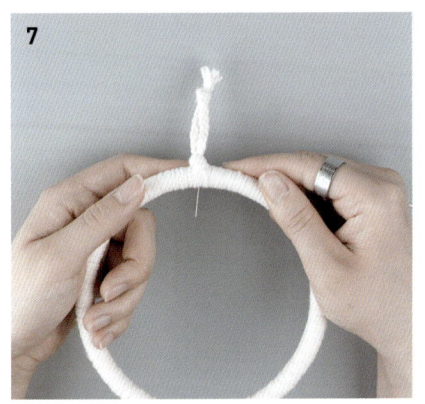
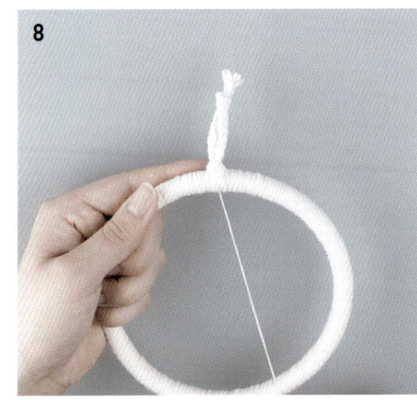

7-8
바늘을 고리 바로 아래 뒤편에 꽂아서 링 안쪽 하단 중앙으로 나오게 한 후 매듭이 걸릴 때까지 모두 뽑아냅니다.

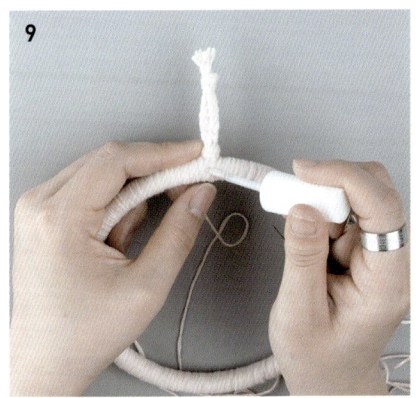

9
뒤로 돌려 매듭 부분에 살짝 접착제를 칠합니다.

10
이제 링에 서클을 만들어보겠습니다. 이 서클은 링에 감기면서 그물을 만들어내는 첫 번째 기준 줄이 됩니다.

중요! 서클이란?

그물을 짜기 위해 처음 링에 건 실의 횟수, 그리고 실과 실 사이에 거는 횟수를 말합니다. 링에 실이 걸리기 시작하여 그물이 만들어지는데, 링에 걸린 서클 사이의 간격이 일정해야 예쁜 그물을 만들 수 있습니다. 서클의 개수는 링 사이즈와 링의 두께에 따라 다르며 서클이 많을수록 그물이 촘촘해집니다.

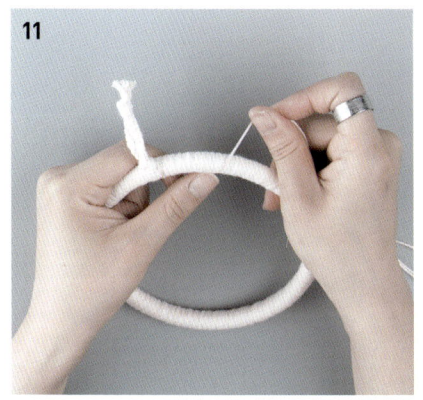

11

시계 방향으로 두 번째 서클을 링에 감아 만듭니다.

12

이렇듯 균일한 간격으로 링에 서클을 감습니다.

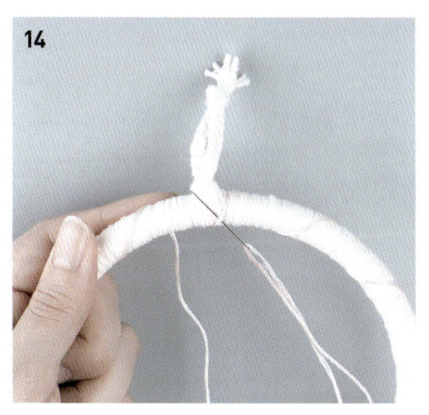

13

그림과 같이 열두 번째 서클까지 만듭니다.

14-15

첫 바퀴를 시작합니다. 다시 바늘을 첫 번째 서클 뒤에서 앞으로 걸어 빼줍니다.

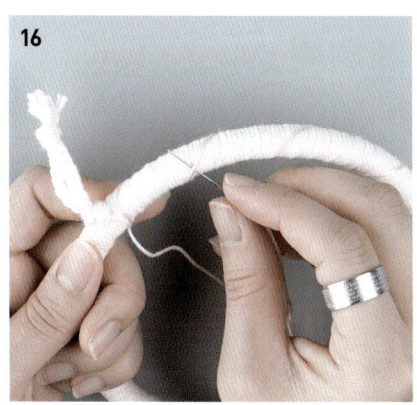
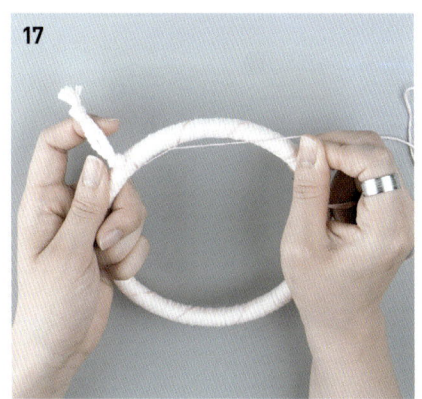

16

두 번째 서클에도 바늘을 아래에서 위로 걸어 빼줍니다.

17

실이 퍼지도록 바늘을 당겨줍니다.

Dreamcatcher

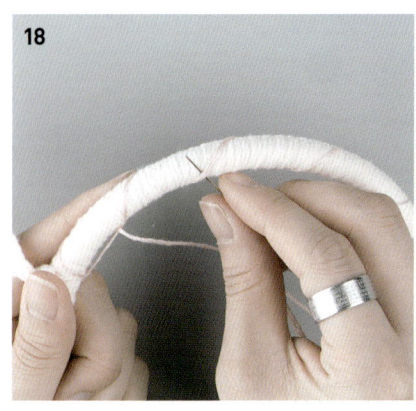
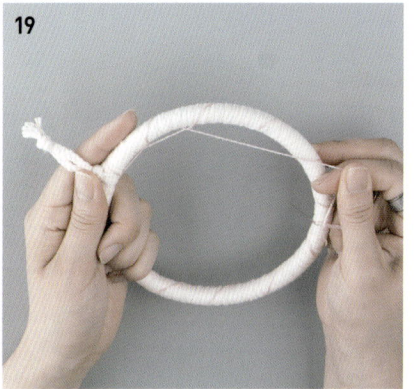

18
세 번째 서클에도 같은 방식으로 겁니다.

19
실이 펴지도록 바늘을 당깁니다.

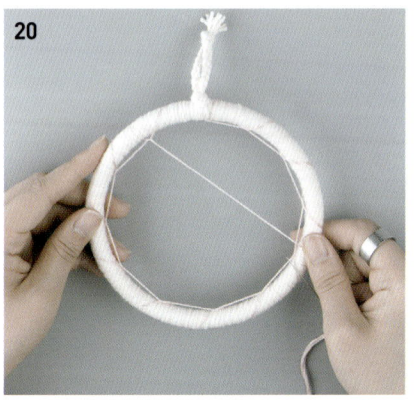

20
이렇게 열두 번째 서클까지 걸어 팽팽하게 당겨줍니다. 너무 세게 당기면 매듭 부분이 떨어져 다시 시작해야 하니 주의가 필요합니다.

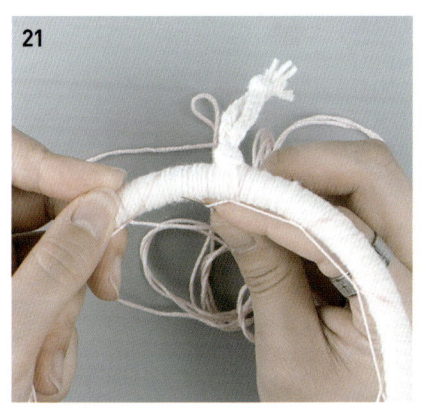
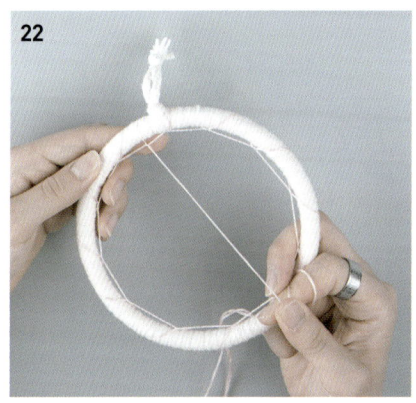

21
이제 두 번째 바퀴입니다. 이 부분이 그물 짜기에서 가장 중요합니다. 바늘을 열두 번째 서클에서 첫 번째 서클로 연결된 부분에, 뒤에서 앞으로 걸어 빼줍니다.

22
열두 번째 서클과 첫 번째 서클 사이 중간에 엮인 부분이 생기도록 위치를 잡아줍니다.

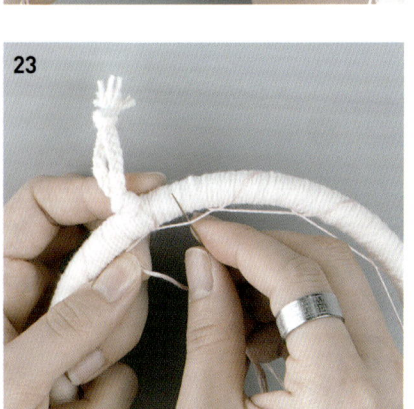
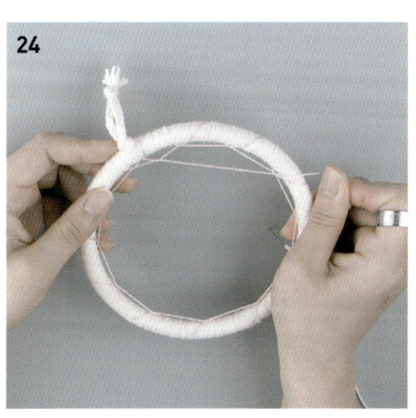

23-24
첫 번째 서클과 두 번째 서클 사이에 생긴 선마다 뒤에서 앞으로 실을 걸어 빼줍니다.

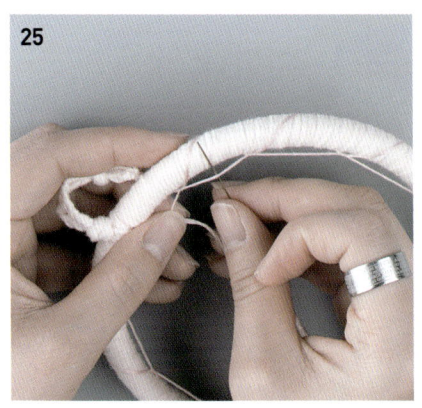
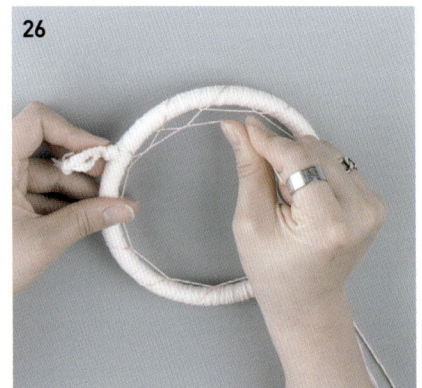

25-26

두 번째와 세 번째 서클 사이에 생긴 선마다 뒤에서 앞으로 실을 걸어 빼줍니다.

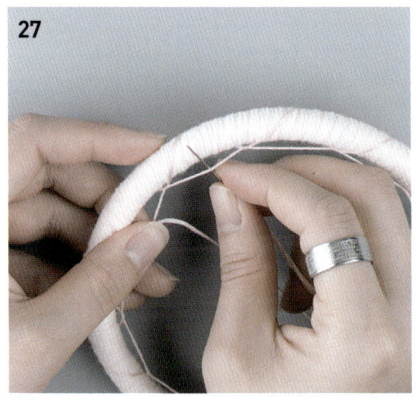
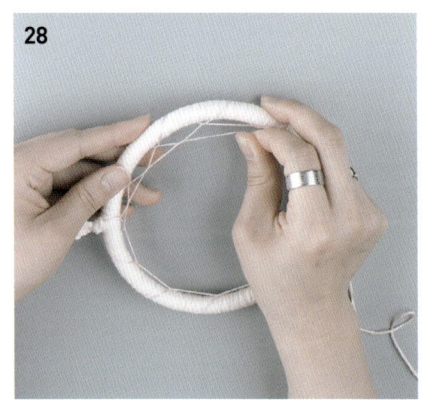

27-28

세 번째와 네 번째 서클 사이에 생긴 선마다 뒤에서 앞으로 실을 걸어 빼줍니다.

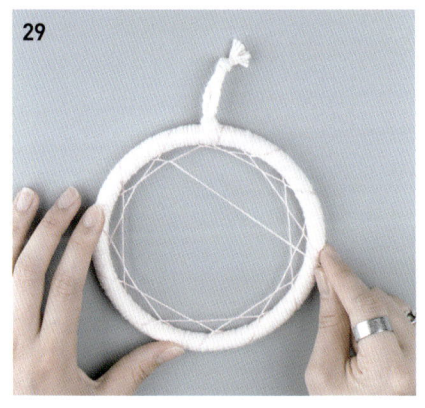

29

이렇게 계속하여 링의 안쪽으로 보이는 선마다 바늘을 뒤에서 앞으로 걸 때마다 삼각형이 만들어집니다. 이렇게 한 바퀴를 진행합니다.

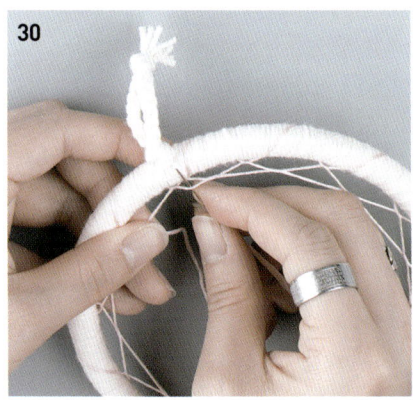
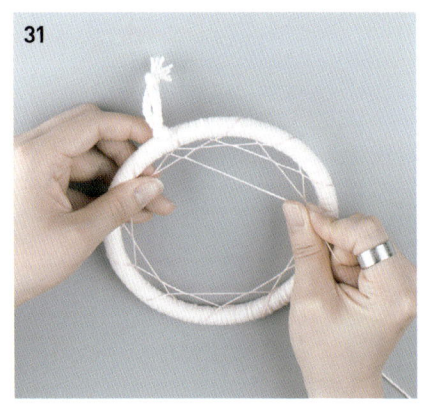

30-31

세 번째 바퀴입니다. 고리 바로 하단에서는 삼각형이 작아 보이지 않을 수 있으나 반드시 걸어주어야 합니다. 삼각형 밑변에 바늘을 뒤에서 앞으로 걸어줍니다.

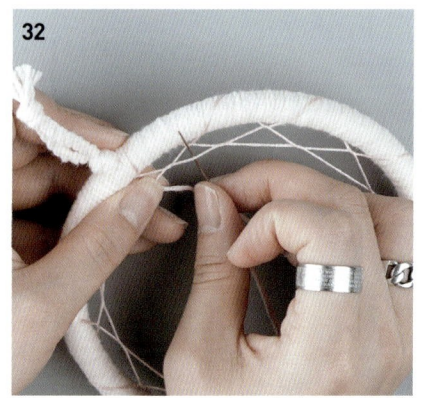
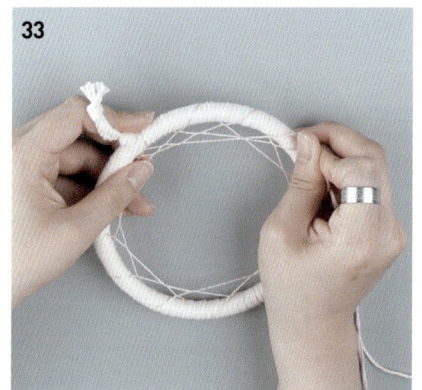

32-33

삼각형의 밑변마다 바늘을 뒤에서 앞으로 걸어 당겨줍니다. 계속해서 시계 방향으로 그물을 만들어 나갑니다.

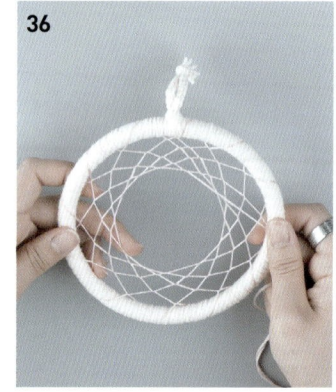

34
3바퀴

35
4바퀴

36
5바퀴

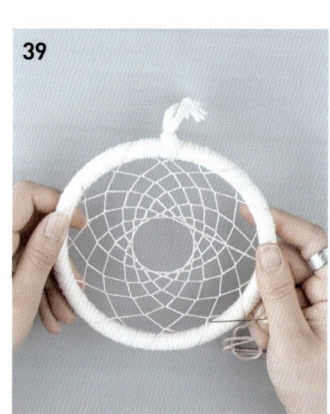

37
6바퀴

38
7바퀴

39
8바퀴

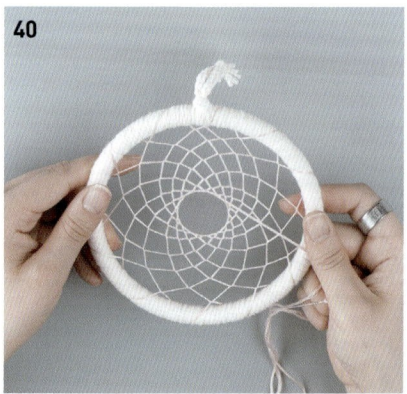
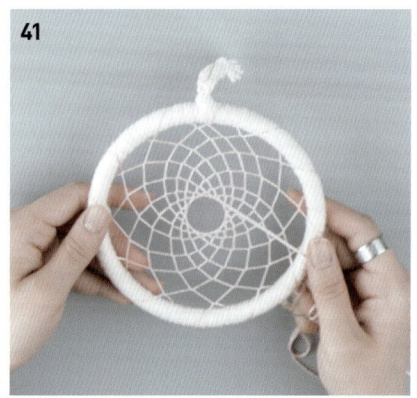

40
9바퀴

41
10바퀴째입니다. 100원짜리 동전 크기 또는 원하는 사이즈가 나오면 그물 짜기를 멈춥니다.

원석 장식하기

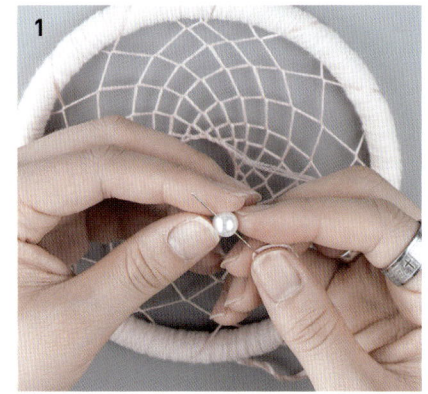

1

가장 큰 아크릴 진주를 꿰어줍니다.

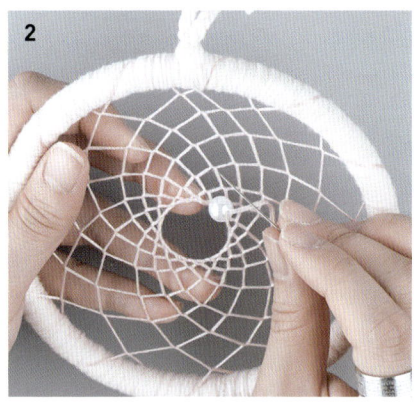

2

아크릴 진주를 그물 위에 얹는다는 느낌으로 살짝 위에 올려놓고 바늘을 그물 뒤로 보냅니다.

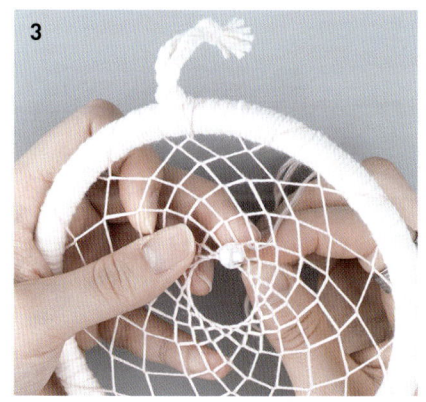
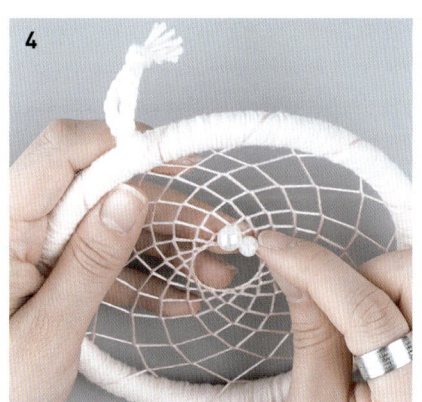

3

방금 그물 위에 올린 아크릴 진주와 다음 고정할 원석을 최대한 가깝게 붙이기 위해 아크릴 진주 위치와 가장 가까운 쪽으로, 바늘을 뒤에서 앞으로 통과시킵니다.

4

다음 원석을 꿰어줍니다.

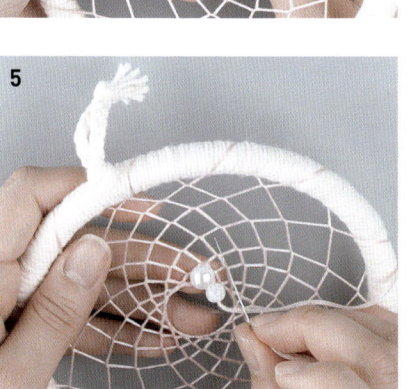
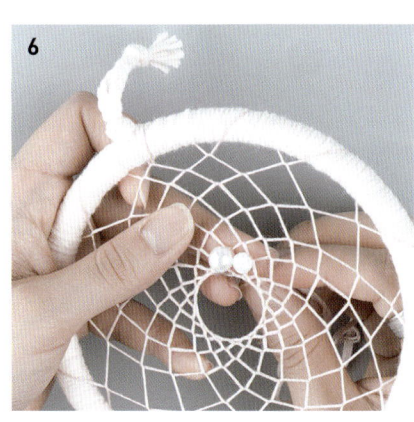

5

원석 크기에 맞는 그물 위치에 앞에서 뒤로 바늘을 보내어, 그물 위에 고정시킵니다.

6

아크릴 진주와 원석, 그리고 한 개의 크리스탈이 삼각형 형태가 될 수 있는 위치로 바늘을 그물에 통과시켜 앞쪽으로 빼줍니다.

Dreamcatcher

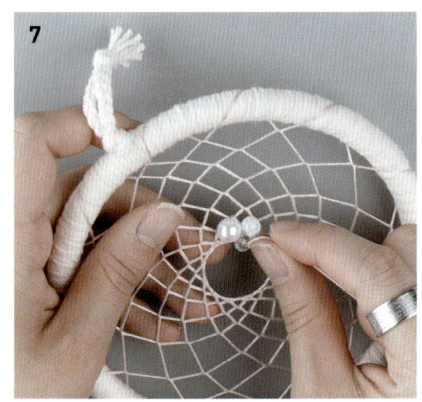
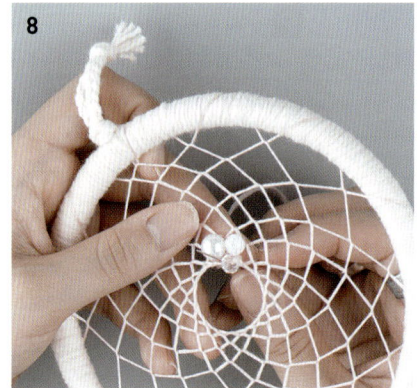

7

크리스탈의 위치를 결정한 뒤, 고정할 수 있는 위치에 있는 그물 위에 올려놓고 바늘을 뒤로 보냅니다.

8

마지막 원석을 장식한 그물 옆으로 바늘을 찔러 넣어 링 앞쪽으로 빼줍니다.

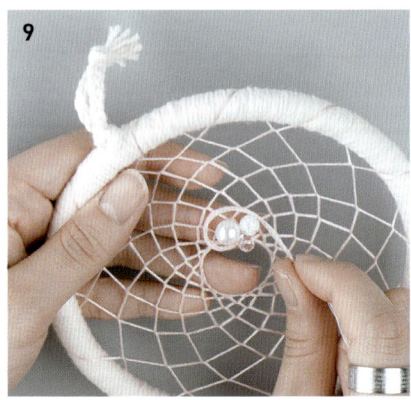
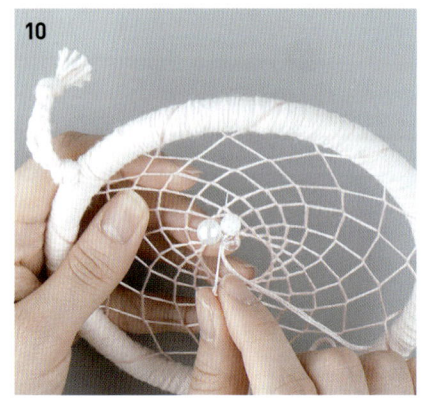

9-10

남은 실로 장식들을 모아 휘감아준 뒤, 삼각형 구도의 원석들 사이 중앙 쪽으로 바늘을 찔러 넣어 뒤로 보냅니다.

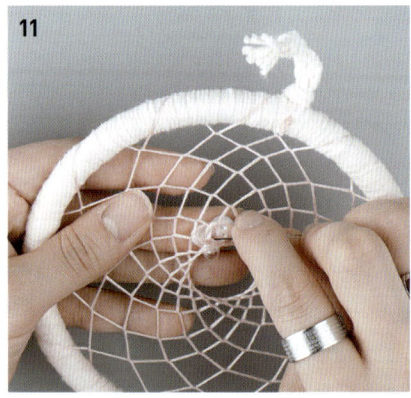
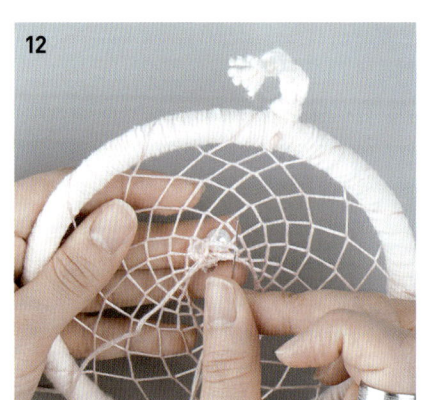

11-13

링을 뒤로 돌려 방금 뒤로 빼준 실과 가장 가까운 그물에 바늘을 걸어 매듭을 짓습니다.

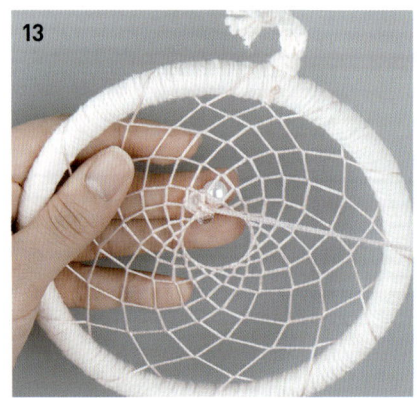

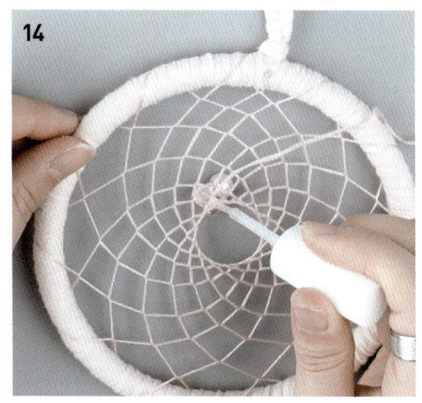

14-15
매듭 부분에 접착제를 칠한 뒤 남은 실을 잘라냅니다.

16
원석을 장식한 그물이 완성되었습니다.

깃털 다듬기

1
다듬을 깃털을 준비합니다.

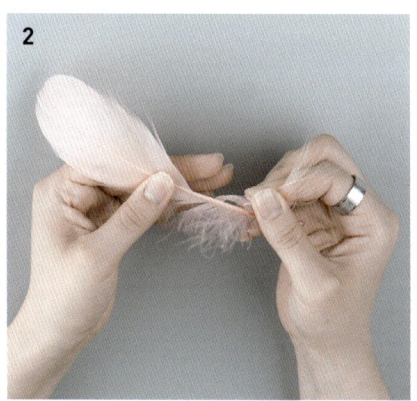
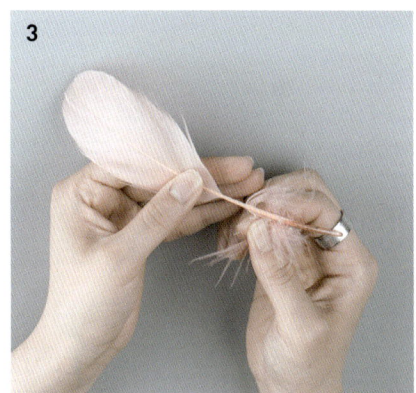

2
원하는 깃털의 크기를 결정하고, 깃털을 결의 반대 방향으로 뜯어냅니다.

3
깃털대의 반대편도 깃털을 결 반대 방향으로 뜯어냅니다.

Dreamcatcher

4

깃대를 1.5cm 정도 남기고 잘라냅니다.

5

가위로 깃털의 하단 부분을 예쁘게 자르고 다듬습니다.

작은 깃털 다듬기

1-2

작은 깃털도 마찬가지로 원하는 만큼 남기고 결의 반대 방향으로 뜯어냅니다.

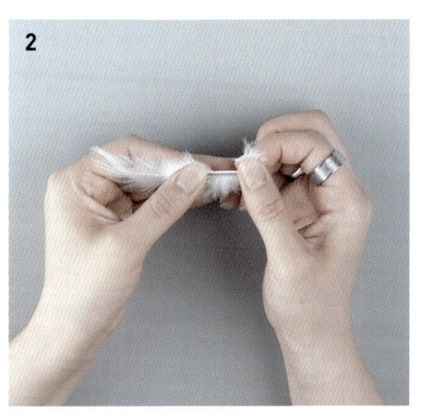
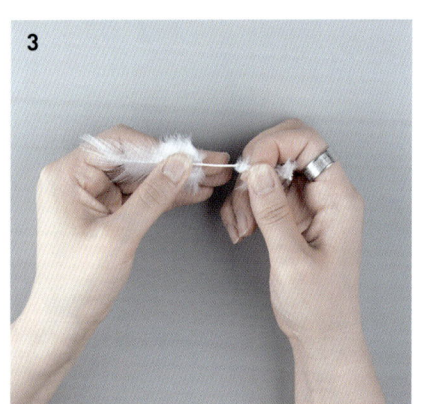

3

반대편도 반대 방향으로 뜯어냅니다.

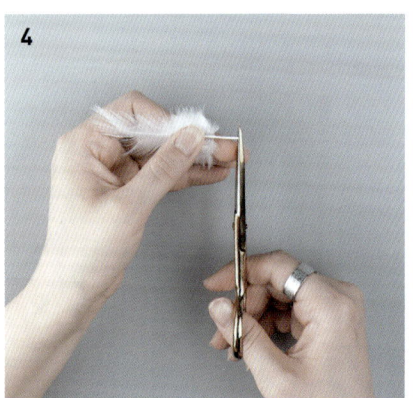

4-5

깃대를 1.5cm 남기고 잘라냅니다.

깃털 묶기

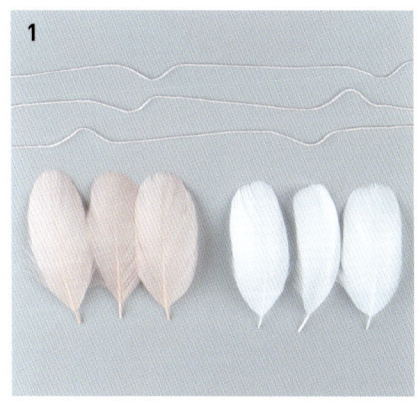

1 다음은 깃털과 깃털 묶을 실을 준비합니다.

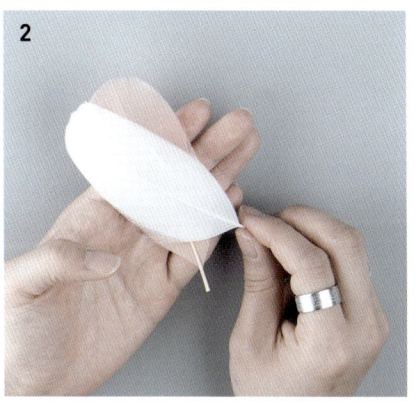

2 핑크색 깃털과 흰색 깃털을 뒷면끼리 맞붙입니다.

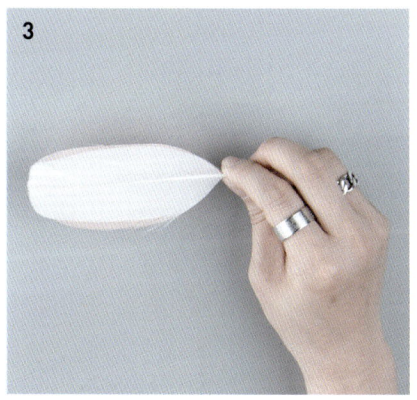
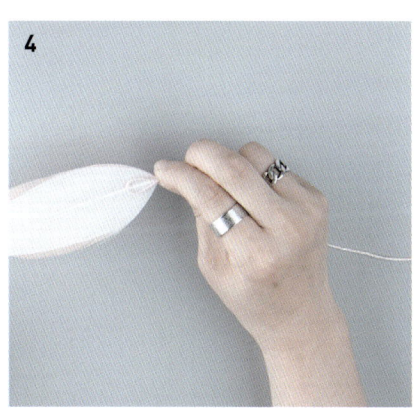

3 모아 잡은 두 깃털의 깃대를 집게손가락으로 잡아줍니다.

4 준비된 자수실을 1/3로 접어 고리를 만들어 깃대 안쪽으로 올려놓습니다.

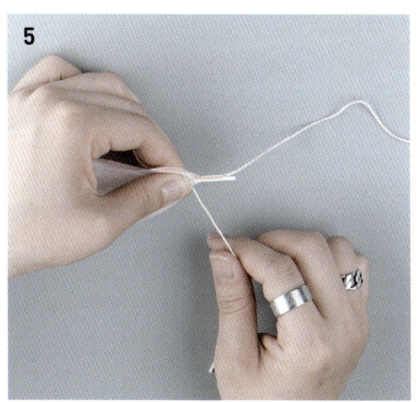

5 왼손으로 깃털과 고리를 잡아 고정해줍니다. 두 줄 중 긴 줄을 깃대 위에 올린 뒤, 짧은 줄을 잡아줍니다.

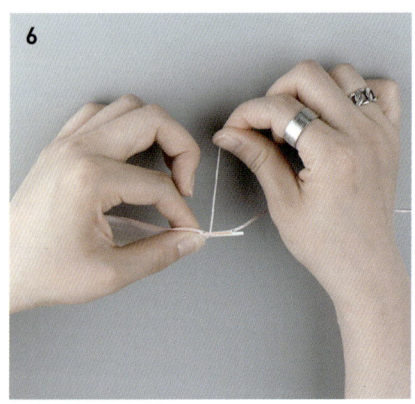
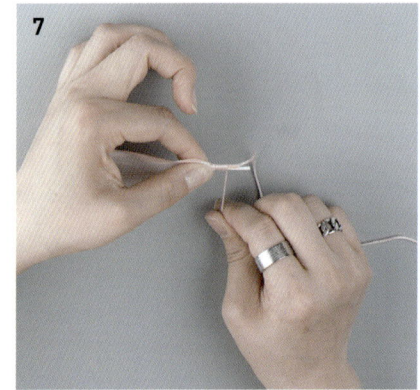

6-7

짧은 줄을 두 개의 깃대와 긴 자수 실을 감싸며 다섯 번 올려 감습니다.

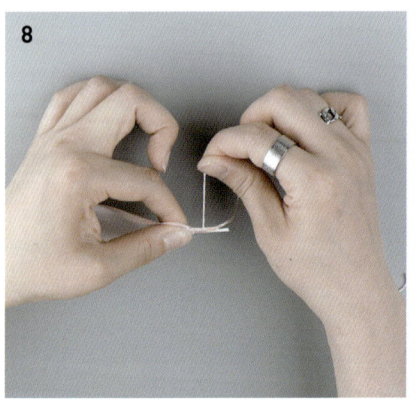
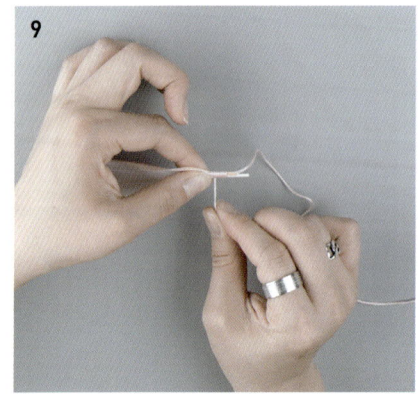

8-9

이번에는 방금 감은 실을 겹쳐가며 고리 방향으로 내려 감습니다.

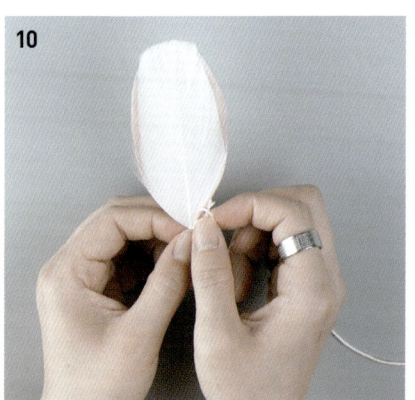

10

고리 안으로 남은 줄을 넣습니다.

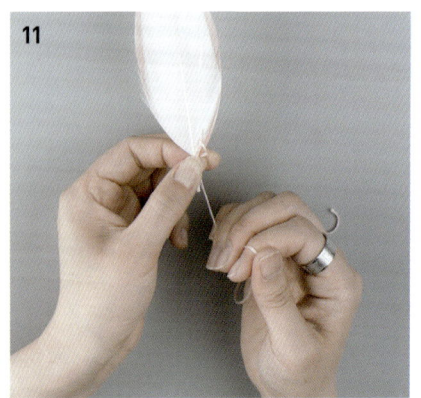
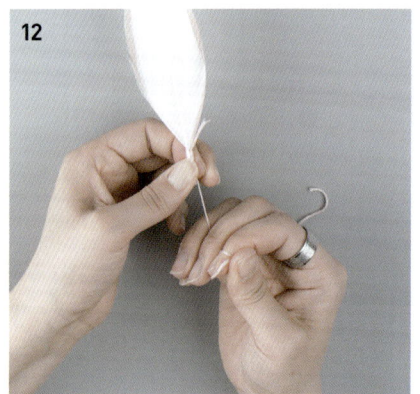

11-12

반대편의 긴 줄을 당겨 잘 묶습니다.

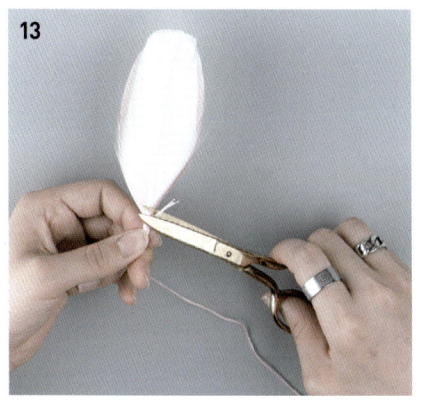

13
남은 짧은 줄을 1mm 정도 남기고 잘라냅니다.

14
길게 남은 깃대도 1mm 남기고 잘라냅니다.

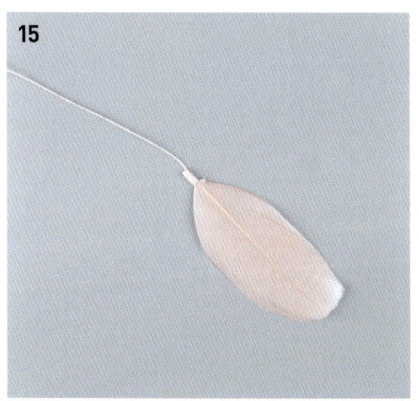

15
깃털 묶기가 완성되었습니다.

깃털에 원석 꿰고 달기

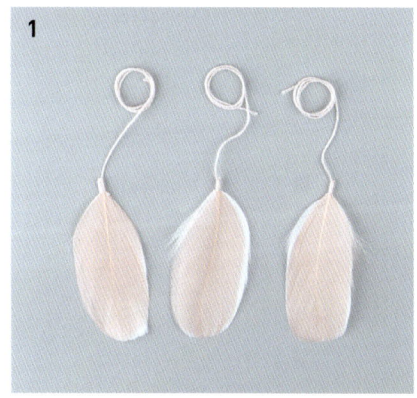

1
묶은 깃털을 준비합니다.

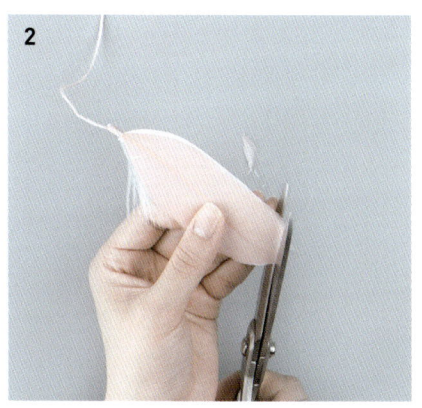
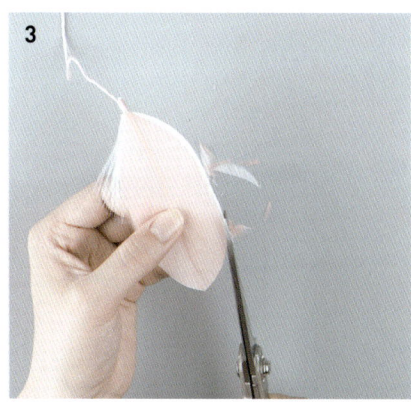

2-3
깃털 하단 부분을 잡고 가위를 이용해 나뭇잎 형태로 오려줍니다.

Dreamcatcher

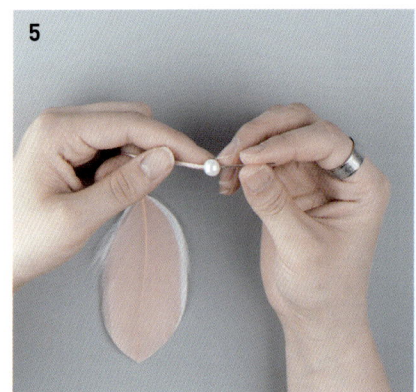

4

그물을 짠 드림캐처 링과 묶은 깃털을 모두 준비합니다.

5

가운데 깃털 실에 바늘을 끼운 뒤 아크릴 진주를 꿰어줍니다.

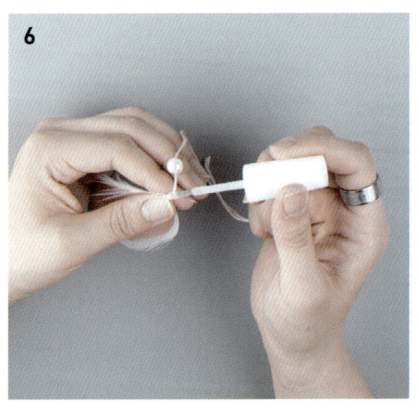
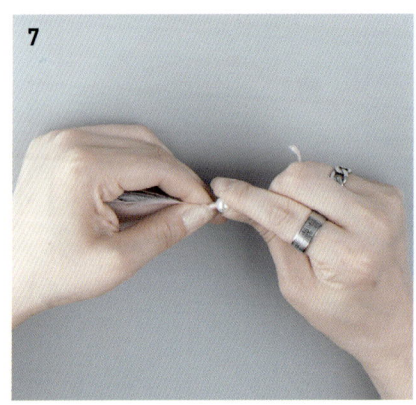

6

아크릴 진주와 깃대 사이를 붙이기 위해 깃털을 묶은 실에 살짝 접착제를 칠하여 진주와 깃털을 붙여줍니다.

7

접착제가 마르기 전에 재빨리 붙이고 고정될 때까지 기다려줍니다.

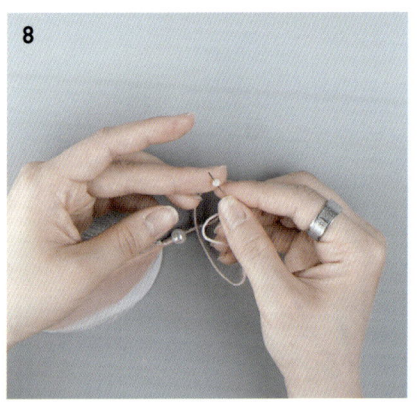
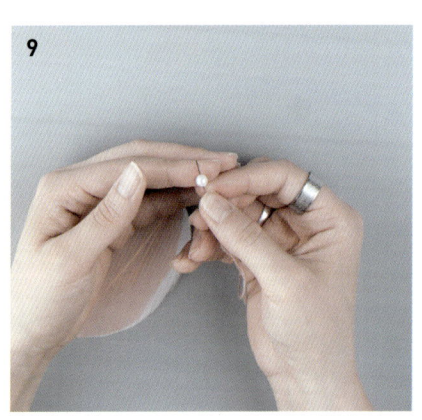

8-9

다음 장식을 순서대로 꿰어줍니다.

10

약 3cm 정도의 공간을 남겨두고 두 번 겹쳐 매듭을 짓습니다.

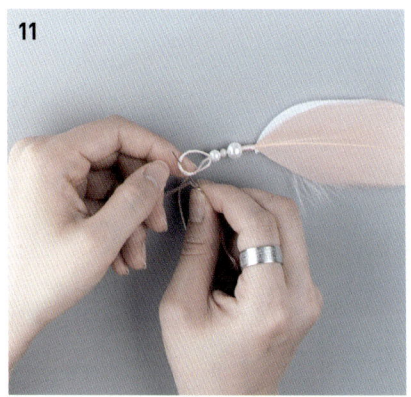
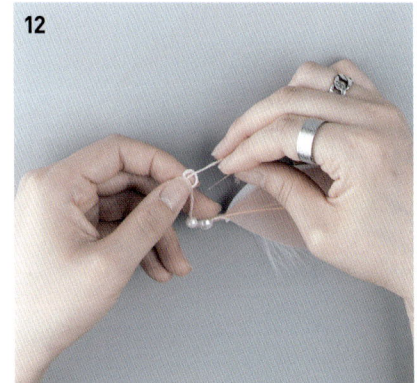

11-12

매듭을 지을 위치에 실로 동그란 원을 만들어 구멍으로 바늘을 한 번 통과시킵니다.

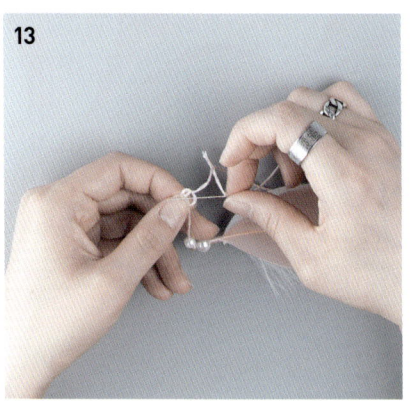
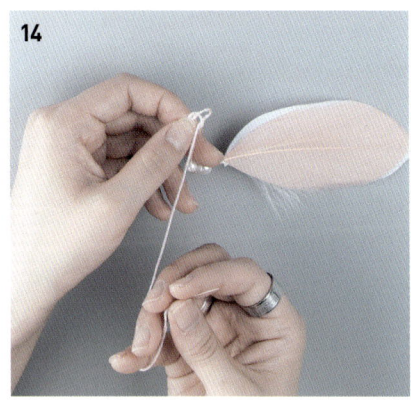

13-14

원하는 위치에 완전히 묶이기 전에 바늘을 한 번 더 통과시킵니다.

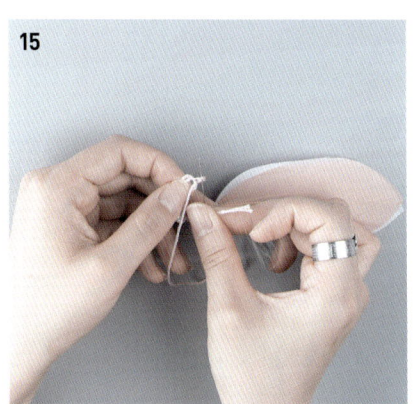

15

바로 전 생긴 구멍으로 바늘을 한 번 더 넣습니다. (이 방법이 어려운 분들은 11-12번을 진행하여 묶고, 만들어진 매듭에 11-12번과 같은 방법으로 한 번 더 겹쳐 묶어주면 됩니다.)

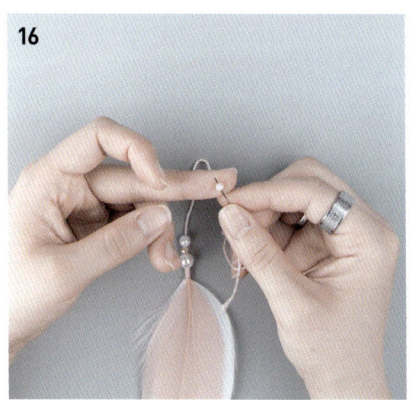

16-17

두 번 겹친 매듭 위에 크리스탈을 끼워 줍니다.

Dreamcatcher

18
나머지 깃털에도 장식을 모두 꿰어 준비합니다.

19
링이 시계라고 생각했을 때, 가운데 깃털은 6시 방향으로, 양쪽 깃털은 3시와 9시 방향으로 위치를 잡아줍니다. 그리고 바늘이 꽂힌 깃털 실을 링의 앞에서 뒤로 고리를 들어 대칭이 맞는지 확인합니다.

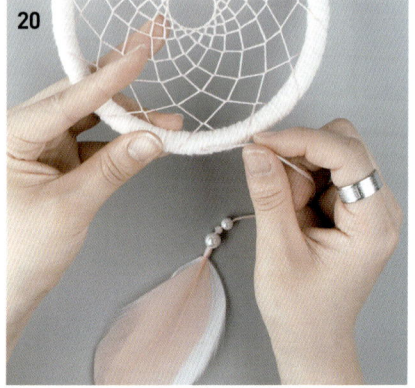 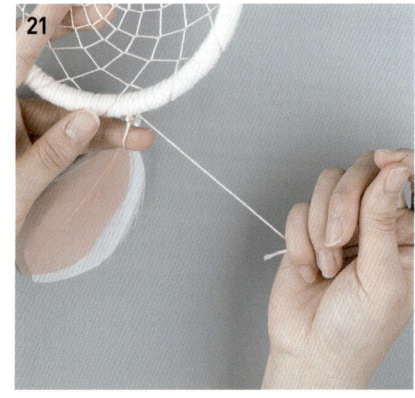

20-21
가운데 먼저 바늘을 링에 깊이 꽂아 고정합니다.

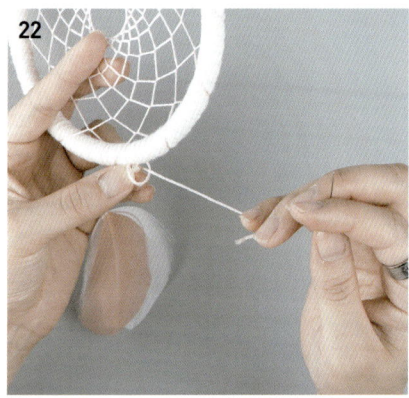 

22-23
깃털 실을 한 번 휘감아 묶습니다.

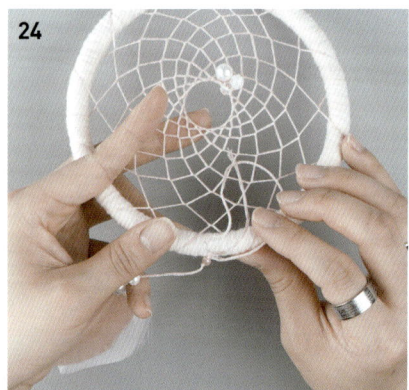

24
다시 앞에서 뒤로 바늘을 꽂습니다.

25

바늘을 뒤로 보내어 빼낸 후, 남은 실을 짧게 잘라냅니다.

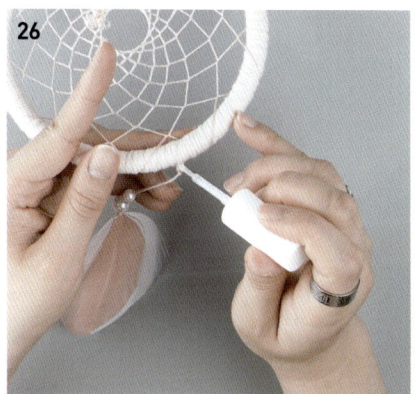
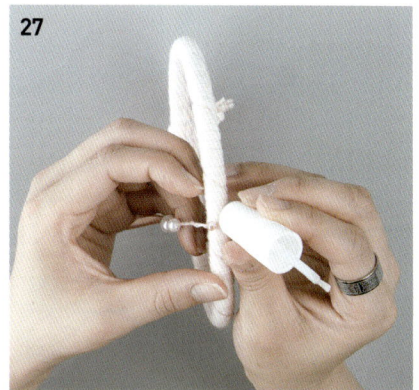

26

잘라낸 실 부분에 살짝 접착제를 바릅니다.

27

접착제를 바른 부분을 살짝 눌러 붙여줍니다. (접착제 뚜껑을 이용하세요.)

28

가운데 깃털이 정중앙에 고정되었습니다.

29

양쪽 깃털도 달아주면 러블리핑크 드림캐쳐 완성!

4. 그 외 필수 기법

이 외에도 반드시 알아야 할 기본 기법들이 있습니다.
Part 2에서 작품들을 만들 때 참고하세요.

작은 고리 만들기

1

링을 감기 전 접힌 고리 1개를 빼둡니다. 고리를 중앙에 두고 왼쪽으로 한 번 감아줍니다.

2

3

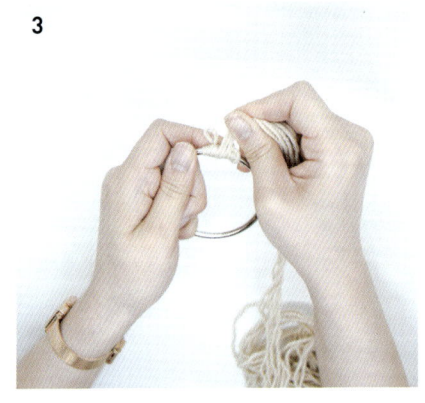

2-5

고리 1개를 제외한 실들을 모두 시계 방향으로 감습니다.

4

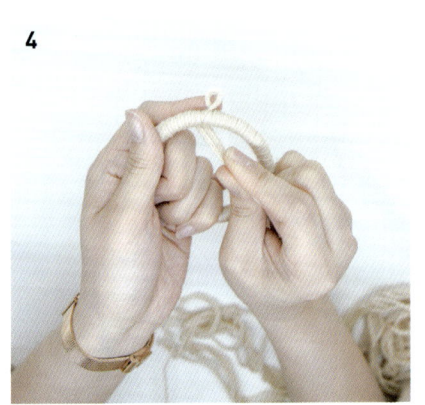

5

6

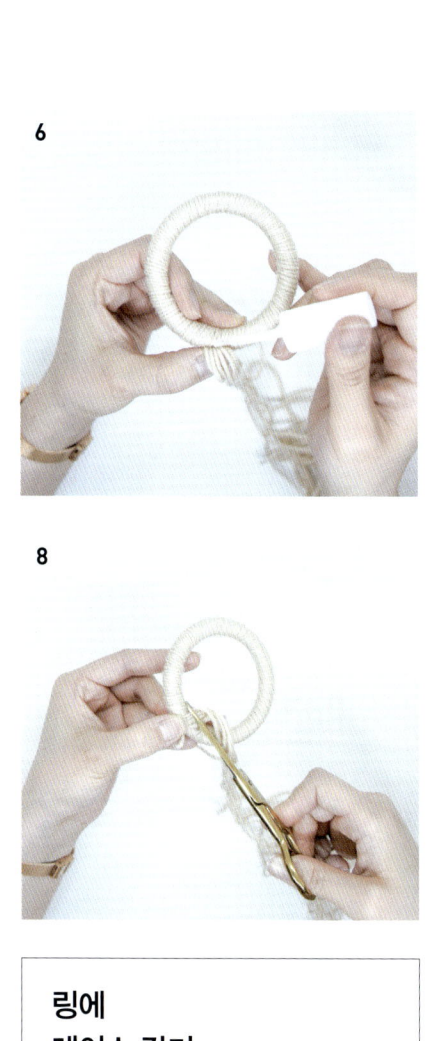

7

6-7

두 바퀴 감은 후 고리 뒤편에 접착제를 칠하여 붙입니다.

8

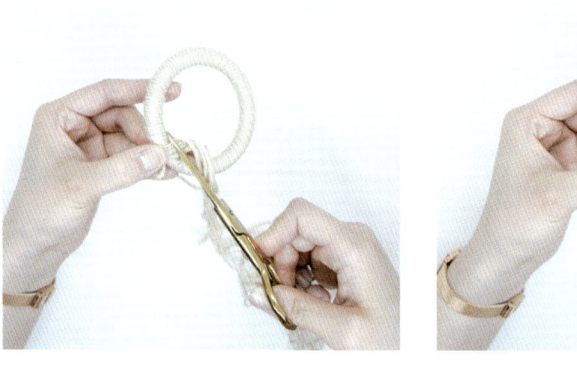

9

8-9

남은 실을 자르고 정리되지 않은 털실에 접착제를 한 번 더 발라 붙여줍니다.

링에 레이스 감기

1

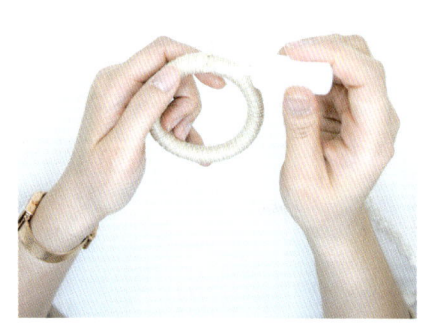

1

고리 아래 링의 뒷부분에 접착제를 발라줍니다.

2

3

2-7

시계 방향으로 레이스를 감습니다.

Dreamcatcher

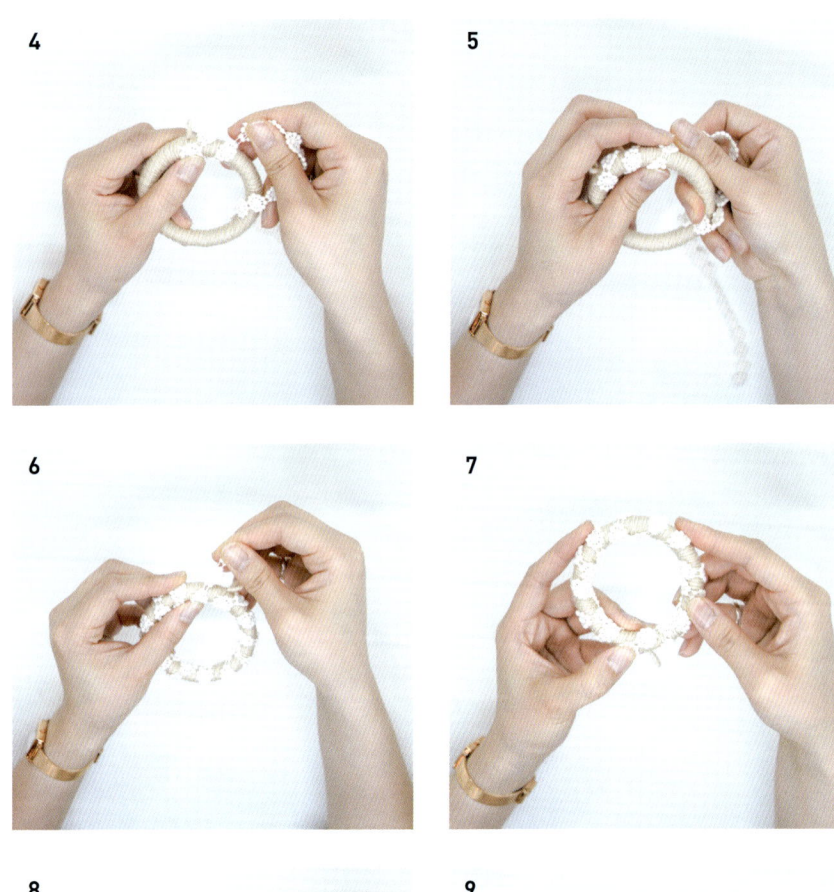

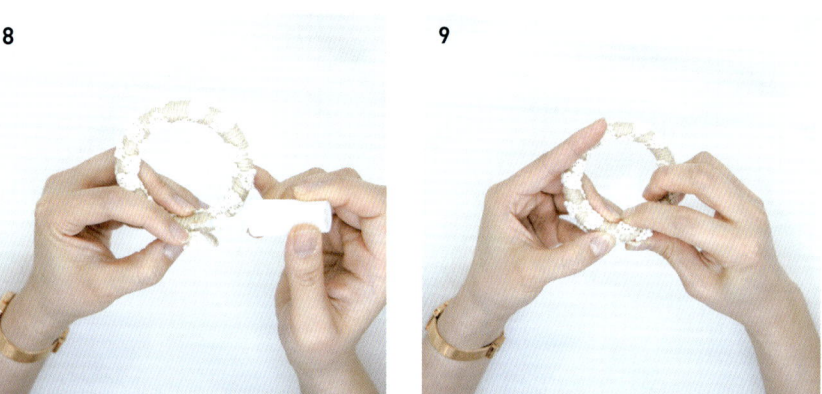

8-10
고리 뒷부분까지 감은 후 접착제를 칠하여 링에 붙이고 나머지 부분을 잘라냅니다.

종달새머리 매듭

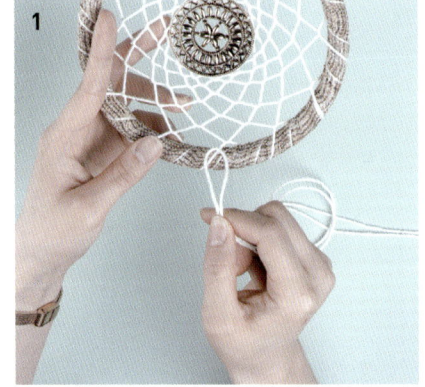

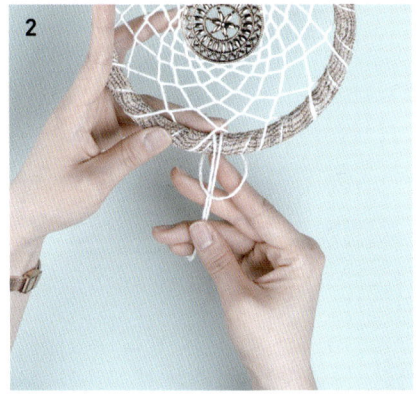

1
실을 반 접어 고리를 만들어, 링 중앙 하단에 앞에서 뒤로 넣습니다.

2
뒤쪽으로 만들어진 고리에 앞에 있는 두 줄을 끼워 넣습니다.

3
두 줄을 함께 당겨 링에 고정합니다.

X자 매듭

1
두 줄의 양쪽 끝을 잡습니다.

2
두 줄을 X자로 엇갈려 잡습니다.

Dreamcatcher

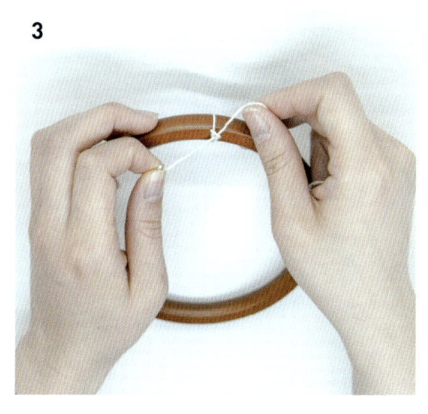 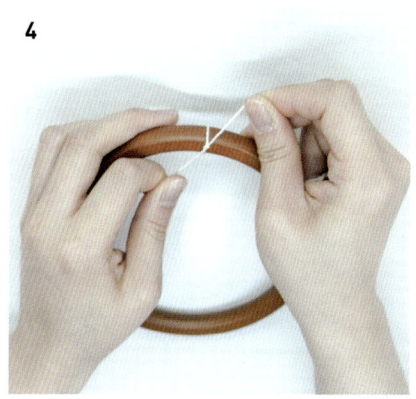

3

두 줄 중 한 줄을 안쪽으로 넣고 다시 뺍니다.

4

매듭을 당겨 묶어줍니다. 두 번 겹쳐 묶는 경우 그 위에 한 번 더 X자 매듭을 해줍니다.

평매듭

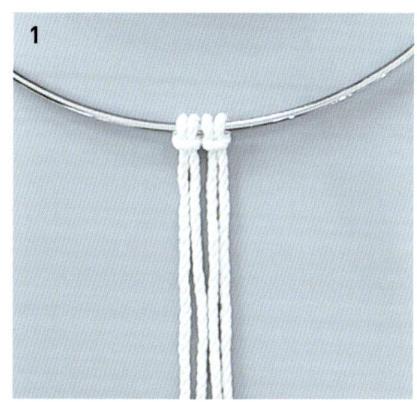 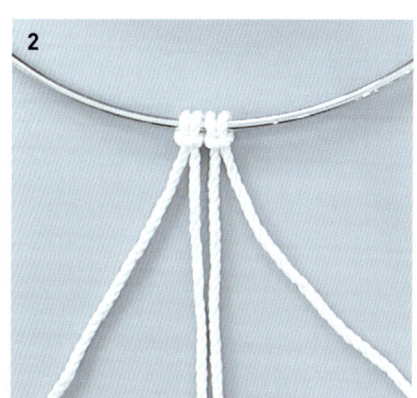

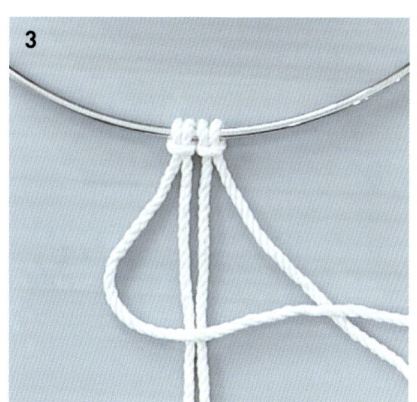 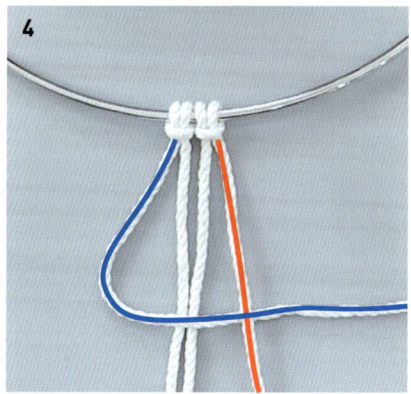

1

4줄을 준비합니다.

2

가운데 두 줄을 기준 줄로 두고, 양쪽 1줄씩을 매듭 줄로 사용합니다.

3

왼쪽부터 줄을 잡고, 기준 줄 위로 올려 ㄴ자를 만듭니다.

4

오른쪽 줄을 맨 위로 올려줍니다.

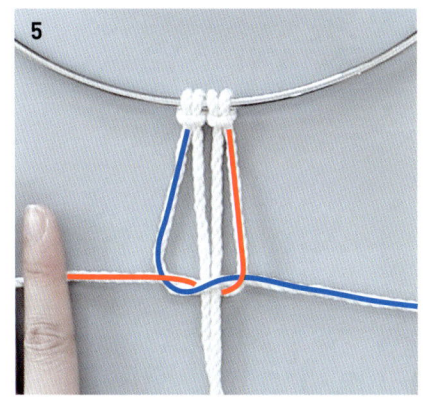
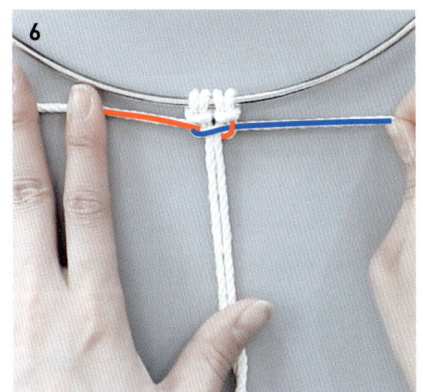

5
오른쪽 줄을 왼쪽에 생긴 고리에 기준 줄 뒤로 보내, 뒤에서 앞으로 넣습니다.

6
기준 줄을 잘 잡고 양쪽 줄을 당겨서 매듭을 위로 올립니다.

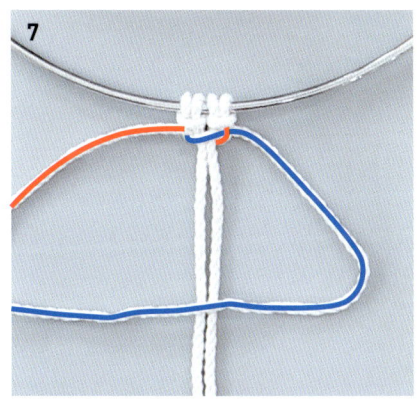
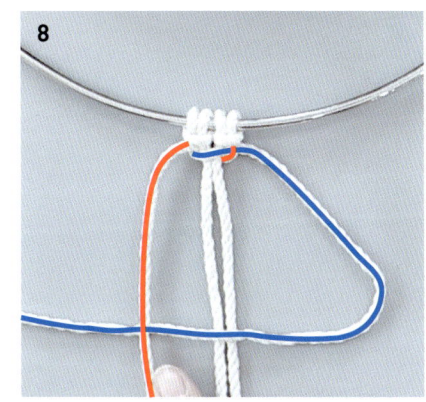

7
오른쪽 줄을 잡고, 기준 줄 위로 올려 반대 ㄴ자를 만들어줍니다.

8
왼쪽 줄을 맨 위로 올립니다.

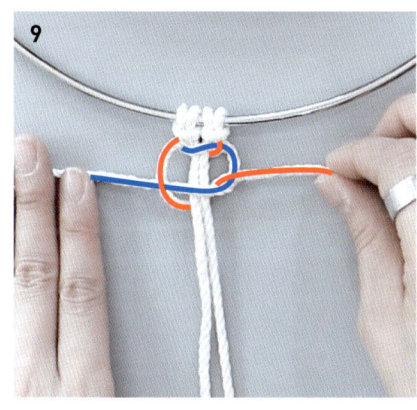
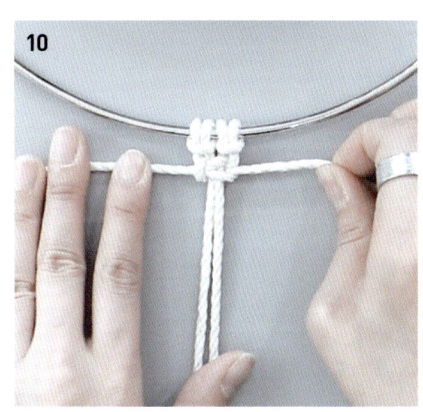

9
왼쪽 줄을 오른쪽에 생긴 고리에 기준 줄 뒤로 보내, 뒤에서 앞으로 넣습니다.

10
기준 줄을 잘 잡고 양쪽 줄을 당겨서 매듭을 위로 올립니다.

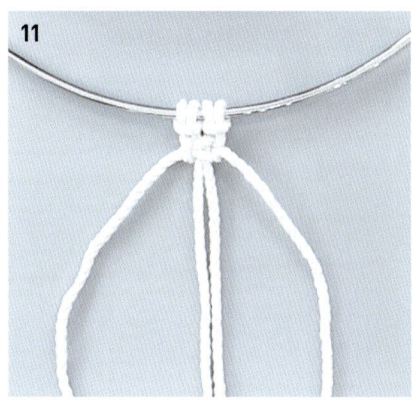

11
평매듭 1개가 완성되었습니다.

Dreamcatcher

랩매듭

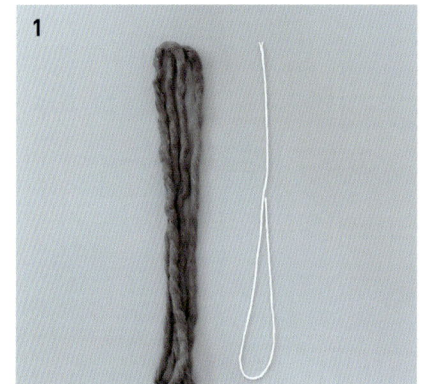

1
묶을 실을 1/3 정도 접어 준비합니다.

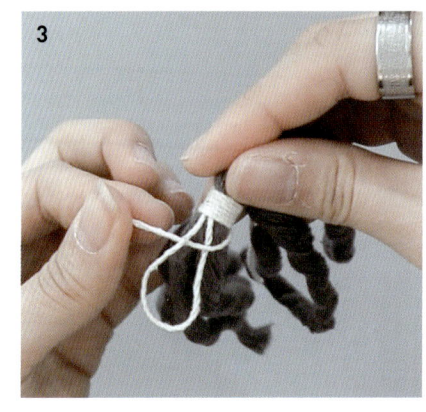

2
1/3로 접을 면사를 묶을 실 위에 겹쳐 올립니다. 면사 두 줄 중 짧은 실을 묶을 실과 함께 펼쳐두고, 고리를 2cm 정도 남긴 후 그 위쪽부터 5~6바퀴 올려 감습니다. 올려 감은 실 위로 5~6 바퀴 겹쳐 감아 내려줍니다.

3
고리 안에 남은 실을 넣습니다.

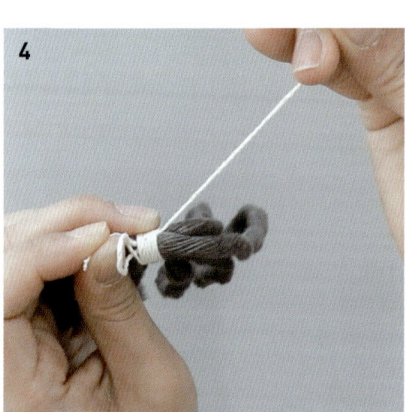

4
반대편 긴 실을 당깁니다.

5
남은 양쪽 두 줄을 짧게 자릅니다.

6
랩매듭이 완성되었습니다.

* 필수기법과 그 외 기법의 영상리스트는 여기에서 볼 수 있어요!

깃털을 다는 간격과 순서

드림캐쳐 하단에 깃털을 달 때 많은 분들이 "간격은 몇 cm로 해야 하나요?", "어떤 순서로 달아야 하나요?", "간격을 찾기가 어려워요" 등 여러 가지 질문을 던지며 어려워합니다. 깃털의 간격을 찾는 법은 간단합니다. 먼저 링 하단 아래로 떨어뜨려 달 때와 모빌 형식으로 달 때만 기억하세요.

* 단, 대칭으로 고정되는 깃털의 원석 무게가 같을 경우에만 적용되는 방법입니다.

링 하단으로 떨어뜨려 달 때

모든 깃털의 사이 간격은 같아야 합니다.

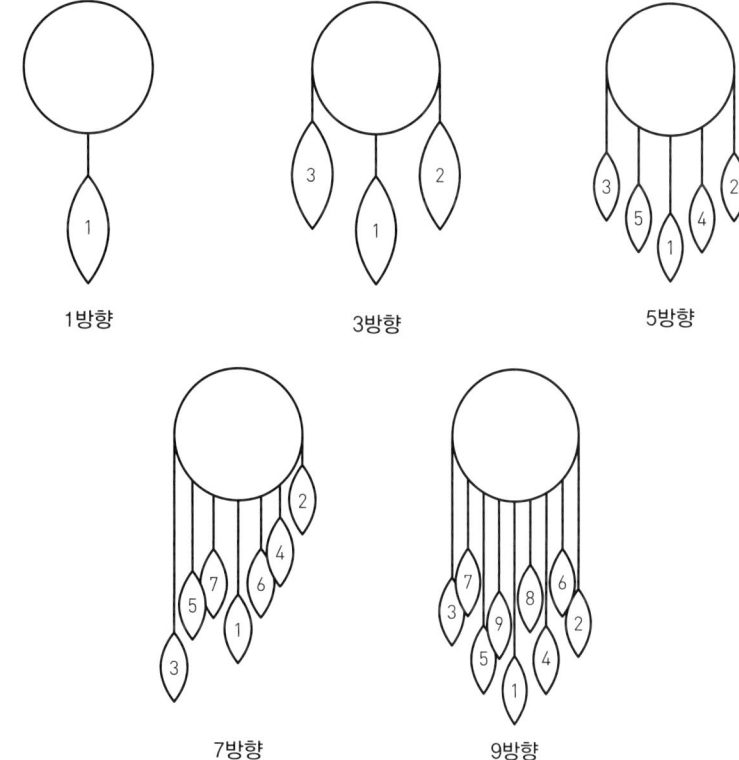

모빌 형식으로 달 때

모빌의 경우 여섯 방향으로 고리를 만든 후, 링의 수평을 맞추면서 아래 깃털 또는 장식을 달아야 합니다.

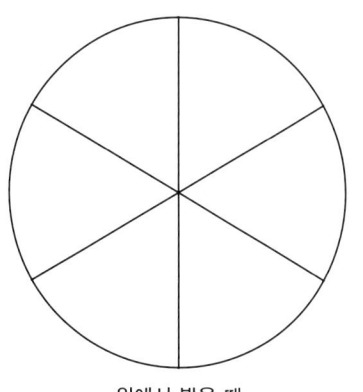

5. 포장 방법

정성이 느껴지도록 포장해야 받는 이에게 마음이 잘 전달되겠죠? 드림캐처는 동그란 모양과 하단의 깃털 때문에 포장에 신경 써야 합니다. 먼저 깃털이 망가지지 않도록 해야 합니다. 깃털이 자연스럽게 꺾이는 드림캐처라면 봉투 없이 박스로 포장해도 무방하지만, 깃털이나 장식들이 예쁘게 놓여 있길 바란다면 OPP봉투를 사용하면 좋습니다.

OPP봉투 포장

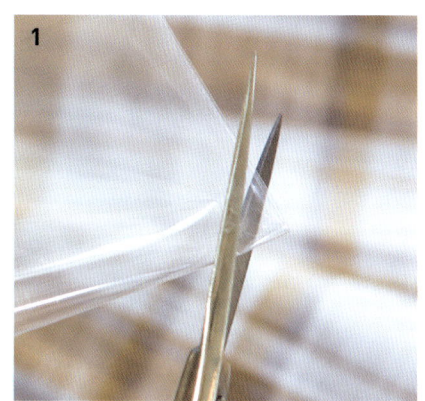
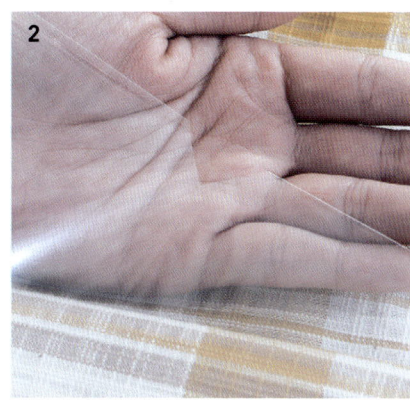

1-2
OPP봉투 위쪽을 세로로 반 접어 V자로 가위질합니다.

3
OPP봉투 안에 드림캐쳐를 넣고, 고리를 안에서 밖으로 뺍니다.

Part 2

다양한 재료를 활용한

선물용 드림캐쳐 만들기

이 책에서 만들어볼 드림캐쳐들은 모두 15개입니다. 이들을 쉬운 난이도에서 어려운 난이도 순서로 보면 아래와 같습니다. 아직 실력이 부족하다면 쉬운 작품부터 하나씩 완성해나가며 실력을 늘려보세요! 아니면 마음에 꽂히는 것부터 만들어보아도 좋습니다.

◇ 사랑스러운 기본 디자인 **러블리핑크 드림캐쳐**
◇ 심플한 그물의 **타조 깃털 드림캐쳐**
◇ 자연스러움이 묻어나는 **그린우드 드림캐쳐**
◇ 화사함과 균형이 돋보이는 **조화&자개 드림캐쳐**
◇ 동화 감성의 **아이방 드림캐쳐**
◇ 마음을 선물하는 **탄생석 드림캐쳐**
◇ 새로운 시작을 알리는 **벨 웨딩카 드림캐쳐**
◇ 양모실을 이용한 **위빙스타일 드림캐쳐**
◇ 플랜테리어에 잘 어울리는 **크리스탈 드림캐쳐**
◇ 보헤미안 느낌의 **마크라메 드림캐쳐**
◇ 골드의 화려함이 돋보이는 **골드 드림캐쳐**
◇ 아기방에 어울리는 **회전목마 드림캐쳐 모빌**
◇ 몽환적인 달 디자인의 **더블링 드림캐쳐**
◇ 편안한 내 방에 따뜻하게 어울리는 **레이스 드림캐쳐**
◇ 크리스탈이 그물 위에 화려하게 장식된 **펜던트 드림캐쳐**

01 / 동화 감성의 아이방 드림캐쳐

우드 링과 토끼 자수 패치를 사용한
따뜻한 동화 느낌의 드림캐쳐 만들기

드림캐쳐를 가장 좋아하는 이들이 누굴까요? 바로 아이들입니다. 아이들은 환상적이고 신비로운 세계를 연상시키는 드림캐쳐를 보며 풍부한 상상력을 펼쳐 동화 속 꿈나라로 빠져듭니다. 우리가 만들 첫 번째 드림캐쳐는 따뜻한 디자인의 토끼 자수 패치에 포근한 복슬 깃털을 더하여 아이방을 동화 나라로 만들 드림캐쳐입니다. 그럼 아이들의 꿈속 토끼 친구를 만들어볼까요?

작품 기본 정보

◇ 그물 실의 길이   300cm(2팔) 1줄
◇ 서클의 개수   11
◇ 깃털 방향 개수   5
◇ 완성 크기   가로 14cm × 총 길이 30cm(고리 제외)

재료

1. 우드 링 외경 지름 14cm, 내경 지름 11.5cm 1개
2. 그물 짜는 용 면사 1mm 300cm(2팔) 1줄
3. 깃털 묶는 용 자수실 DMC25 #436 30cm 5줄
4. 토끼 자수 패치 1개
5. 브러시형 순간접착제
6. 독일 십자수 바늘 14CT(24호), 독일 십자수 바늘 11CT(22호)
7. 자수 가위
8. 재단 가위
9. 화이트 깃털(중) 10개, 복슬 깃털 10개, 카멜 투톤 그라데이션(소) 10개
10. 글루건
11. 우드 체스트너트(무광) 론델 12mm 3개, 우드 사각볼 5mm 8개, 우드 블루웨이브 8mm 3개, 다크오렌지 6mm 5개, 우드 볼(유광그린) 8mm 3개, 우드 원형 체스트너트(유광) 8mm 3개, 6각 주황 크리스탈 4mm 3개, 다크그린 크리스탈 론델컷 AB 4mm 2개

제작 과정

1

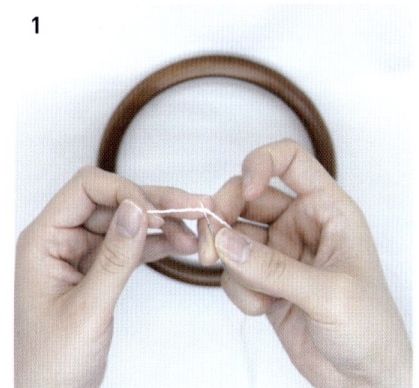

1
십자수 바늘 22호 바늘귀에 면사를 꿰어 준비합니다.

2

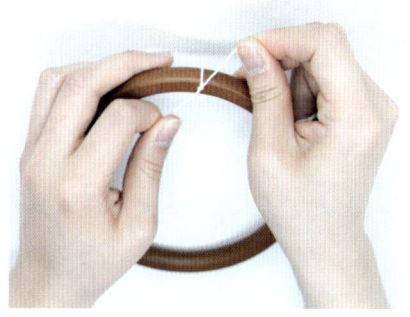

3

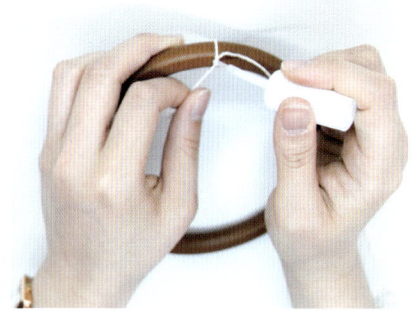

2-3
우드 링 12시 방향에 면사를 두 번 매듭지어 묶고, 매듭이 풀어지지 않도록 접착제를 바릅니다.

4

4
짧은 줄을 잘라냅니다.

5

6

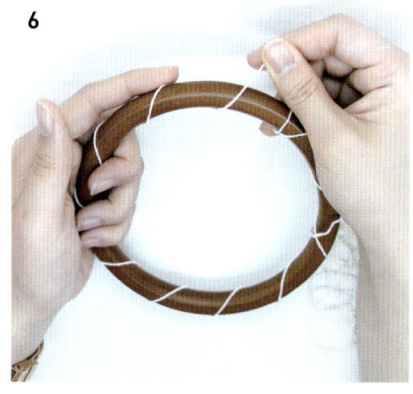

5-6
서클을 11개 만들어 그물을 짭니다.
(처음 시작할 때 매듭지은 부분은 서클 개수에 포함하지 않습니다.)

Dreamcatcher

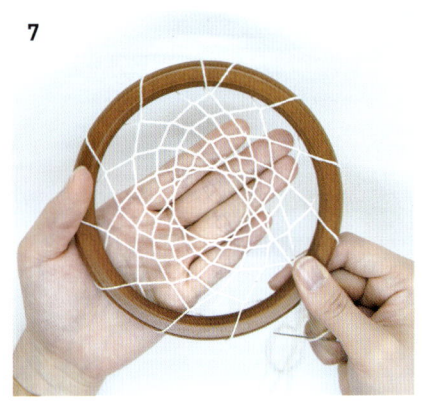
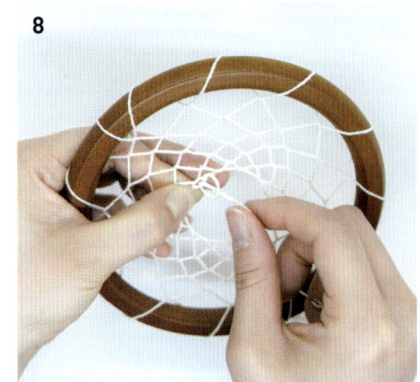

7-8

링 안쪽으로 생기는 원의 지름이 대략 3.5cm 정도가 나오면 그물 짜기를 멈추고 매듭을 지은 후 접착제를 발라 마무리합니다.

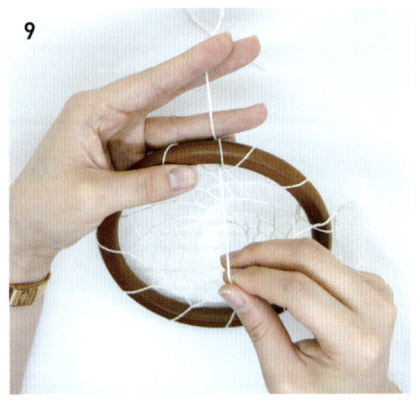

9-10

그물을 짜고 남은 실은 12시 방향의 시작선을 중심으로 왼쪽으로 한 번 감고, 오른쪽으로 한 번 감아 두 줄을 모아 잡은 뒤 링 쪽과 가깝게 한매듭을 합니다. 그리고 고리 부분에서 2.5cm 정도를 남겨두고, 다시 한번 한매듭을 합니다.

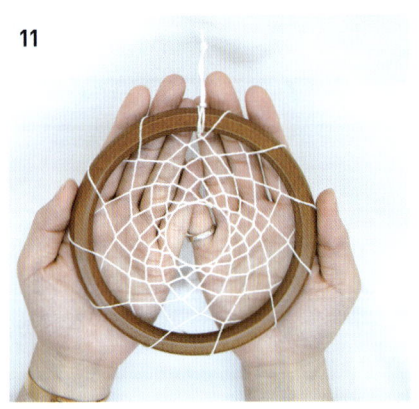

11

드림캐쳐 그물이 완성되었습니다.

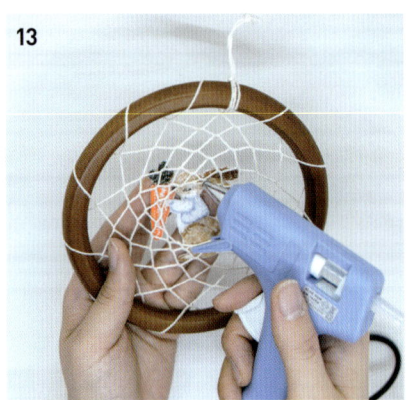

12

링의 정 가운데 위치에 자수 패치를 올려놓고 뒤집습니다.

13

자수 패치와 그물이 만나는 부분을 글루건을 이용하여 붙입니다.

076

14

깃털 묶는 실 30cm 5줄을 준비합니다.

15

준비된 깃털을 모두 다듬어 준비합니다.

16

화이트 깃털(중)의 뒷면이 맞붙도록 붙인 후 가위를 이용하여 나뭇잎 형태로 오려줍니다.

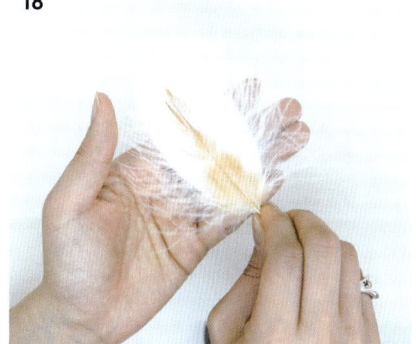

17

복슬 깃털을 앞뒤로 올려줍니다.

18

카멜 투톤 그라데이션(소) 깃털을 앞뒤로 올려줍니다.

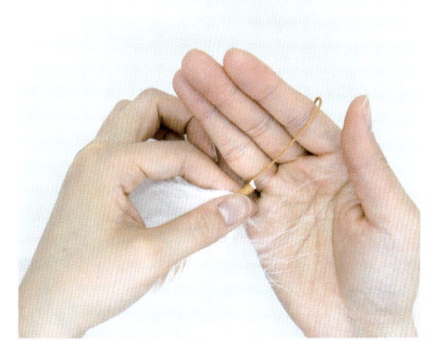

19

깃털을 묶습니다.

20

깃대를 감고 남은 짧은 실과 깃대는 1mm 남긴 후 잘라냅니다.

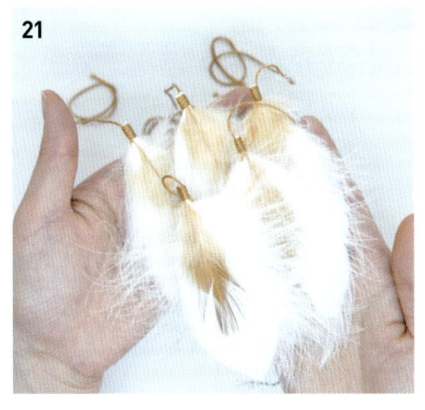

21

남은 깃털들도 모두 묶고 준비합니다.

22

십자수 바늘 24호에 깃털을 묶은 실을 끼우고, 우드 비즈들을 차례대로 꿰어줍니다.

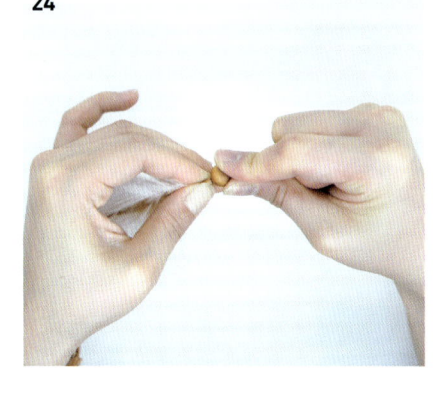

23-24

깃대 상단에 접착제를 발라 첫 번째에 넣은 우드 비즈와 맞붙게 하여 붙여줍니다.

25

중간의 띄어진 부분을 위해 매듭을 두 번 겹쳐 묶고 우드 비즈를 순서대로 꿰어줍니다.

26

깃털을 묶은 모든 실에 십자수 바늘 24호를 끼워 우드 비즈들을 전부 꿰어 줍니다.

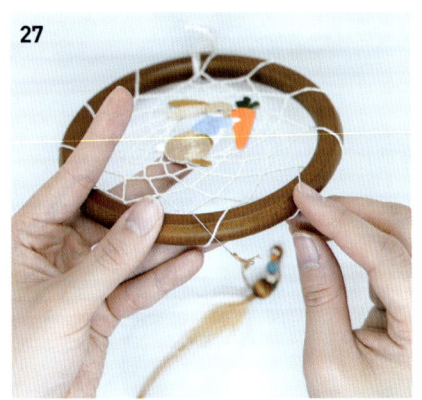

27

가운데 깃털 먼저 중앙으로 보이는 여섯 번째 서클에 바늘을 걸어 매듭을 짓습니다. 여섯 번째 서클이 중앙이 아닐 경우, 중앙으로 서클을 밀어서 옮겨줍니다.

28  **29**

28-29

깃털을 묶어 달고, 남은 실을 자른 후 접작체를 칠합니다.

30  **31**

30

나머지 깃털들을 순서대로 달아줍니다. 순서는 가운데 먼저 → 가장자리 깃털 양쪽 두 개 → 사이 깃털 양쪽 두 개

31

동화 감성의 아이방 드림캐쳐 완성!

02 / 자연스러움이 묻어나는 그린우드 드림캐쳐

우드 장식을 사용하여
자연과 어울리는 드림캐쳐 만들기

살랑이는 푸른 잎을 표현한 우드 드림캐쳐를 소개할게요. 살다 보면 나도 모르게 자연을 찾게 되는 순간이 있습니다. 그럴 때마다 등산이나 캠핑을 가지요. 돗자리를 깔고 바닥에 누워 흔들리는 나뭇잎을 바라보았을 때의 느낌. 그 느낌을 고스란히 품고 있는 것이 바로 이 드림캐쳐랍니다.

이 드림캐쳐는 나무 질감을 살리면서도 컬러가 돋보이는 우드 링에 나뭇잎처럼 살랑살랑 흩날리는 천연 깃털과 다양한 색의 컬러 우드 비즈들로 멋스럽게 색을 조합하여 디자인하였습니다. 그물 짜기가 쉬워서 재미있게 만들 수 있을 거예요.

작품 기본 정보

◇ 그물 실의 길이　　90cm 1줄
◇ 서클의 개수　　　16
◇ 깃털 방향 개수　　3
◇ 완성 크기　　　　가로 8.5cm × 총 길이 21cm(고리 제외)

재료

1 우드 링 연베이지 지름 90mm 1개
2 썬플라워 원형 우드 장식 그린 1개
3 면사 1mm
  – 그물 짜는 용 90cm 1줄
  – 깃털 묶는 용 30cm 3줄
4 화이트 깃털(중) 6개, 천연 깃털(소) 3개
5 골드 라운드 론델 3개, 엔틱 스톰아이 론델 골드 10mm 1개, 더블링 론델 골드 2개, 우드 볼(그린) 8mm 1개, 우드 볼(체스트너트) 7mm 2개, 우드 사각볼(나무색) 5mm 3개, 우드 볼(올리브그린) 8mm 2개, 우드 볼(크림카키) 10mm 1개
6 독일 십자수 바늘 11CT(22호)
7 작은 가위
8 재단 가위
9 브러시형 순간접착제

제작 과정

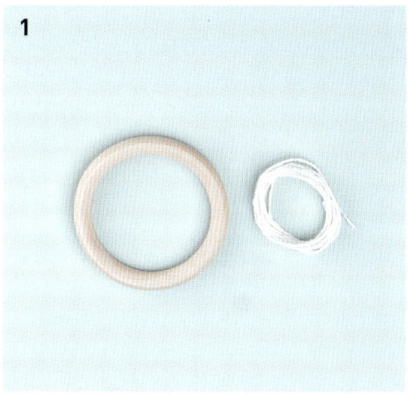

1

우드 링과 그물을 짤 면사를 준비합니다.

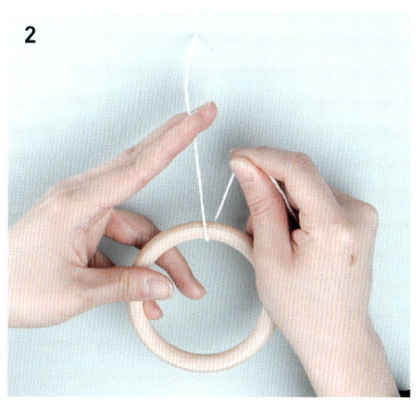

2

고리를 만들기 위하여 면사를 위로 10cm 정도 빼둡니다.

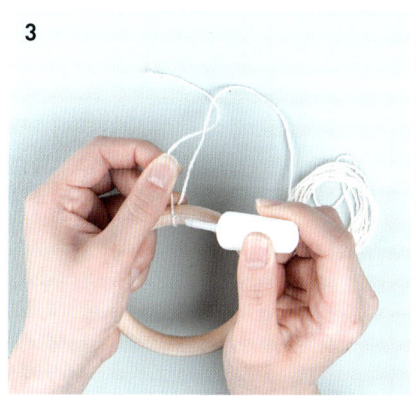

3-4

우드 링과 10cm 정도 빼놓은 실에 접착제를 소량으로 붙인 뒤, 재빨리 뒤에 있던 긴 줄을 앞으로 당겨와 함께 붙입니다.

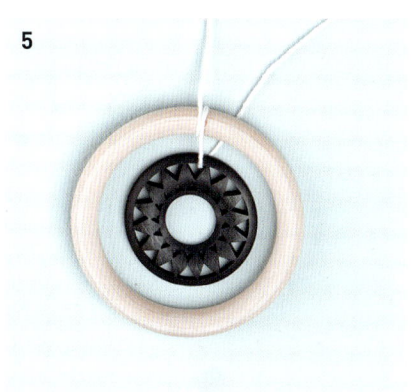

5

긴 줄을 앞으로 당겨 썬플라워 우드 장식 구멍에 꽂고 뒤고 넘깁니다.

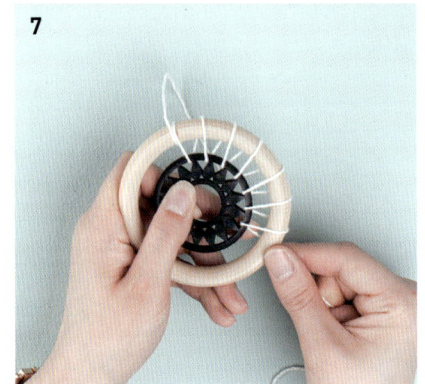

6-7

오른쪽으로 뒤로 넘긴 긴 줄을 링 앞쪽으로 감아 썬플라워 장식에 꽂아가며 시계 방향으로 감습니다.

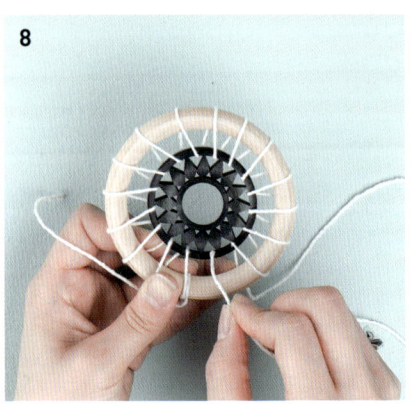
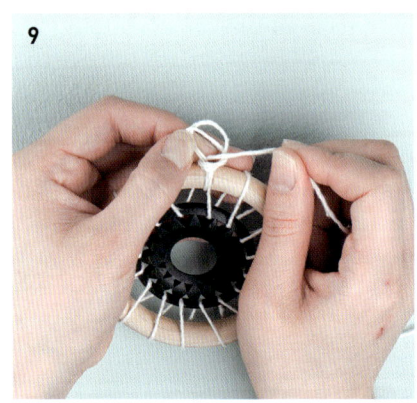

8-9

링의 12시 방향에 다다랐을 때, 남아 있는 짧은 줄과 함께 한매듭을 해줍니다.

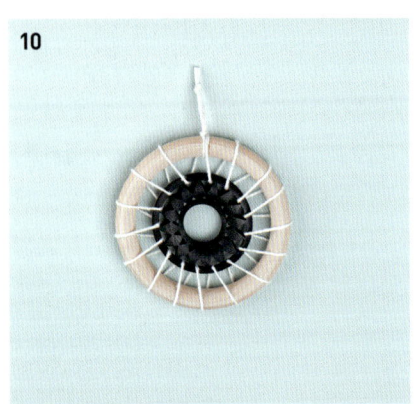

10

드림캐쳐 그물이 완성되었습니다.

11

모든 깃털을 다듬어 준비합니다.

12

화이트 깃털(중) 2장의 뒷면을 마주 보게 하여 잡고 그 위에 그린(소) 깃털을 올려 깃털을 묶습니다.

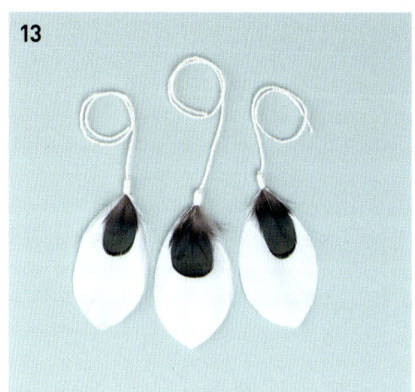

13
준비한 세 개의 깃털을 모두 묶습니다.

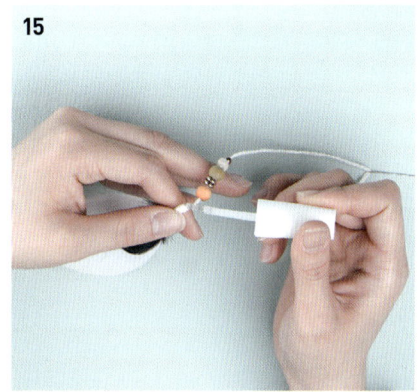

14-15
깃털에 바늘을 꽂아 우드 볼을
순서대로 꽂은 뒤, 깃털 매듭 부분에
우드 볼이 붙도록 접착제를 칠해줍니다.

16
우드 볼을 꽂은 세 방향의 깃털을 모두
준비합니다.

17
사진에서 바늘로 표시한 부분에
깃털을 걸 것입니다.

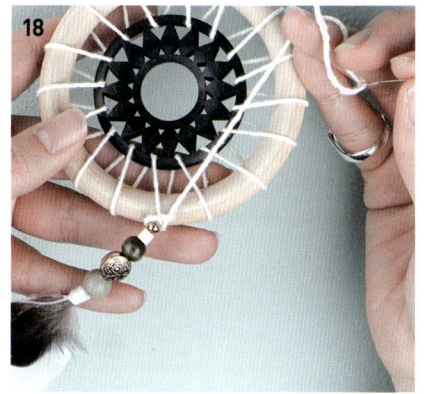

18
가운데 깃털을 걸어 매듭을 짓고
나머지 깃털들을 순서대로 달아줍니다.
순서는 가운데 먼저 → 양쪽 두 개

19
푸른 잎처럼 흩날리는 우드 드림캐쳐
완성!

Dreamcatcher

03 / 화사함과 균형이 돋보이는 조화&자개 드림캐쳐

드림캐쳐에 사용하기 좋은 조화를 꽂고,
하단을 자개로 장식한 드림캐쳐 만들기

조화는 드림캐쳐를 제작하는 데 아주 좋은 재료로, 단순한 작품도 화사해 보이게 합니다. 또 꽃말을 이용해 특별한 의미를 더하여 선물하기도 좋지요. 조화를 그물에 끼워 넣고, 깃털이 아닌 색다른 재료인 자개 판을 달아 멋진 드림캐쳐를 만들어보세요. 바람이 불 때마다 자개가 부딪혀 기분 좋은 소리를 낼 뿐만 아니라 공간에 화사함까지 선물할 거예요.

> **작품 기본 정보**

◇ 그물 실의 길이　　300cm(2팔) 1줄
◇ 서클의 개수　　　11
◇ 하단 장식 개수　　5
◇ 완성 크기　　　　가로 16cm × 총 길이 54cm(고리 제외)

재료

1 우드 링 지름 14cm 1개
2 면사 1mm
 – 그물 짜는 용 300cm 1줄
 – 자개 묶는 용 70cm 3줄, 30cm 2줄
3 자개 판(원고리) 5개
4 천연 수정 3개
5 흰색 리본 70cm
6 블랙사파이어 물결 크리스탈 15mm 5개
7 안개 조화, 아스트란티아 조화
8 브러시형 순간접착제
9 작은 가위
10 재단 가위
11 독일 십자수 바늘 11CT(22호)

제작 과정

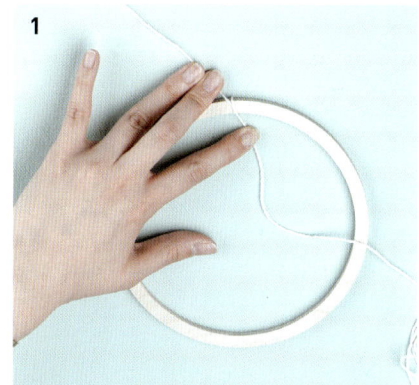

1-2

우드 링의 12시 방향에 면사를 X자로 두 번 묶어 준비합니다.

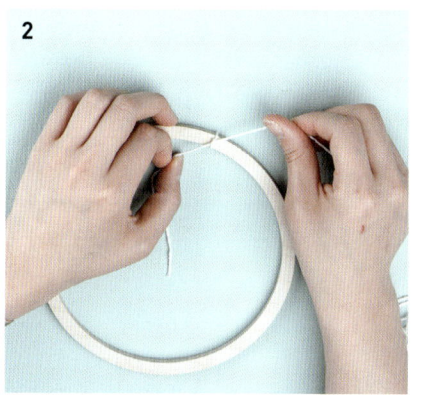
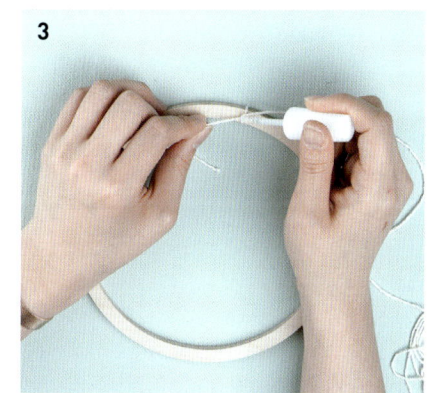

3

매듭 부분에 접착제를 바릅니다. (우드 링에 접착제가 묻지 않도록 조심합니다.)

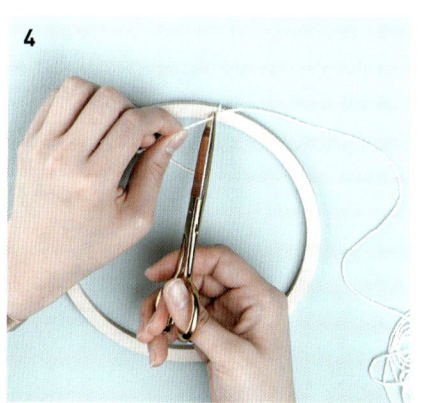
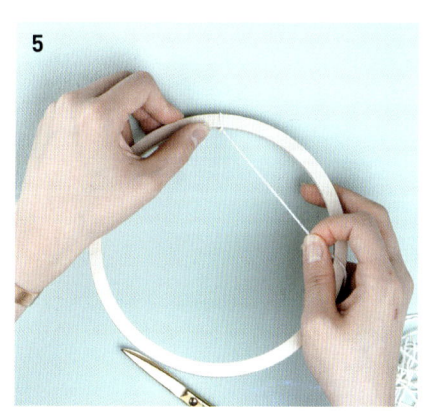

4-5

짧은 면사를 자르고, 매듭 부분을 링의 중앙 하단으로 내려 보이지 않게 합니다.

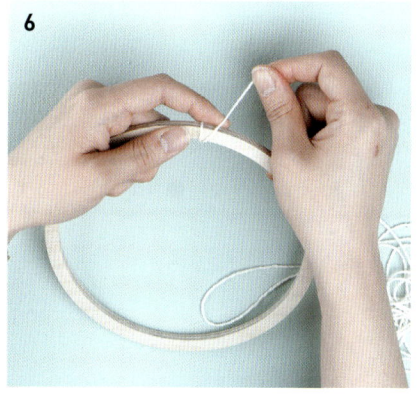
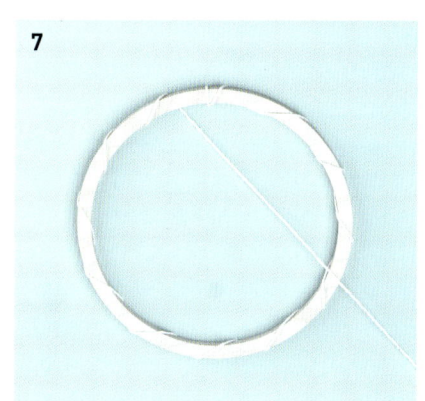

6-7

11개의 서클을 만듭니다.
(처음 시작할 때 매듭지은 부분은 서클 개수에 포함하지 않습니다.)

Dreamcatcher

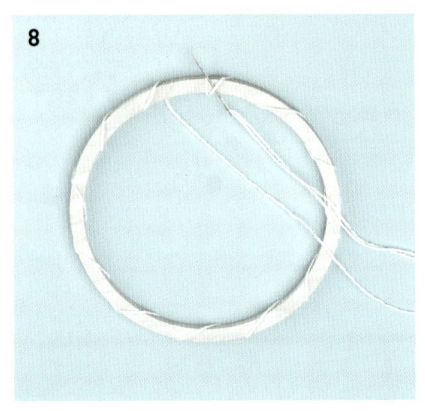 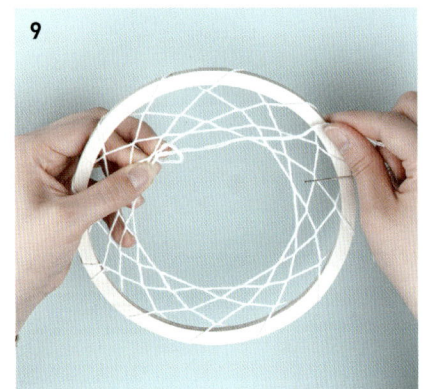

8

첫 번째 서클에 바늘을 걸어 그물을 짭니다.

9-11

다섯 바퀴 정도 그물을 짰을 때, 3시 방향에서 매듭을 지어 그물을 마무리합니다.

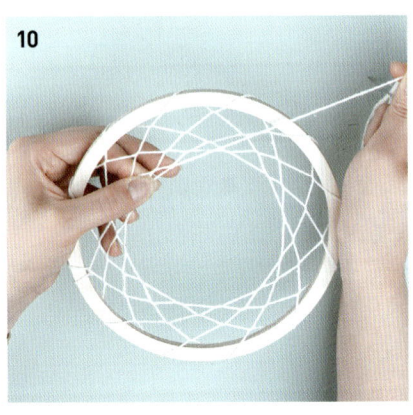 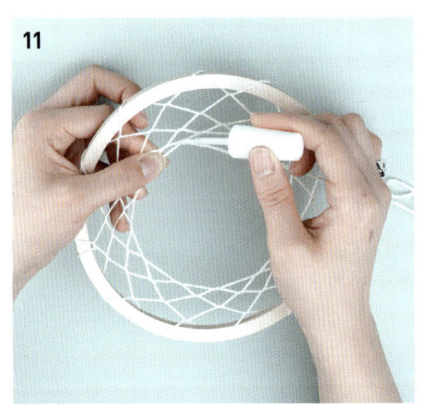

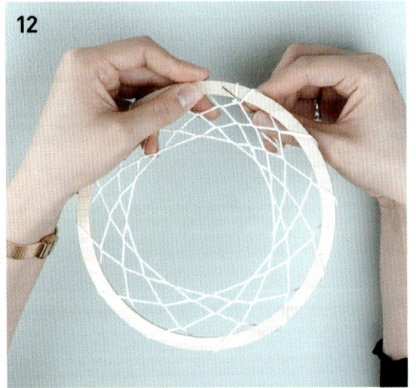 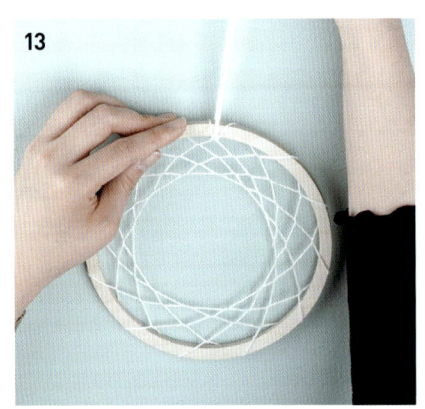

12-14

고리 만들 면사를 바늘에 꽂아 12시 방향의 시작선을 중심으로 왼쪽으로 한 번 감고, 오른쪽으로 한 번 감아 두 줄을 모아 잡고 링과 가깝게 한매듭을 합니다.

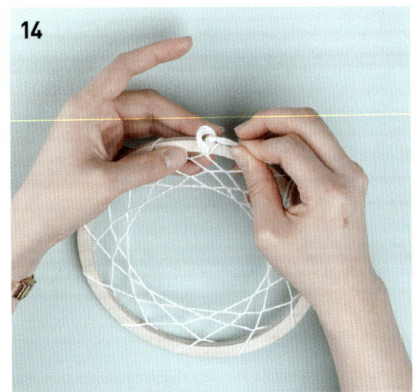

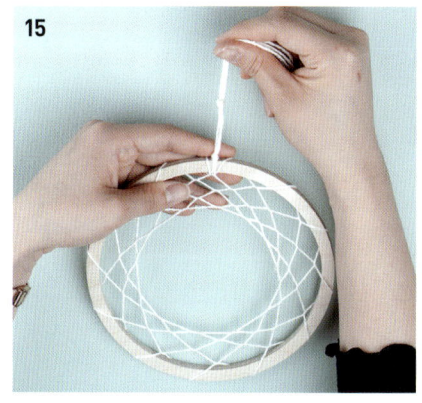

15-16

4cm 간격으로 한 번 더 한매듭을 지어주고, 1cm 남기고 자릅니다.

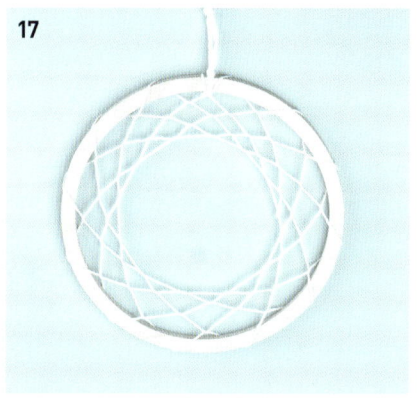
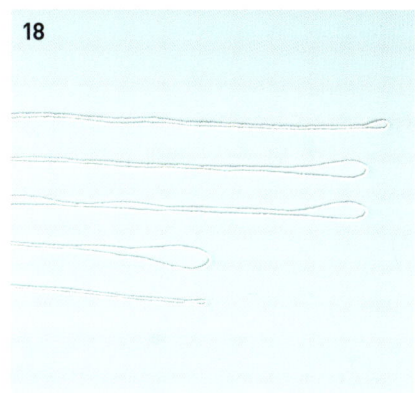

17

드림캐쳐 그물이 완성되었습니다.

18

자개를 묶을 면사를 준비합니다.

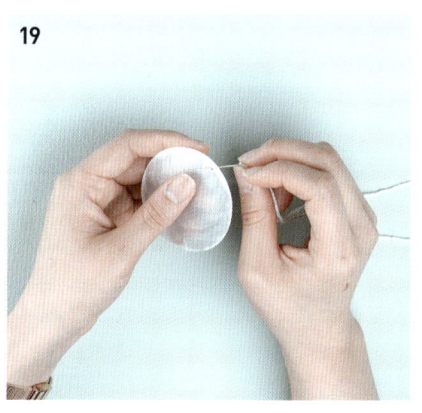

19-20

면사를 바늘에 꽂아 자개의 구멍에 넣고 실이 5cm 정도 남을 때까지 빼낸 후, 두 실을 X자로 두 번 묶습니다.

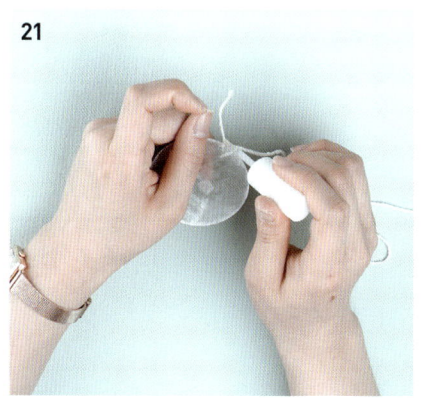
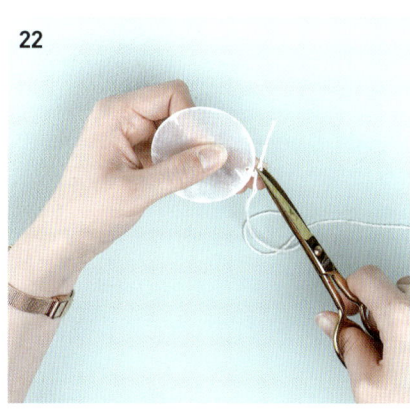

21-22

매듭 부분에 접착제를 칠한 후 짧은 줄을 잘라냅니다.

23

5개의 자개에 모두 면사를 묶어 준비하고, 그 위로 블루사파이어 크리스탈을 하나씩 꽂아둡니다. 천연 수정이 달리는 쪽은 크리스탈과의 거리가 7cm 정도가 되도록 매듭을 짓고, 천연 수정을 넣어 띄워줍니다.

24-25

준비된 줄 중 가운데부터 링 하단 중앙에 통과시키고 링 하단에서 X자로 묶어줍니다.

26-28

한 번 더 X자로 묶고 접착제를 바른 후, 짧은 줄을 자릅니다.

29

나머지 4개 줄도 크리스탈과 천연 수정을 끼우고 자개판들이 〈 형태로 보이도록 길이를 조절해가며, 오른쪽부터 링에 모두 달아줍니다.

30-32

준비된 조화를 8시 방향의 그물에 한 가지씩 꽂습니다.

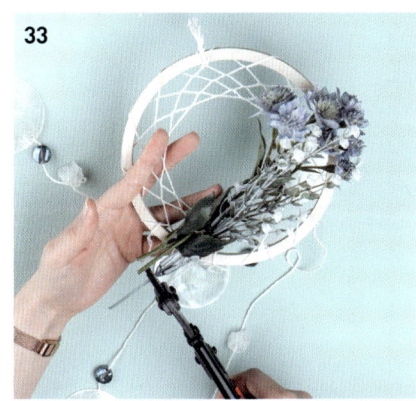

33

길게 튀어나온 가지는 조화 니퍼로 잘라냅니다.

34

조화의 줄기 쪽 그물에 리본을 걸어줍니다.

35

한 번 X자로 묶습니다.

36

리본을 만들어준 뒤, 예쁜 길이로 재단합니다.

37

화사한 조화 자개 드림캐쳐 완성!

04 / 새로운 시작을 알리는 벨 웨딩카 드림캐쳐

벨 장식, 토숀 레이스를 활용한
로맨틱 웨딩카 드림캐쳐 만들기

결혼식장에선 두 사람의 새로운 시작을 알리는 힘찬 종소리가 울려 퍼지지요. 그래서 고급스러운 종이 장식된 웨딩카 드림캐쳐는 예비 부부에게 아주 좋은 선물입니다. 결혼식이 끝나고 신혼집 인테리어 소품으로도 활용할 수 있어 일석이조입니다.

벨 웨딩카 드림캐쳐는 진심을 다해 부부의 행복을 바라는 친구들에게 인기가 많답니다. 포근함이 느껴지는 토숀 레이스를 활용하여 단순할 수 있는 작품을 로맨틱하게 꾸미는 재미를 느껴보세요.

> 작품 기본 정보

- ◇ 링을 감는 실 300cm(2팔) 6줄
- ◇ 그물 실의 길이 150cm(1팔) 1/2줄 (1줄에 6줄이 엮여 있는 은사 중 3줄만을 사용)
- ◇ 서클의 개수 9
- ◇ 깃털 방향 개수 1
- ◇ 완성 크기 가로 8.5cm × 총 길이 21cm(고리 제외)

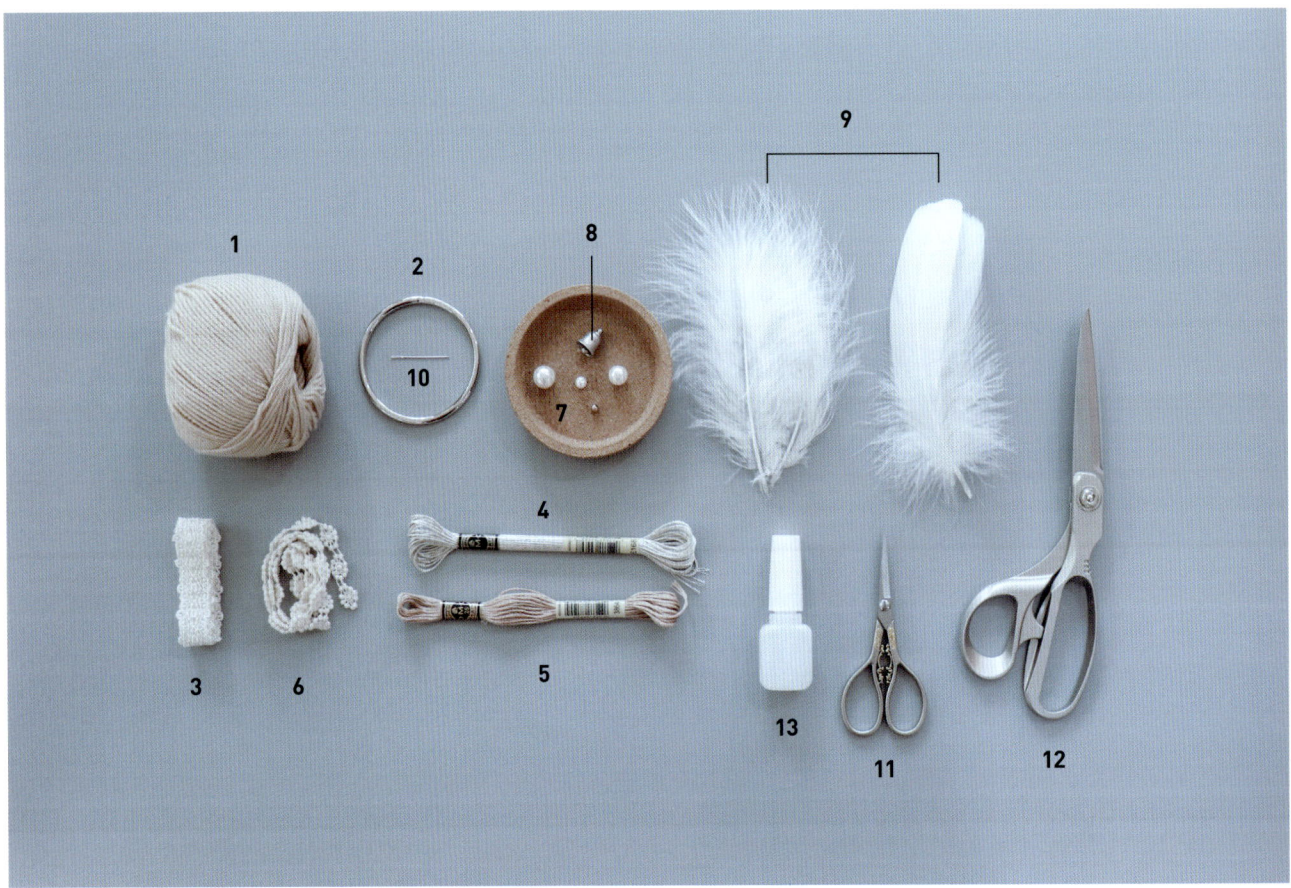

재료

1. 링 감는 용 헤라울 연베이지
2. 링 지름 6cm 1개
3. 국화꽃 레이스 70cm
4. 그물 짜는 용 자수실 DMC25 #은사 120cm (1줄에 6줄이 엮여 있는 은사 중 3줄만을 사용)
5. 깃털 묶는 용 자수실 DMC25 #3864 25cm 1줄
6. 토숀 레이스 40cm
7. 아크릴 진주 12mm 1개, 아크릴 진주 10mm 1개, 아크릴 진주 6mm 1개, 브론즈 볼 4mm 1개
8. 백금 종(무광) 1개
9. 화이트 깃털(중) 2개, 복슬 깃털 2개
10. 독일 십자수 바늘 14CT(24호)
11. 자수 가위
12. 재단 가위
13. 브러시형 순간접착제

제작 과정

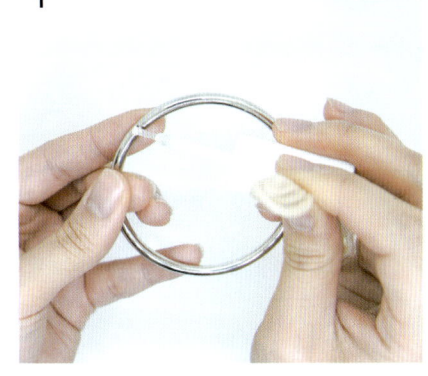

1-2
링 감을 털실 6줄을 잘 겹쳐 붙이고, 링을 감습니다. 작은 고리를 만들어 링을 완성하였습니다.
(58p 작은 고리 만들기 참고)

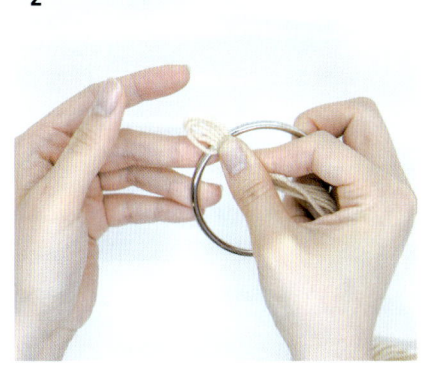

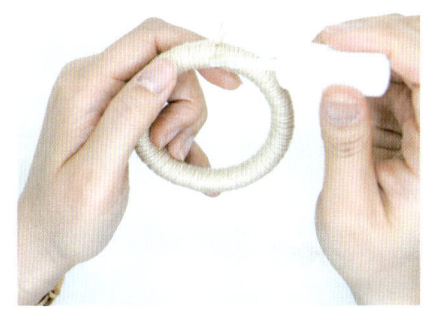

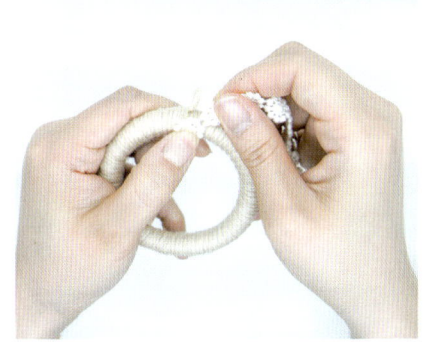

3-4
고리 바로 아래 링의 옆면에 접착제를 바른 후, 레이스를 눌러 붙입니다. 마를 때까지 기다립니다.

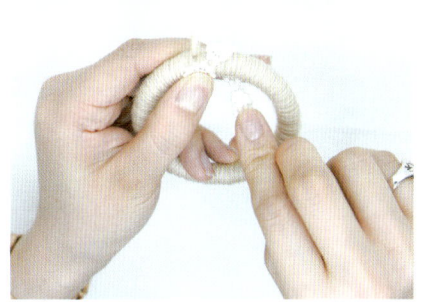

5-8
레이스를 시계 방향으로 끝까지 감습니다.

Dreamcatcher

7

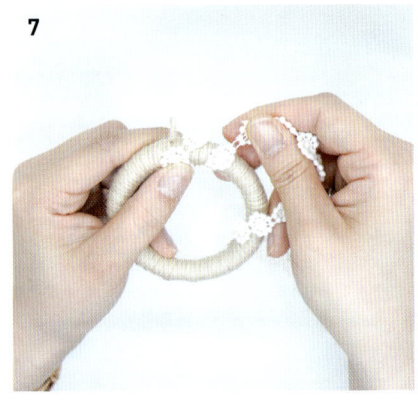

8

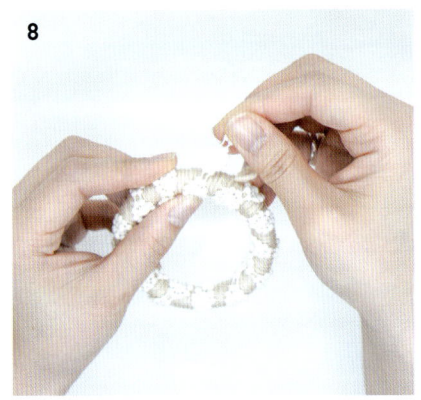

9

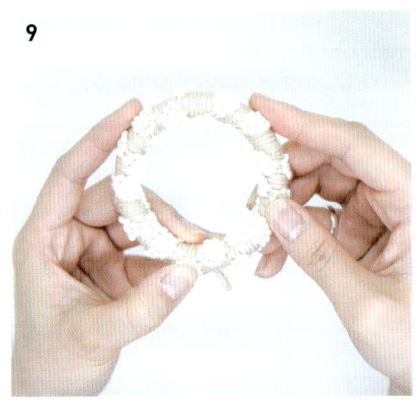

10

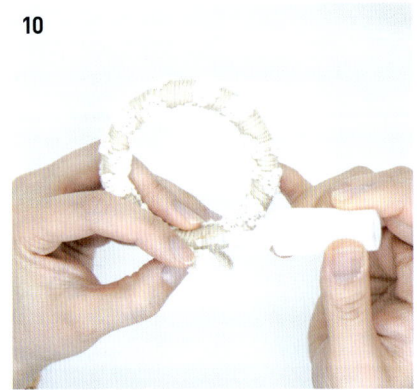

9-11
레이스 끝부분에 접착제를 칠한 후 눌러 붙입니다.

11

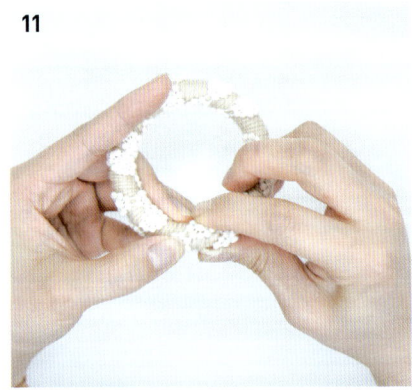

12

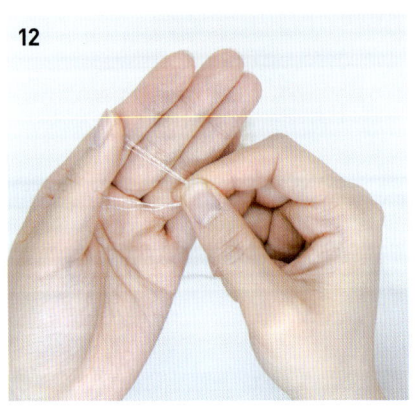

12
그물로 쓸 줄은 은사 6줄 중 3줄만을 사용합니다.

13

14

13-16
실의 끝부분에 한매듭을 두 번 겹쳐 짓습니다.

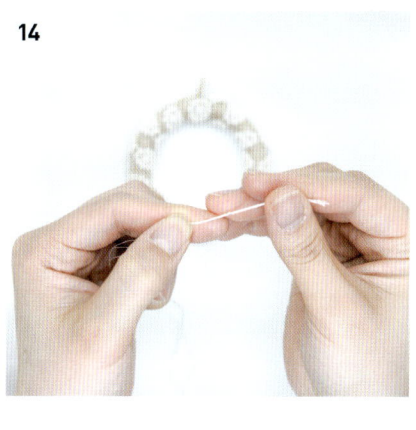

15

16

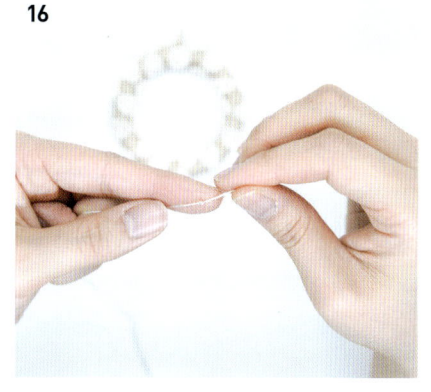

17

18

17-18
반대편에 바늘을 꿰어놓습니다.

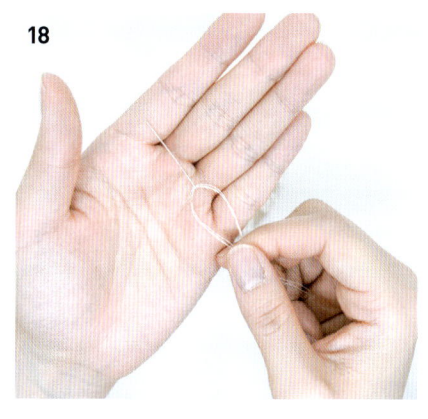

19

19
링의 중앙 하단 부분에 바늘을 링 뒤에서 앞으로 꽂습니다.

Dreamcatcher

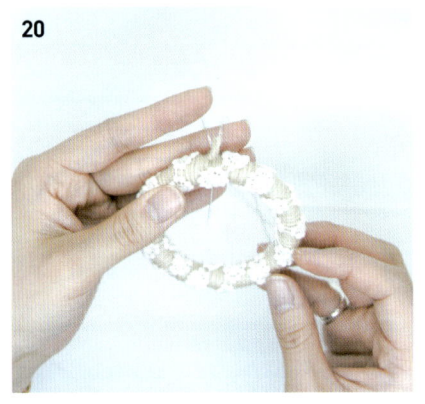
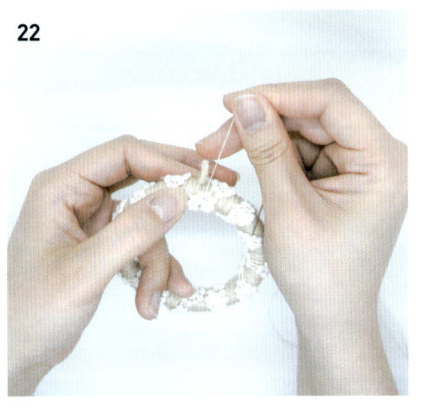
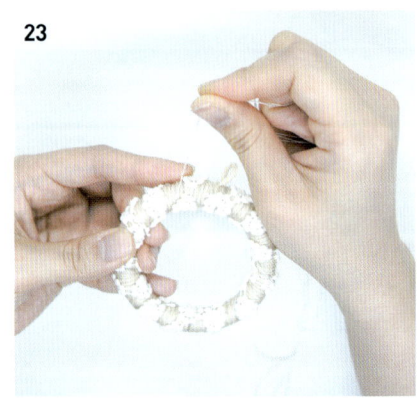

20-21

앞으로 돌려 바늘을 바르게 잡습니다.

22-23

서클을 9개 만듭니다.

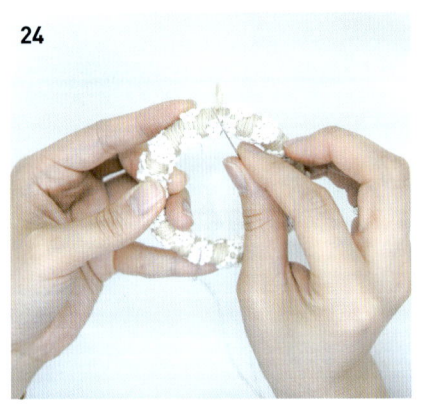

24-25

그물을 짜기 시작합니다.

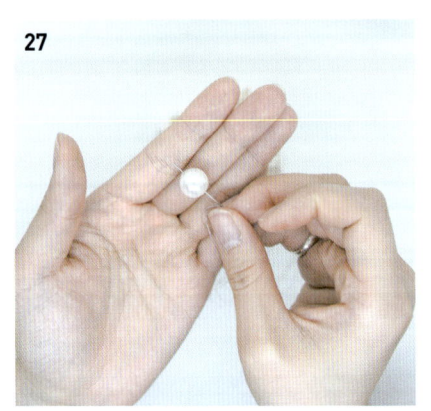

26

끼워 넣을 진주의 지름 정도가 되는 빈 원이 생기면 그물 짜기를 멈춥니다.

27

그물 정 가운데 장식할 12mm 아크릴 진주를 바늘에 꿰어줍니다.

28

29

28

구멍 중심에 끼운 후 그물 실을 당겨 아크릴 진주에 맞게 조입니다.

29

링을 뒤집어 바늘을 아크릴 진주의 아래에서 위로 꿰어줍니다.

30

31

30

실을 당겨 조입니다.

31

가까운 그물에 매듭지어 마감합니다.

32

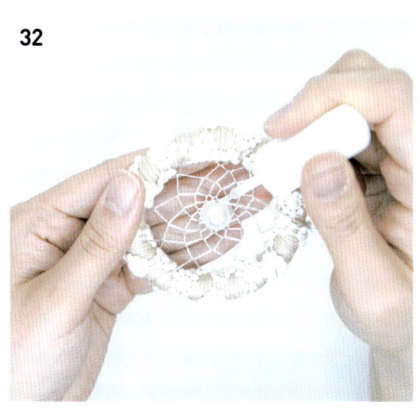

33

32-33

매듭 부분에 접착제를 바른 후, 잘라냅니다.

34

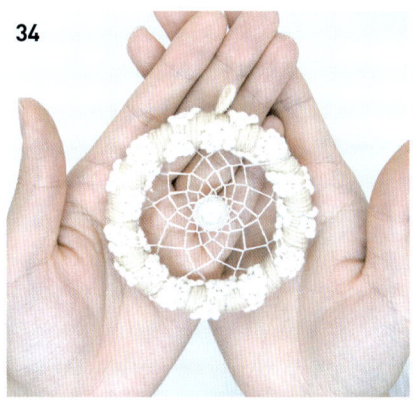

34

그물이 완성되었습니다.

Dreamcatcher

35-36

종을 장식하기 위해 링의 뒤 중앙에서 앞 하단으로 바늘을 끼워줍니다.

37

뒷면에서 실을 10cm 정도 남긴 뒤, 바늘에 종을 꿰어줍니다.

38

바늘을 뒷면의 중앙으로 다시 찔러 넣습니다.

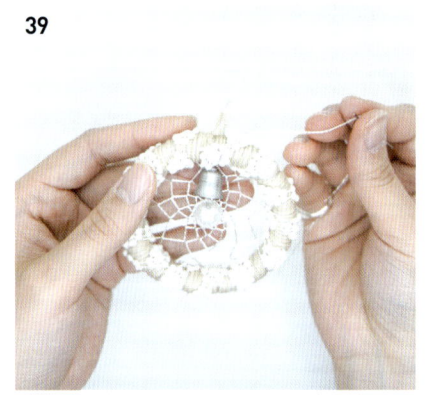

39

앞의 실을 모두 조여 종 장식을 고정합니다.

40

뒤에서 X자 매듭을 두 번 짓습니다.

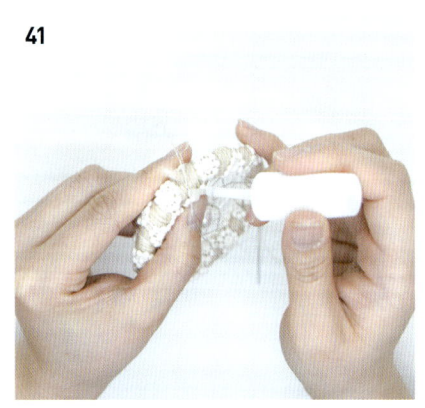
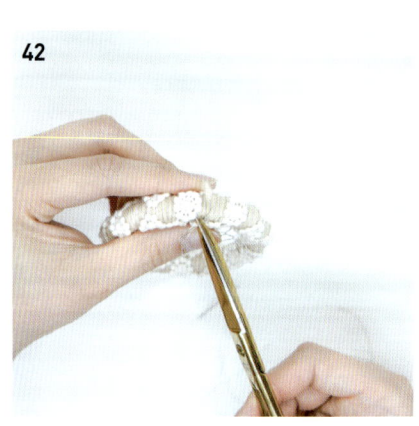

41-42

매듭 부분에 접착제를 바른 후 남은 줄을 잘라냅니다.

43

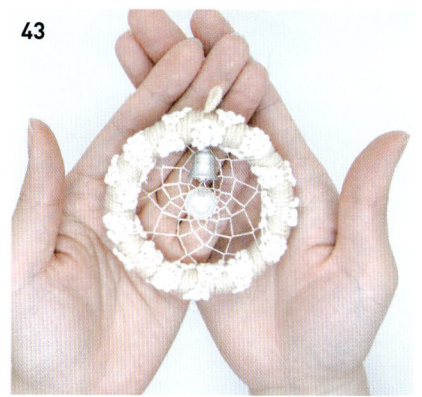

종 장식 달기가 끝났습니다.

44-45

 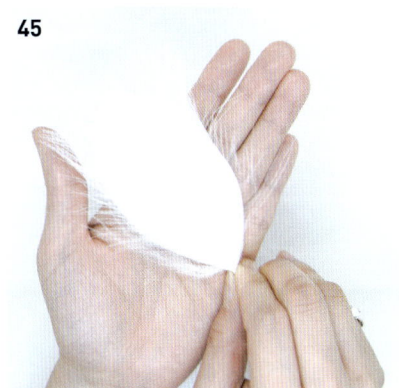

다음은 화이트 깃털(중) 2개를 뒷면끼리 맞붙이고, 양쪽에 복슬 깃털을 겹쳐 올립니다. 순서는 복슬 깃털 → 화이트 → 화이트 → 복슬 깃털

46-47

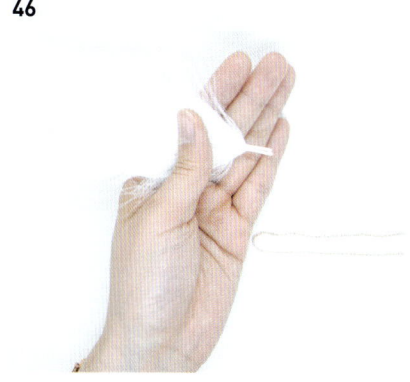 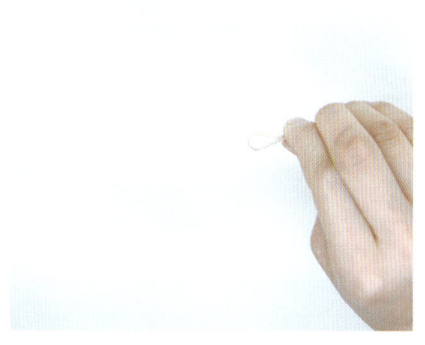

깃털을 묶습니다.

48

 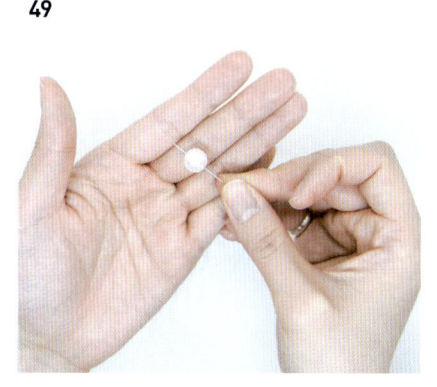

깃털이 준비되었습니다.

49

깃털 실에 바늘을 끼우고 10mm 아크릴 진주를 꿰어줍니다.

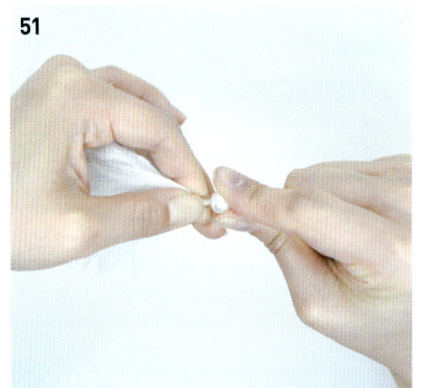

50-51

깃털을 묶은 부분에 접착제를 바르고, 진주와 맞붙입니다.

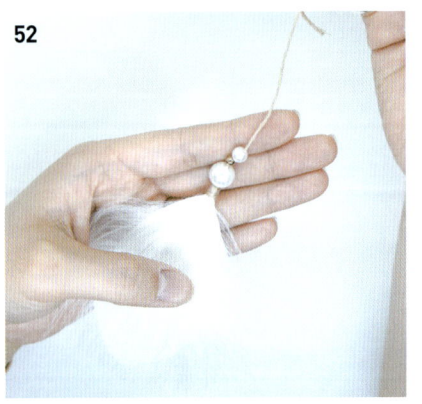
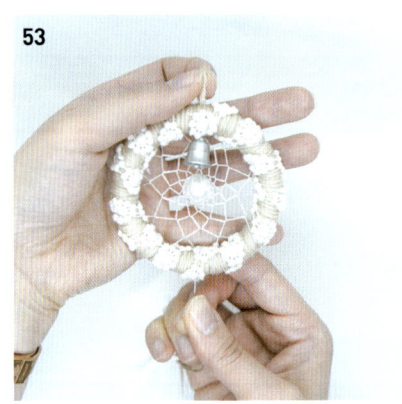

52

나머지 장식을 순서대로 꿰어줍니다.

53

링 고리를 잡고, 정중앙 하단에 바늘을 넣어 통과시킵니다.

54-57

실을 당겨 장식을 고정한 후, 한 바퀴 둘러 묶습니다.

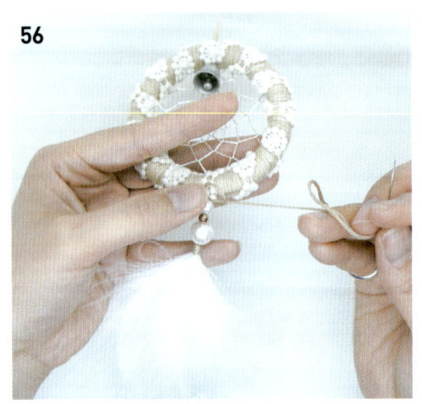
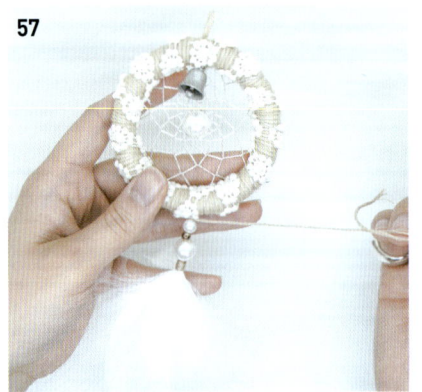

58

59

58-59

링의 정중앙 하단에 앞에서 뒤로 바늘을 꽂아 뒷면으로 바늘을 빼냅니다.

60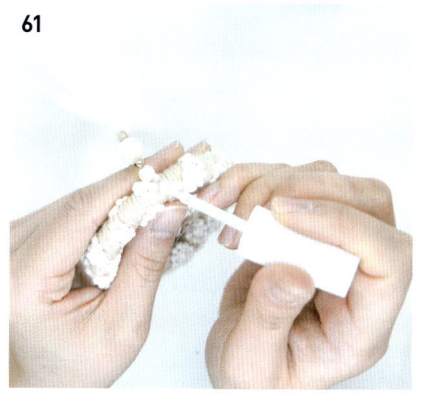

60

남은 실을 짧게 자릅니다.

61 **62**

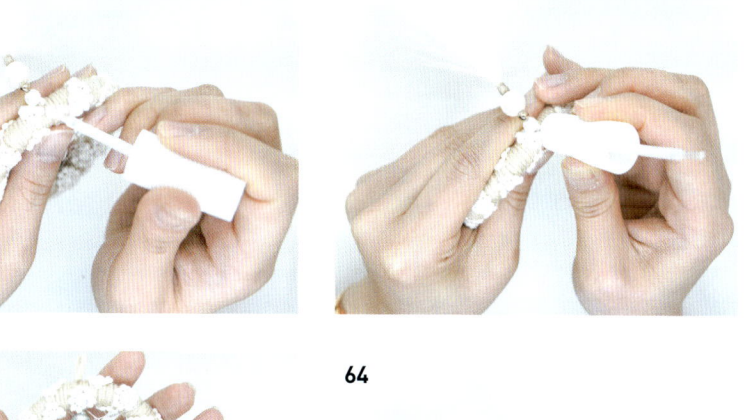

61-62

자른 실 위에 접착제를 살짝 바르고 눌러줍니다.

63 **64**

63

드림캐쳐 몸체가 완성되었습니다.

64

리본을 만들기 위해 레이스를 1/3 접어 잡습니다.

Dreamcatcher

65-66

긴 부분을 잡고 접힌 쪽을 감싸 올려 감습니다.

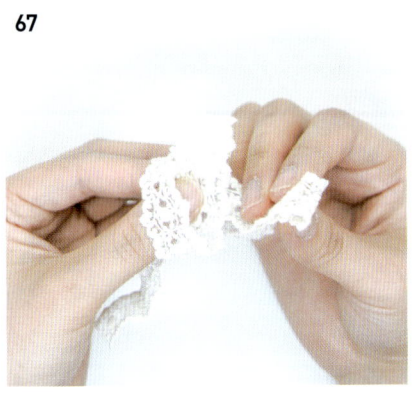

67-68

감고 남은 레이스를 반으로 접어, 감은 구멍 안으로 넣습니다.

69

검지손가락으로 위 접힌 부분을 잡고 살짝 당깁니다.

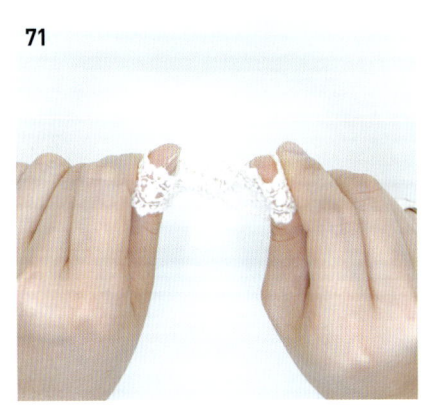

70-71

엄지손가락을 양쪽 접힌 부분에 넣고 당깁니다.

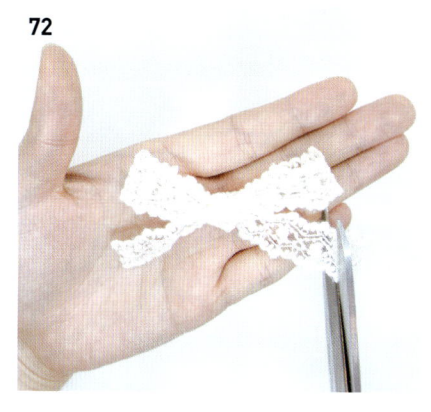
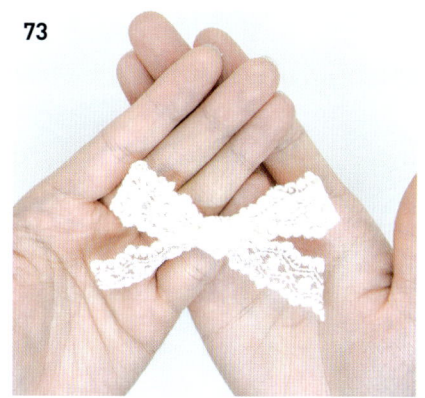

72
하단 리본을 위쪽 접힌 부분 만큼 예쁘게 잘라냅니다.

73
리본이 완성되었습니다.

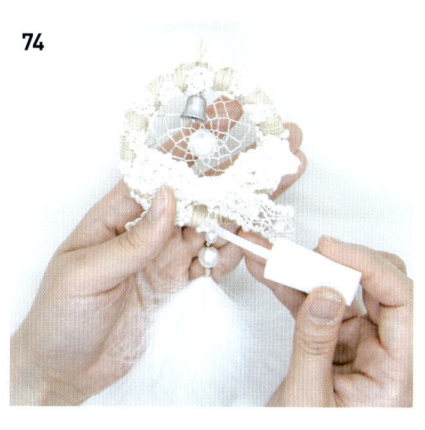

74
리본을 붙일 부분에 접착제를 살짝 칠해줍니다.

75
리본을 눌러 마를 때까지 기다립니다.

76
리본 위쪽 부분도 고정하기 위해 링 위에 접착제를 바릅니다.

77
살짝 눌러 고정합니다.

78
새로운 시작을 알리는 벨 드림캐처 완성!

Dreamcatcher

05 / 마음을 선물하는 탄생석 드림캐쳐

그물 위에 탄생석 칩스 원석을 돋보이게 장식한
드림캐쳐 만들기

드림캐쳐는 특별한 생일선물이 될 수 있습니다. 특히 탄생석을 넣은 드림캐쳐 선물은 특별하고 감동이 깊습니다. 한 가지 탄생석만 이용하여 디자인하면 조금 단조로울 수도 있는데요. 그래서 저는 탄생석과 잘 어울리는 다른 원석과 크리스탈을 섞어서 디자인하곤 합니다. 이번에 함께 만들 드림캐쳐는 탄생석을 그물 안에 둥글게 배열하는 기법에, 컬러도 모양도 의미도 제각기 다른 재료들을 이용하여 응용력을 높였습니다. 마지막에 탄생석에 어울리는 컬러의 깃털까지 달아주면 더욱 아름다운 드림캐쳐를 완성할 수 있습니다.

작품 기본 정보

- ◇ 링을 감는 실   250cm(1팔+100cm) 6줄
- ◇ 그물 실의 길이   150cm(1팔) 1줄
- ◇ 서클의 개수   9
- ◇ 깃털 방향 개수   1
- ◇ 완성 크기   가로 7.3cm × 총 길이 18.5cm(고리 제외)

재료

1. 링 감는 용 헤라울 화이트
2. 링 6cm 1개
3. 자수실 DMC25 #Blanc(화이트)
   - 그물 짜는 용 150cm 1줄
   - 깃털 묶는 용 25cm 1줄
4. 월별 탄생석, 깃털(하단의 별도 소개 참고)
5. 독일 십자수 바늘 14CT(24호)
6. 비딩 바늘
7. 자수 가위
8. 재단 가위
9. 브러시형 순간접착제

◇ 1월 – 가넷
  · 조개석 8mm 1개, 가넷 칩스 6~7개, 사각 크리스탈 5mm 6~7개
  · 인디핑크 깃털(중) 1개, 화이트 깃털(중) 1개, 화이트 깃털(소) 1개

◇ 2월 – 자수정
  · 조개석 8mm 1개, 자수정 칩스 6~7개, 사각 크리스탈 5mm 6~7개

◇ 3월 – 아쿠아마린
· 조개석 8mm 1개, 아쿠아마린 칩스 6~7개, 사각 크리스탈 5mm 6~7개
· 하늘색 깃털(중) 1개, 화이트 깃털(중) 1개, 화이트 깃털(소) 1개

◇ 4월 – 백수정, 스와로브스키 크리스탈(다이아몬드 대체)
· 조개석 8mm 1개, 백수정 칩스 5개, 스와로브스키 16각 크리스탈 2개, 사각 크리스탈 5mm 4개
· 화이트 깃털(중) 2개, 화이트 깃털(소) 1개

◇ 5월 – 에메랄드
· 조개석 8mm 1개, 에메랄드 칩스 6~7개, 사각 크리스탈 5mm 6~7개
· 청록 깃털(중) 1개, 화이트 깃털(중) 1개, 화이트 깃털(소) 1개

◇ 6월 – 진주
· 조개석 8mm 1개, 담수 진주 4mm 3개, 아크릴 진주 6mm 2개, 아크릴 진주 4mm 2개, 사각 크리스탈 5mm 6개
· 화이트 깃털(중) 2개, 화이트 깃털(소) 1개

◇ 7월 – 루비
· 조개석 8mm 1개, 장미석 칩스 4개, 루비 4mm 2개, 사각 크리스탈 5mm 6개
· 로즈쿼츠 깃털(중) 1개, 화이트 깃털(중) 2개, 화이트 깃털(소) 1개

◇ 8월 – 페리도트
· 조개석 8mm 1개, 페리도트 칩스 6~7개, 사각 크리스탈 5mm 6~7개
· 카키 깃털(중) 1개, 화이트 깃털(중) 1개, 화이트 깃털(소) 1개

◇ 9월 – 청금석(라피스라줄리)
· 조개석 8mm 1개, 라피스라줄리 칩스 6~7개, 사각 크리스탈 5mm 6~7개
· 연그레이 깃털(중) 1개, 화이트 깃털(중) 1개, 화이트 깃털(소) 1개

◇ 10월 – 토르말린(오팔 대체)
· 조개석 8mm 1개, 토르말린 칩스 12~13개, 사각 크리스탈 5mm 1개
· 커피색 깃털(중) 1개, 화이트 깃털(중) 1개, 화이트 깃털 (소) 1개

◇ 11월 – 토파즈
· 조개석 8mm 1개, 토파즈 6mm 4개, 문스톤 칩스 3개, 사각 크리스탈 5mm 4개
· 파란색 깃털(중) 1개, 화이트 깃털(중) 1개, 화이트 깃털(소) 1개

◇ 12월 – 터키석
· 조개석 8mm 1개, 터키석 칩스 6~7개, 사각 크리스탈 5mm 6~7개
· 진하늘색 깃털(중) 1개, 화이트 깃털(중) 1개, 화이트 깃털(소) 1개

* 구하기 어렵거나 고가의 원석은 다른 원석으로 대체하여 사용하였습니다.
  예) 다이아몬드 → 백수정, 오팔 → 토르말린

제작 과정

1
털실 6줄을 잘 겹쳐 붙이고, 링을 감습니다.

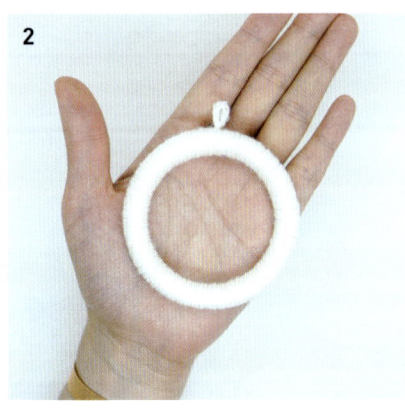

2
작은 고리를 만들어 링을 완성하였습니다.
(58p 작은 고리 만들기 참고)

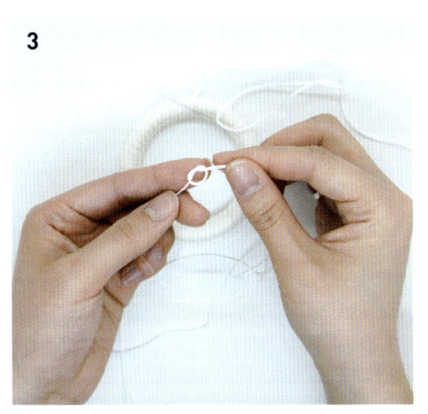
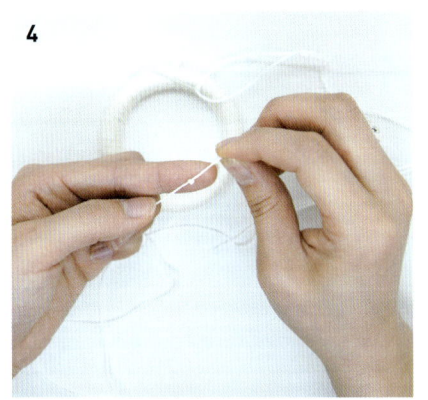

3-4
그물을 짤 자수 실을 준비하여 바늘에 꽂고, 끝부분에 매듭을 두 번 겹쳐 짓습니다.

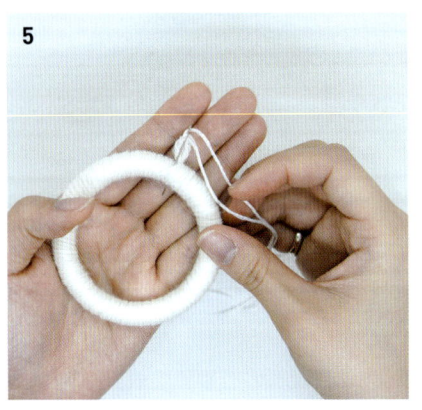
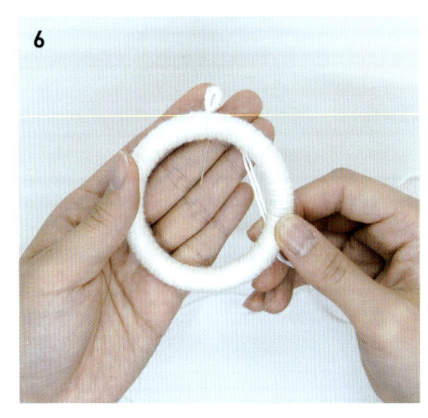

5-6
링의 앞뒷면을 결정한 후, 링의 뒷면 위쪽에서부터 시작하여, 앞면을 봤을 때 고리 바로 아래 중앙으로 바늘이 나오게 한 후 반대쪽 실 끝에 지은 매듭이 걸릴 때까지 당깁니다.

7 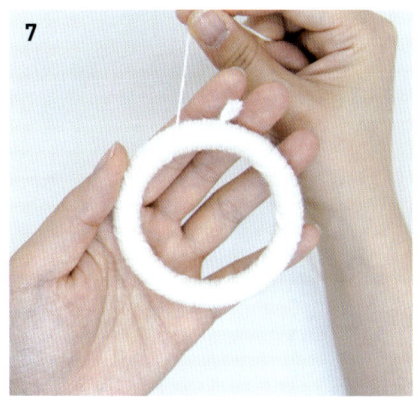 **8**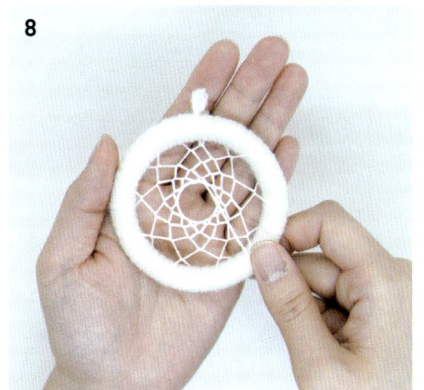

7-8
서클을 9개 만들어 그물을 짜고, 50원짜리 동전 크기의 원이 나오면 멈춥니다.

9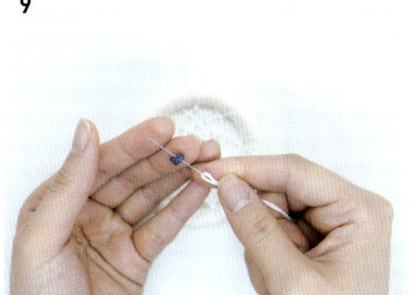

9
그물을 짠 바늘에 칩스 원석을 꽂아 준비합니다.
(칩스 원석이나 탄생석의 경우 구멍이 작아 바늘이 들어가지 않을 때가 있는데, 그럴 땐 비딩 바늘을 사용하세요.)

10 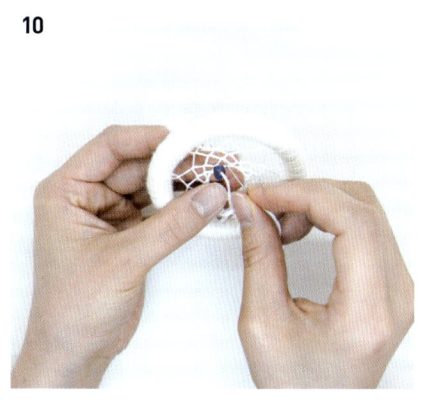 **11**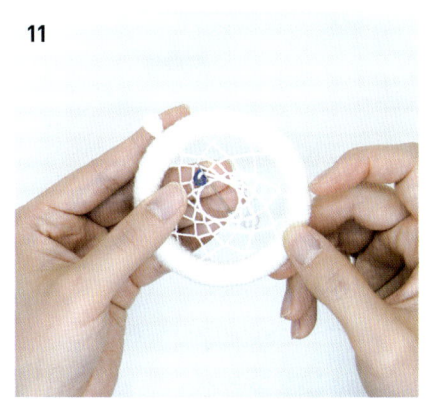

10
칩스 원석을 그물 위에 올리고, 칩스 원석의 크기만큼 거리를 두고, 근처 그물에 통과시켜 바늘을 뒤로 보냅니다.

11
뒤로 보낸 바늘을 방금 통과한 그물의 안쪽 그물로 통과시켜 앞으로 당겨 뺍니다.

12 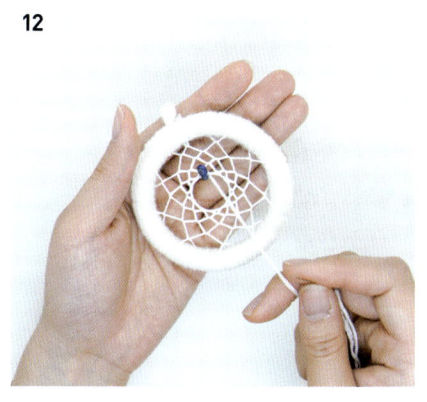 **13**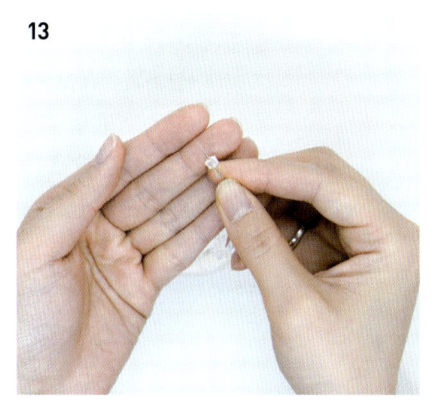

12
칩스 원석을 고정합니다.

13
사각 크리스탈을 바늘에 꽂아 준비합니다.

Dreamcatcher — 113

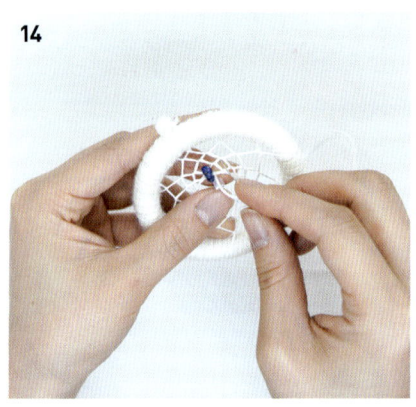
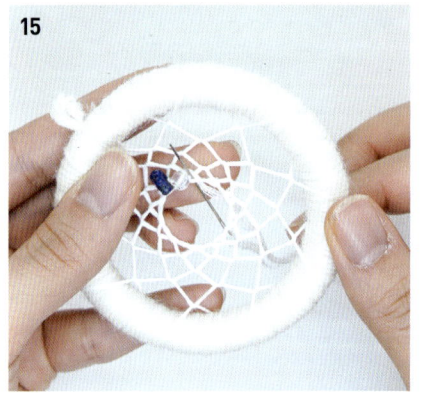

14

크리스탈을 그물 위에 올리고, 크리스탈의 크기만큼 거리를 두고 근처 그물에 통과시켜 뒤로 보냅니다.

15

뒤로 보낸 바늘을 방금 통과한 그물의 안쪽 그물로 통과시켜 앞으로 당겨 뺍니다.

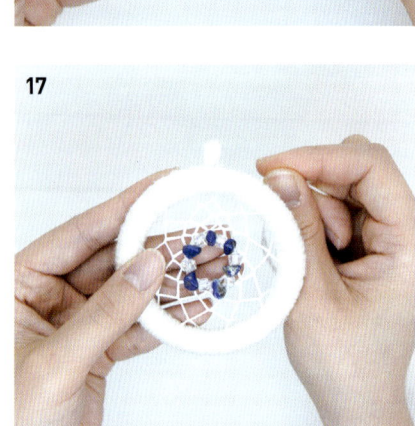

16

이러한 방식으로 원석과 크리스탈을 시계 방향으로 끼워나가면서 둥글게 고정합니다.

17

마지막 크리스탈까지 고정합니다.

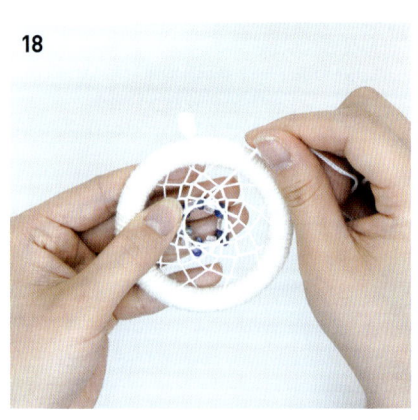

18

마지막 크리스탈을 고정하고 바늘을 뒤로 보낸 상태에서 링을 뒤집습니다.

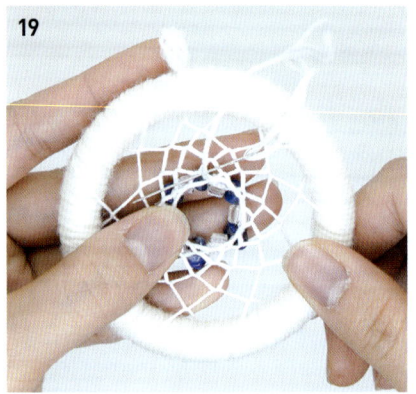
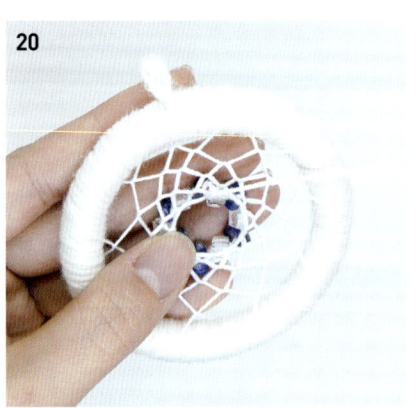

19-20

가까운 그물에 매듭을 지어 마감합니다.

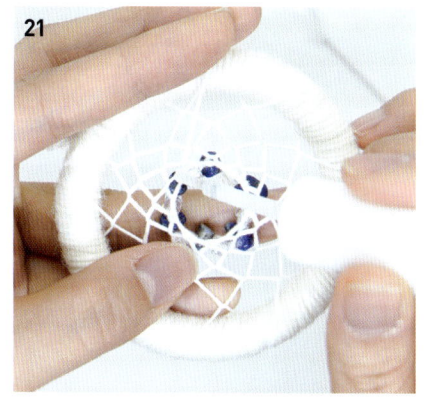
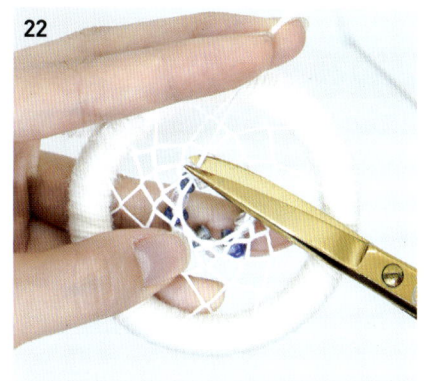

21-22

마감한 매듭 부분에 접착제를 칠하고 잘라냅니다.

23

그물이 완성되었습니다.

24

깃털을 다듬어 준비합니다.

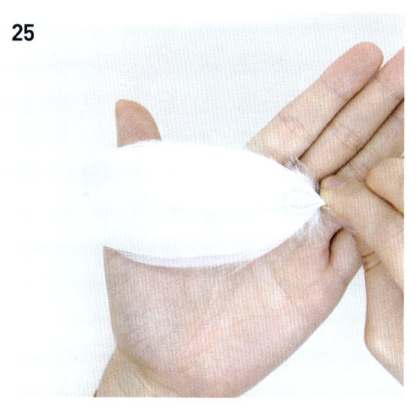
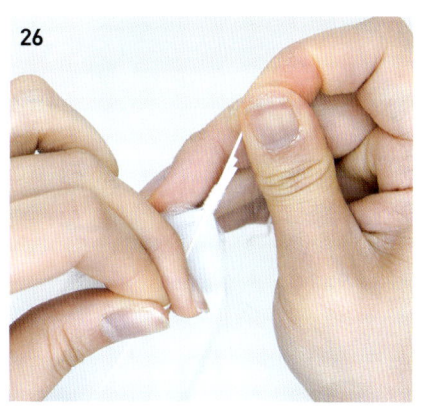

25-26

준비된 두 개의 깃털 뒷면을 맞닿게 하고 깃털을 묶습니다.

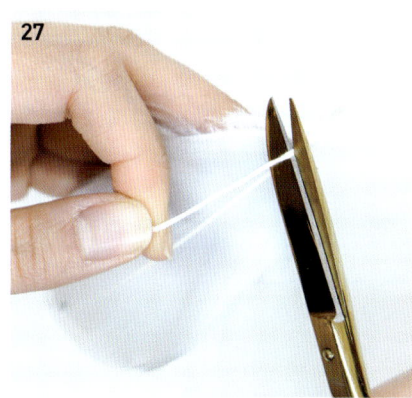

27

깃털 방향으로 내려온 남은 실을 잘라냅니다.

Dreamcatcher

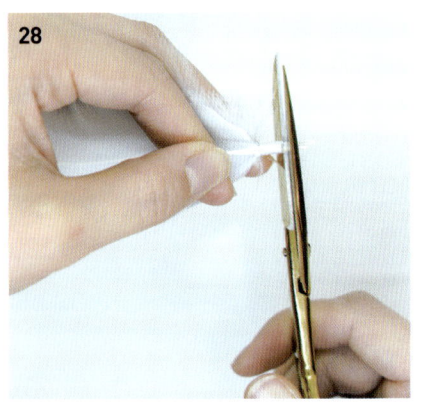

28

깃대를 1mm 남기고 자릅니다.

29

재단 가위로 깃털 하단을 예쁘게 오려줍니다.

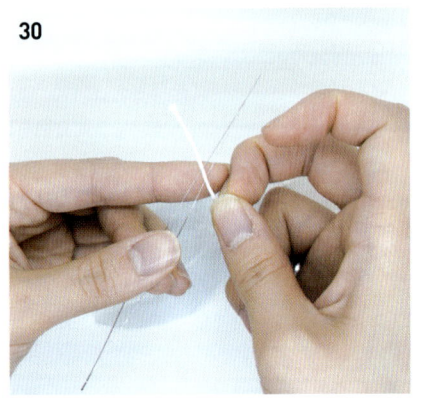
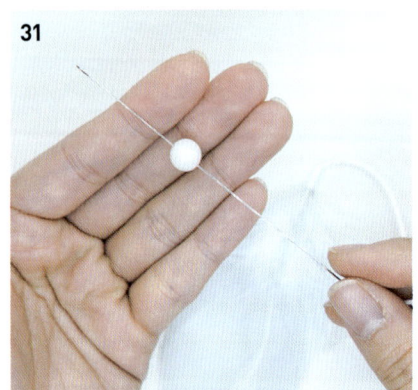

30

비딩 바늘 사이에 깃털 자수 실을 넣어 준비합니다.

31

비딩 바늘에 원석을 꿰어줍니다.

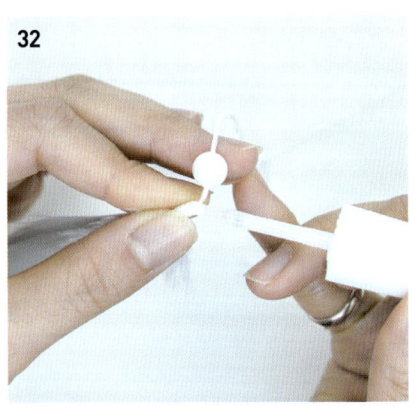
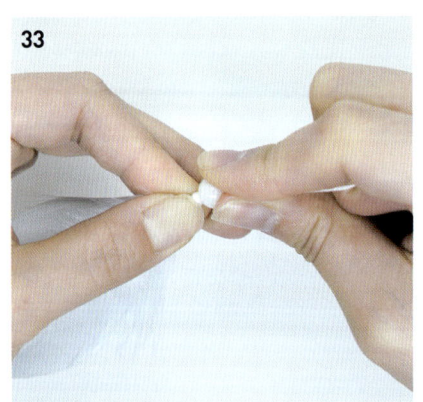

32-33

깃대 위에 접착제를 바르고 재빨리 원석을 붙입니다.

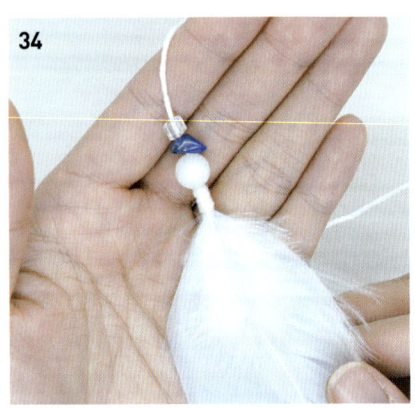
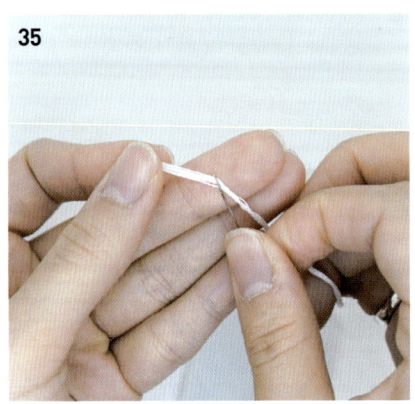

34

다음 원석들을 차례대로 꽂아 꿰어줍니다.

35

비딩 바늘을 빼고 다시 십자수 바늘을 꽂습니다.

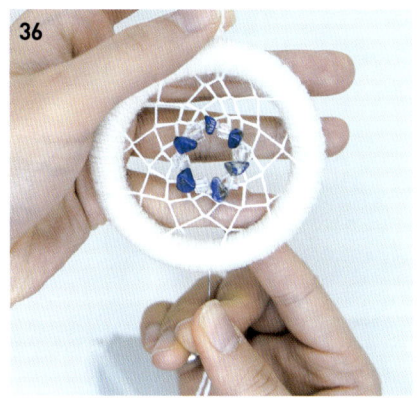
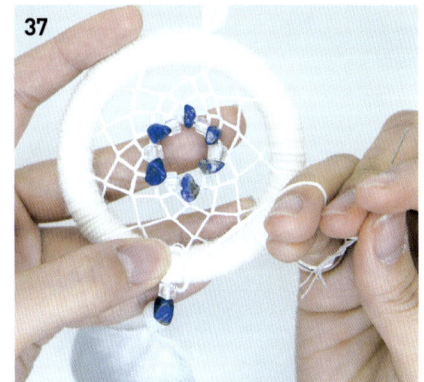

36-38

자수 바늘을 링 중앙 하단 앞에서 뒤로 꽂습니다. 꽂혀 있는 깃털을 기준으로 바늘을 한 바퀴 돌려 매듭을 짓고, 앞에서 뒤로 바늘을 꽂아 바늘을 링의 뒤쪽으로 보냅니다.

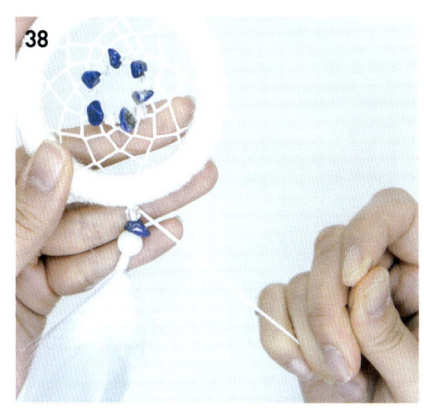

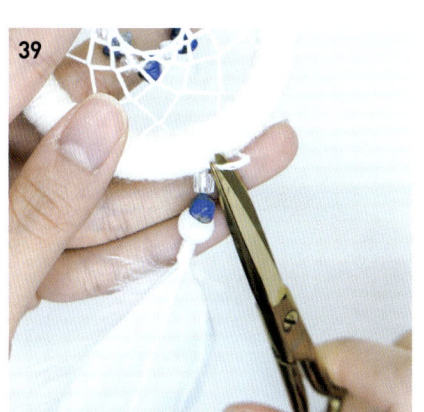
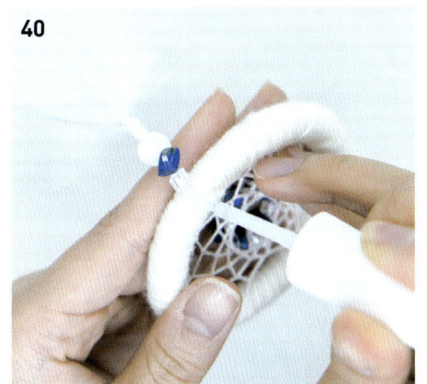

39

남은 실을 2mm 정도 깔끔하게 잘라냅니다.

40

잘라낸 실 위에 접착제를 발라 크리스탈 쪽으로 붙입니다.

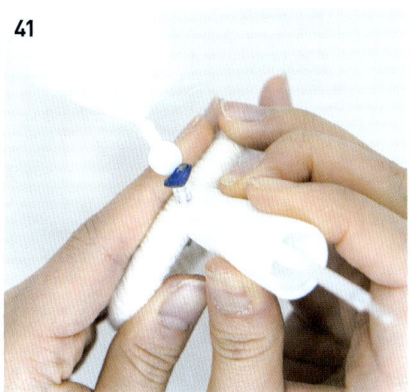
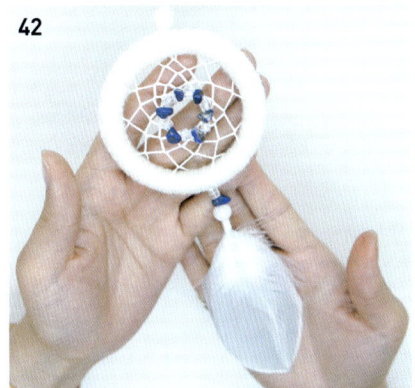

41

접착제 뚜껑으로 칠한 부분을 눌러 고정합니다.

42

탄생석 드림캐쳐 완성!

Dreamcatcher

06 / 편안한 내 방에 따뜻하게 어울리는 레이스 드림캐쳐

솔라 레이스를 활용한
로맨틱 드림캐쳐 만들기

드림캐쳐의 디자인 스타일 중 가장 인기 있는 것은 드레스 형태입니다. 아홉 방향의 깃털이 드림캐쳐가 마치 풍성한 빈티지 드레스를 입은 듯한 느낌을 줍니다. 톤 다운된 컬러와 솔라 레이스, 풍성한 깃털이 침실 인테리어에 매우 잘 어울립니다. 침실뿐 아니라 거실창, 카페 등 어디에나 따스함을 더해주죠. 정성과 시간을 많이 들여야 하는 작품이라 소중한 마음을 담은 선물로 제격이에요.

작품 기본 정보

- ◇ 링을 감는 실   600cm(4팔) 6줄
- ◇ 그물실의 길이   150cm(1팔) 1줄
- ◇ 서클의 개수   13
- ◇ 깃털 방향 개수   9
- ◇ 완성 크기   가로 13cm × 총 길이 48cm(고리 제외)

재료

1 링 감는 용 헤라울 연베이지
2 링 12cm 1개
3 모티브 레이스(솔라 레이스) 1개
4 자수실 DMC25 #3893
  – 그물 짜는 용 150cm 1줄
  – 깃털 묶는 용 25~50cm 9줄(가장 긴 실 60cm, 가장 짧은 실 45cm 사용)
5 화이트 깃털(중) 18개, 커피색 깃털(중) 2개
6 썬스톤 10mm 3개, 조개석 10mm 2개, 조개석 8mm 3개, 조개석 6mm 2개,
  크랙 수정 6mm 5개, 아크릴 진주 10mm 3개, 아크릴 진주 6mm 2개,
  아크릴 진주 4mm 3개, 아크릴 진주(브라운) 6mm 3개,
  샤이니 화이트 5mm 11개, 사각 사선타공 크리스탈 6mm 7개,
  크림화이트 크리스탈 론델컷 AB 4mm 5개,
  16각 연브론즈 크리스탈 8mm 2개, 16각 연브론즈 크리스탈 6mm 17개,
  연베이지 크리스탈 론델컷 4mm 17개, 나사 론델 골드 6개
7 독일 십자수 바늘 14CT(24호) 여러 개
  (깃털을 많이 쓰는 작품을 만들 땐 바늘을 여러 개 준비해두어야 만들기가 수월해집니다.)
8 작은 가위   9 재단 가위   10 브러시형 순간접착제

제작 과정

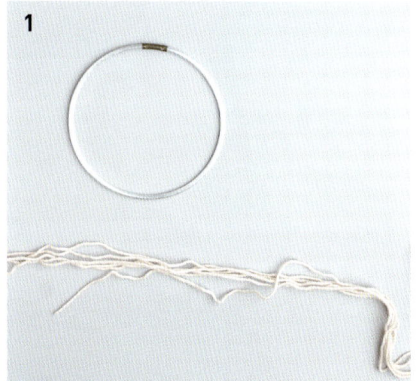

1

털실 600cm를 재어 6줄을 준비해둡니다.

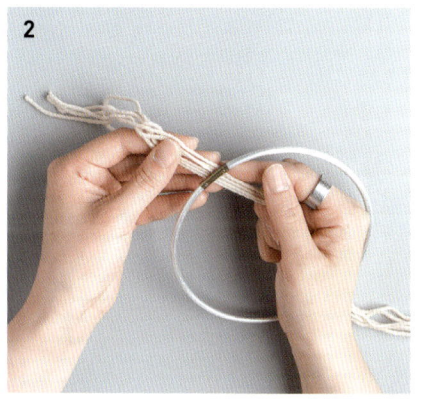 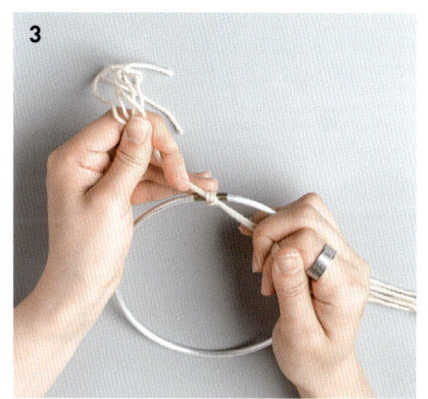

2-3

10cm 정도 남겨두고 링의 마감 부분 위에 X자로 묶습니다.

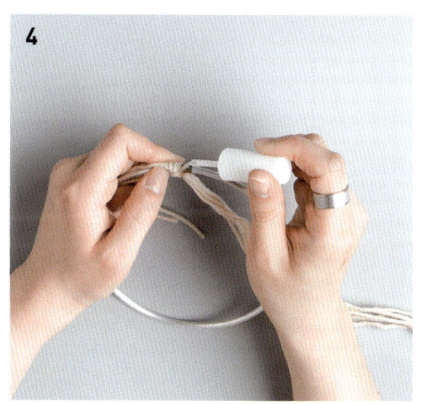 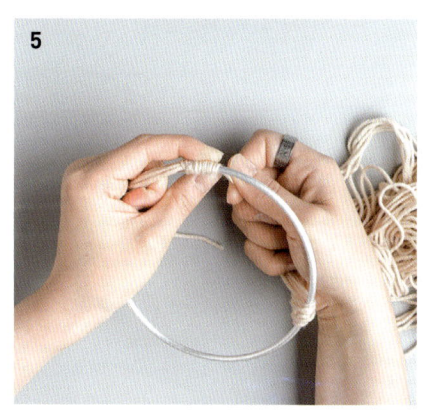

4

X자로 묶은 부분의 오른쪽으로 링과 털실 옆면에 접착제를 발라 붙입니다. (잠시 접착제가 굳도록 기다려주세요.)

5

링에 털실을 두 번 감고 고리를 만듭니다.

6

완성한 링을 준비합니다.

7

링의 앞뒷면을 결정한 후, 링의 뒷면 위쪽에서부터 시작하여, 앞면에서 봤을 때 고리 바로 아래 중앙으로 바늘이 나오게 한 후 실 끝에 지은 매듭이 걸릴 때까지 당깁니다.

Dreamcatcher

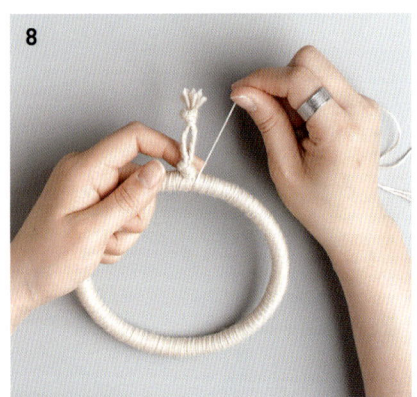
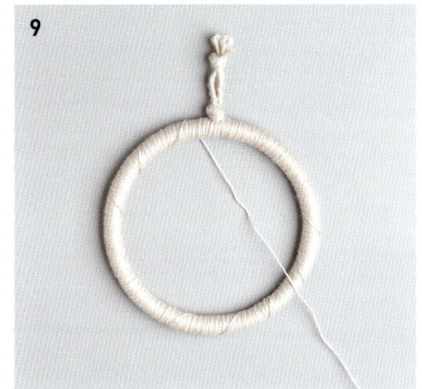

8-9

서클을 13개 만듭니다.

10-11

그물을 두 바퀴까지 짭니다.

12

준비한 솔라 레이스를 가져와서 크기를 맞추어봅니다.

13

바늘을 솔라 레이스의 구멍 뒤에서 앞으로 넣어 통과시킵니다.

14

다음 그물의 삼각형 밑변에 뒤에서 앞으로 바늘을 통과시킵니다.

15

한 번 더 그물의 뒤에서 앞으로 바늘을 통과시켜 뺍니다.

16

다음 솔라 레이스의 구멍 뒤에서 앞으로 바늘을 통과시킵니다.

17

다음 그물의 뒤에서 앞으로 바늘을 통과시킵니다.

18

한 번 더 그물의 뒤에서 앞으로 바늘을 통과시켜 뺍니다.

19-21

이렇게 솔라 레이스의 첫 번째 구멍 직전까지 레이스를 끼워 그물을 짠 뒤, 그물 실을 두 번 매듭지어 마무리합니다.

Dreamcatcher

22

매듭 부분이 풀리지 않도록 접착제를 칠하고, 남은 줄을 잘라냅니다.

23

드림캐처 그물이 완성되었습니다.

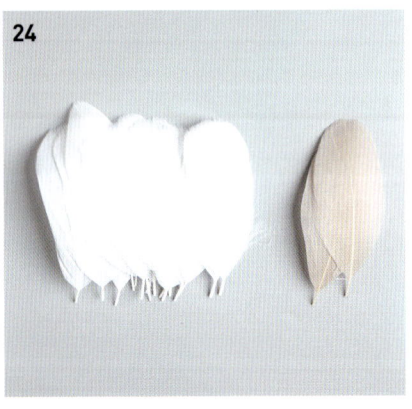 

24

깃털을 다듬어 준비합니다.

25

화이트 깃털(중) 2개의 뒷면을 맞붙여 7개, 화이트 깃털(중) 2개의 뒷면 사이에 브라운 깃털(중) 1개를 끼워 넣어 맞붙여 2개 묶어 준비합니다.

26-27

준비된 깃털 하단을 가위로 예쁘게 오립니다.

28

모든 깃털에 원석을 꿰어 준비합니다.

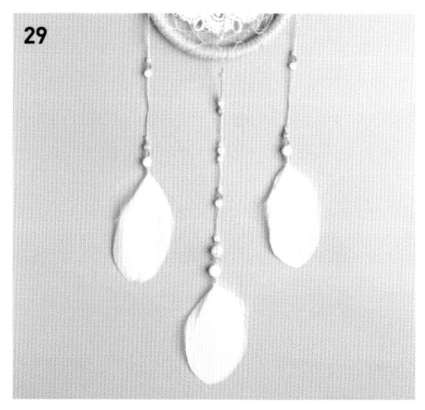 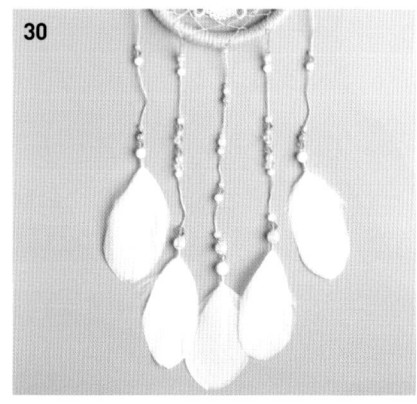

29

중앙 → 양쪽 순으로 먼저 깃털을 꽂을 위치가 맞는지 확인하여 고정합니다. (65p 깃털을 다는 간격과 순서를 참고하여 링을 들어보며 확인합니다.)

30

이번엔 양쪽 깃털과 가운데 사이의 간격을 확인하여 고정합니다.

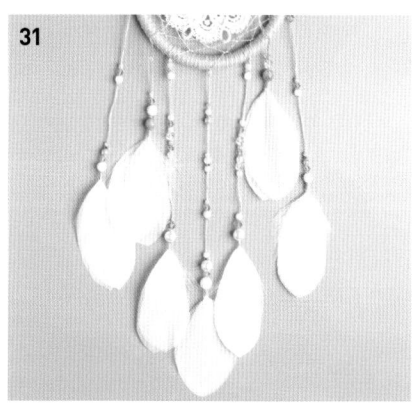 

31

맨 양쪽 깃털과 그 안쪽 깃털 사이의 간격을 확인하여 고정합니다.

32

이번엔 중심 깃털 양쪽의 남은 간격을 확인하여 나머지 깃털을 고정합니다.

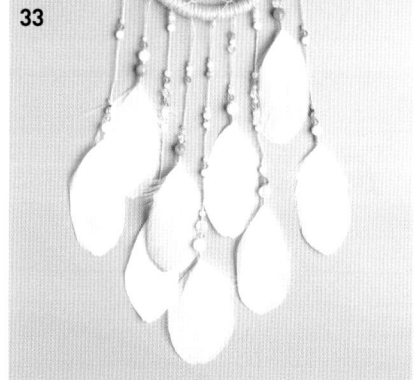

33

내 방에 어울리는 레이스 드림캐쳐 완성!

07 / 플랜테리어에 잘 어울리는 크리스탈 드림캐쳐

햇빛을 담아 퍼뜨리는 크리스탈을 사용한
썬캐쳐 스타일의 드림캐쳐 만들기

따스한 햇빛을 집 안으로 들이기 위해 창가에 장식하는 썬캐쳐를 만들어볼까요? 이 드림캐쳐는 초록빛 실과 크리스탈이 조화롭게 어우러져 보기만 해도 여유로움과 힐링을 느끼게 됩니다. 집 안 가꾸기에 적격인 플랜테리어(Planterior, 'plant'와 'interior'의 합성어로 공기 정화는 물론 인테리어 효과까지 가능한 인테리어 방법)용 소품으로도 제격입니다.

이번엔 앞서 사용하지 않았던 새로운 재료와 도구를 써볼 거예요. 그물은 튼튼한 왁스사로 짜고, 크리스탈 장식은 금속 체인과 평 집게를 이용해볼게요. 도구 사용법만 익히면 어렵지 않으니 잘 따라오세요!

작품 기본 정보

◇ 그물 실의 길이   250cm(1팔+100cm) 2줄
◇ 서클의 개수   12
◇ 하단 장식 개수   6
◇ 완성 크기   가로 12cm × 높이 33cm(고리 포함)

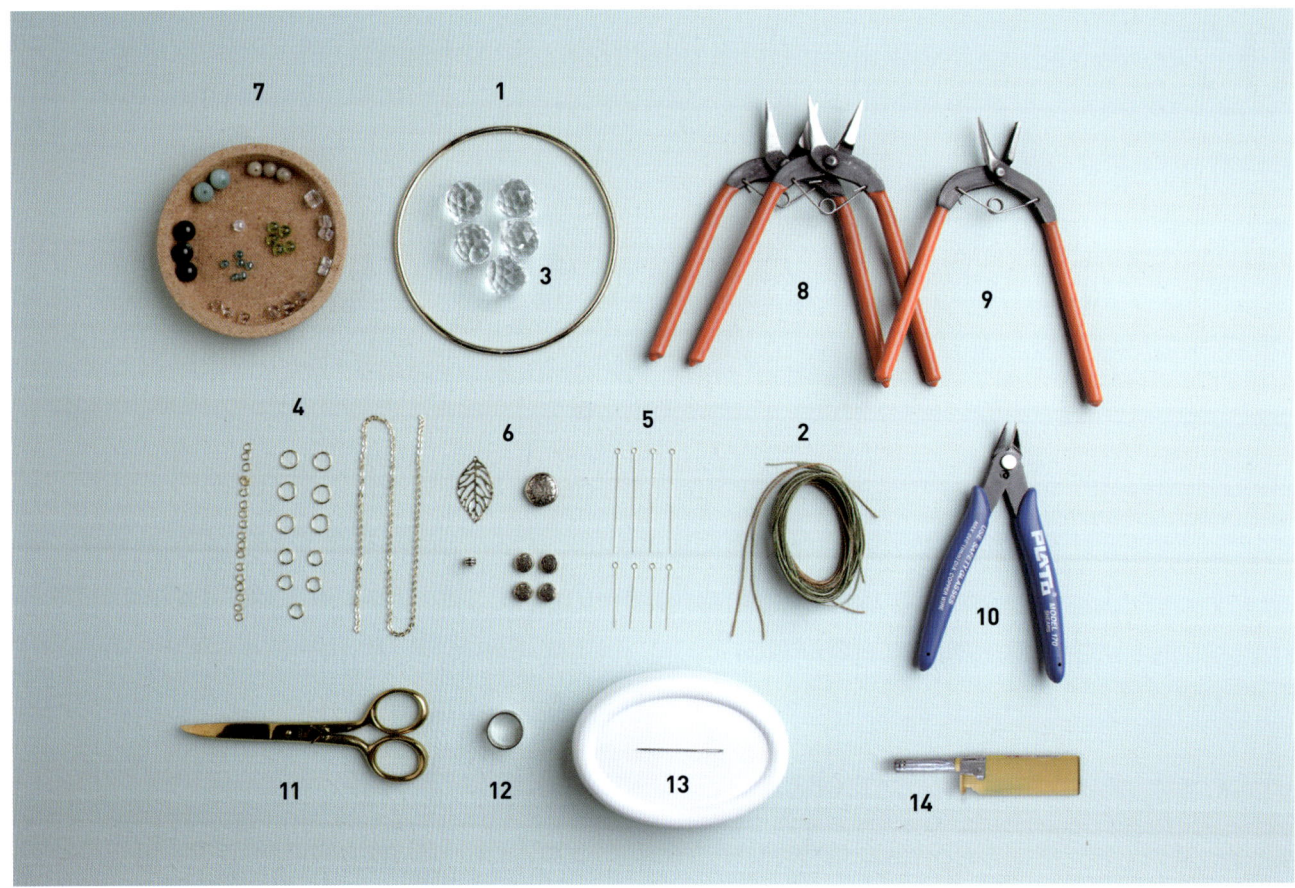

재료

1 골드링 12cm 1개
2 린하시타 왁스실 1mm
 – 그물 짜는 용 N88 250cm 1줄과 N90 250cm 1줄
 – 고리 다는 용 N21 60cm 3줄
3 크리스탈 미니 컷팅 볼 지름 30mm 5개
4 오링 10mm 6개, 8mm 5개, 6mm 19개
5 9자 핀 50mm 4개, 30mm 4개
6 나뭇잎 펜던트 35mm 1개, 엔틱 태양 론델(골드) 18mm 1개, 엔틱 스톰아이 론델(골드) 10mm 4개, 엔틱 원통점박이 론델(골드) 6mm 1개
7 올리브그린 크리스탈 6mm 5개, 다크그린 크리스탈 AB 6개, 16각 연브론즈 크리스탈 6mm 3개, 16각 연브론즈 크리스탈 8mm 3개, 투명 크리스탈 AB 6mm 1개, 사각 크리스탈 AB 5mm 2개, 사각 크리스탈 AB 6mm 2개, 사각 크리스탈 AB 8mm 1개, 다크그린 마노 원석 10mm 3개, 그린 마노 원석 10mm 2개, 올리브그린 마노 8mm 3개
8 평 집게(오링 집게) 2개
9 9자 집게
10 니퍼
11 작은 가위
12 오링 반지
13 독일 십자수 바늘 11CT(22호)
14 라이터

잠깐!
도구 쓰는 연습하기

**9자 핀과
9자 집게 사용법**

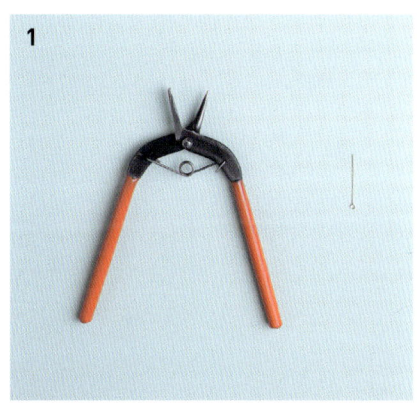

1
9자 핀과 9자 집게를 준비합니다.

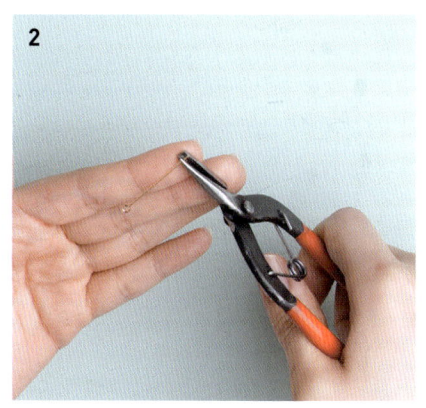
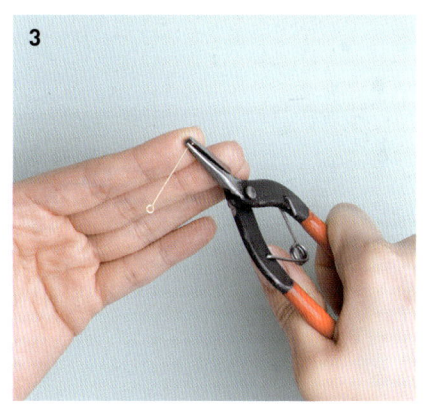

2
9자 핀의 펴진 부분 끝을 9자 집게로 집습니다.

3
손가락 위에 살짝 눌러 받쳐 9자 집게로 집어줍니다.

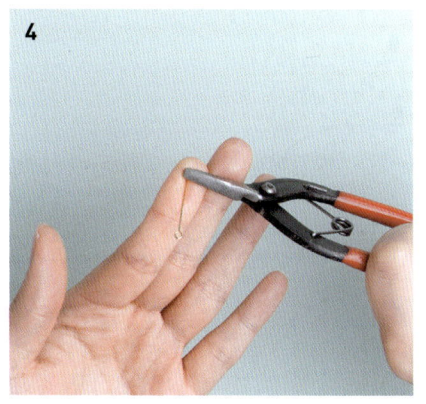
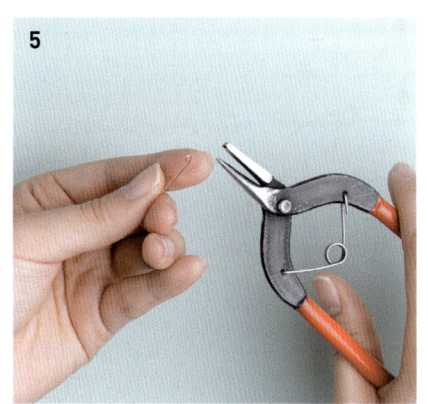

4
힘을 주어 꾹 누른 뒤 덜 감긴 부분을 둥글게 감습니다.

5
9자로 말린 핀을 확인합니다.

Dreamcatcher

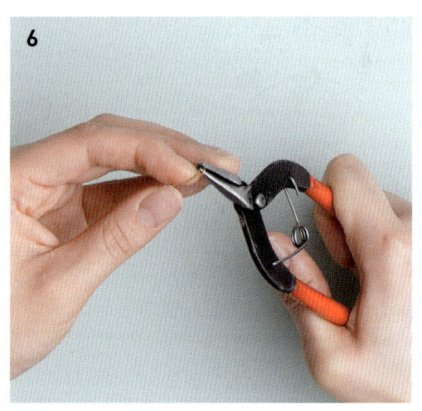
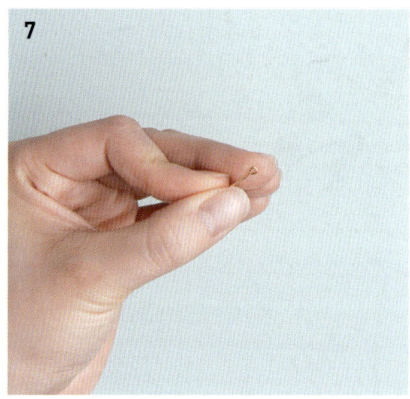

6

다시 집게를 9자로 말린 구멍 안으로 넣어, 구부러뜨린 반대로 살짝 집어줍니다. (너무 세게 반대로 구부리면 부러질 수 있으니 주의합니다.)

7

핀을 구부려 구멍을 만들었습니다.

오링 반지 사용법

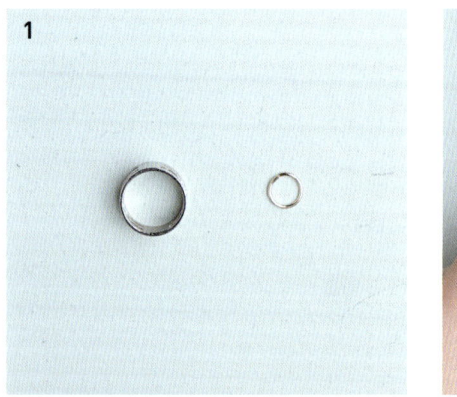

1

오링과 오링 반지를 준비합니다.

2

집게로 오링의 접합 부분을 피해 잡습니다.

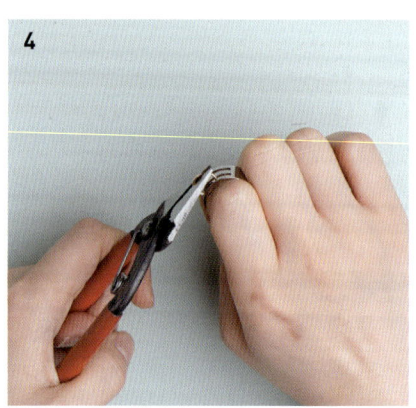

3-4

오링 반지 사이 구멍 중 적당한 크기를 찾아 끼워 넣습니다.

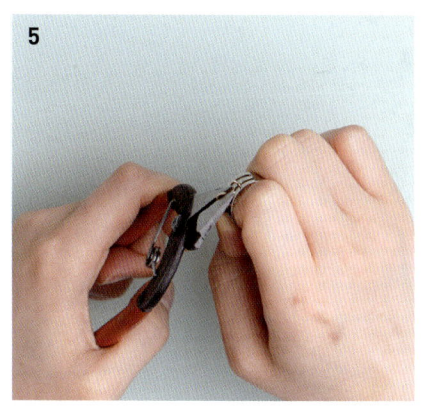
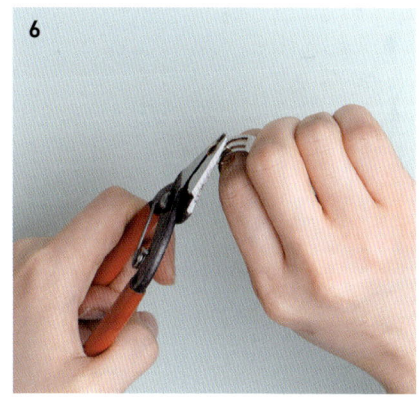

5

평 집게와 오링 반지를 잡고 있는 손을 서로 반대 방향으로 힘을 주어 오링을 벌려줍니다.

6

다시 오링을 닫는 연습도 해봅니다.

평 집게(오링 집게) 사용법

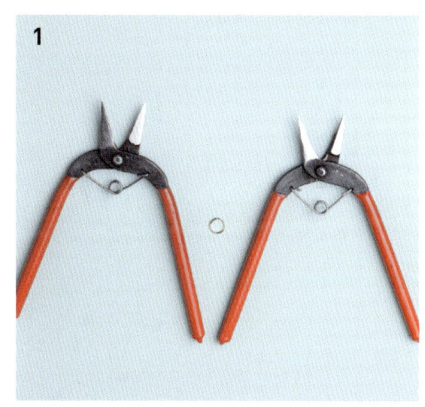

1

평 집게 두 개와 오링을 준비합니다.

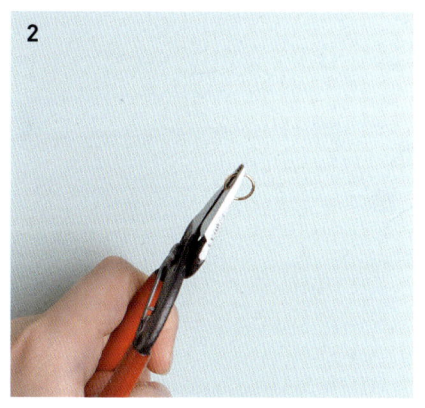

2

평 집게로 오링의 접합 부분을 피해 잡습니다.

3

반대편을 집게로 수직으로 잡습니다.

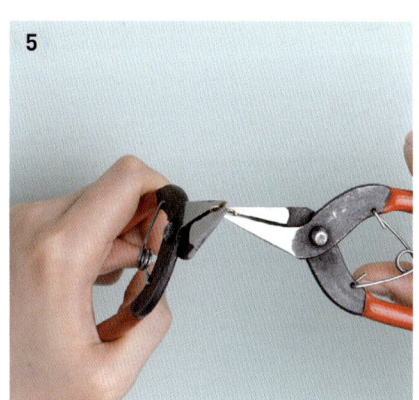

4

힘을 주어 오링을 앞뒤로 벌립니다.

5

다시 오링을 닫는 연습도 해봅니다.

Dreamcatcher

니퍼 사용법

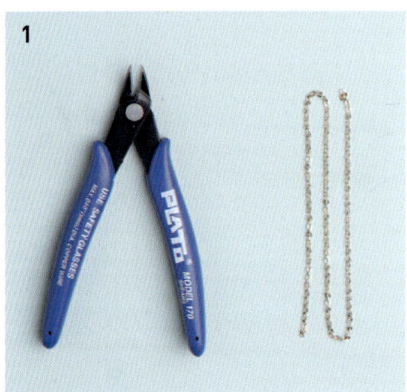

1
체인과 니퍼를 준비합니다.

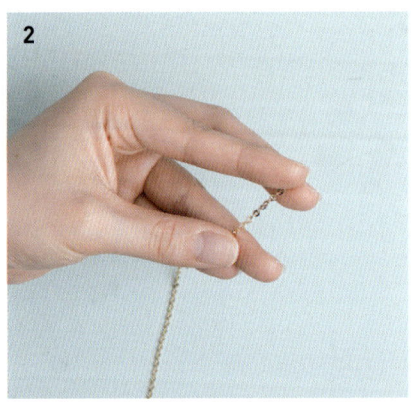
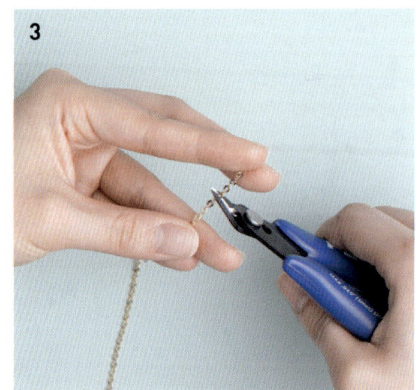

2-3
자르고 싶은 부분의 체인을 잡고 니퍼로 세게 누릅니다.

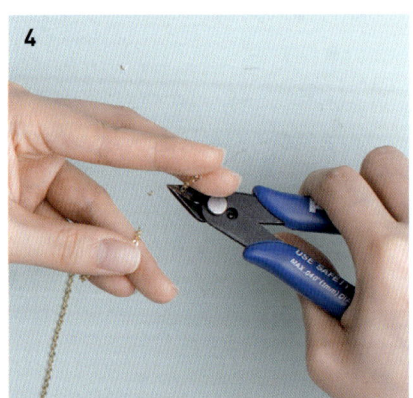
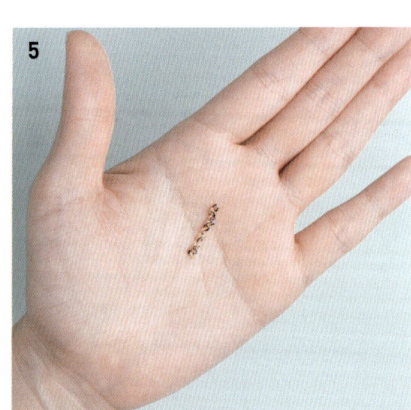

4
체인이 잘립니다.

5
원하는 길이의 체인으로 잘렸습니다.

제작 과정

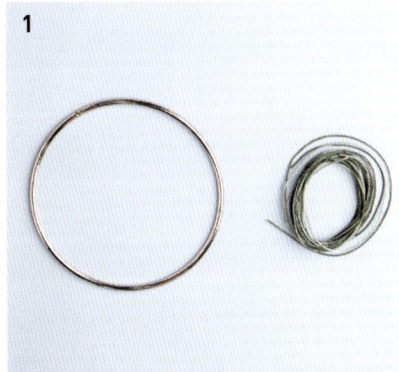

1
링과 그물을 짤 실을 준비합니다.
(실은 두 줄을 겹쳐 사용합니다.)

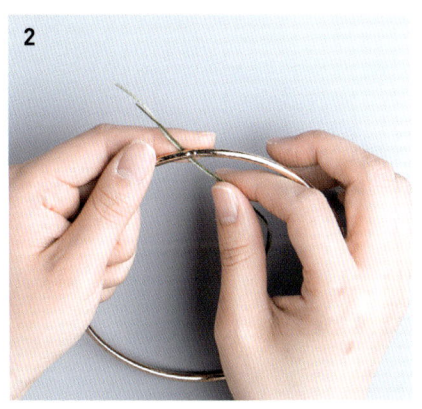
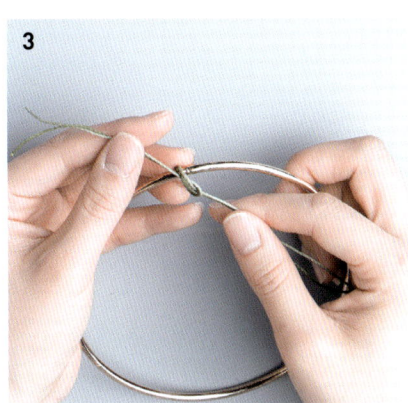

2-6
겹친 두 줄을 링에 X자로 두 번 묶습니다.

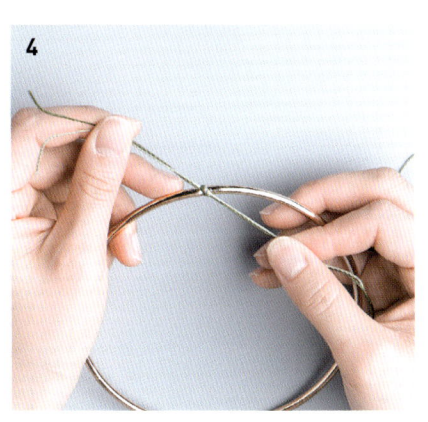
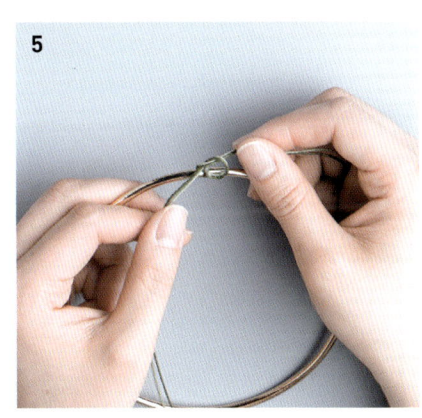

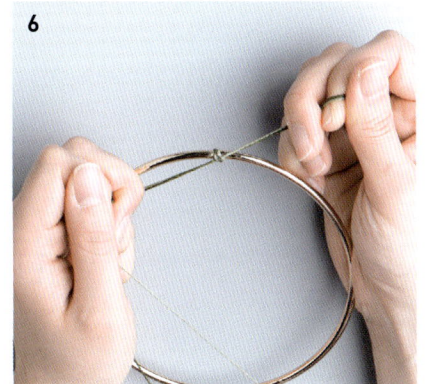
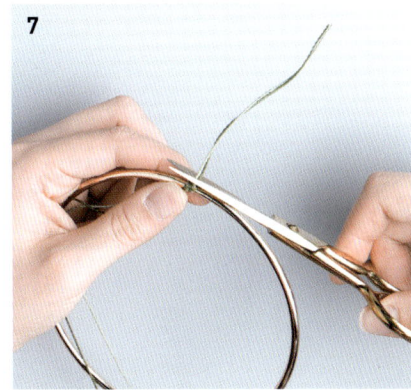

7
짧은 줄을 자릅니다.

Dreamcatcher

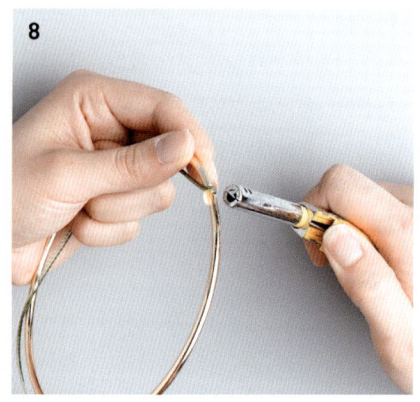

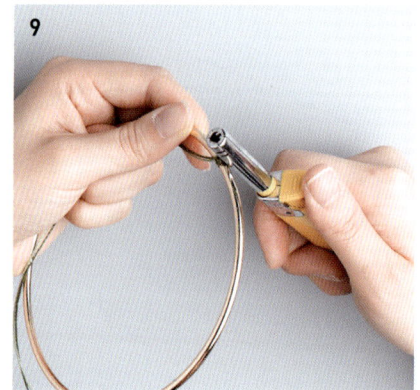

8

왁스사는 라이터를 이용하여 녹이고 붙여 고정할 수 있습니다. 잘린 부분을 살짝 녹여 매듭이 떨어지지 않도록 붙입니다.

9

녹은 왁스를 매듭에 완전히 붙게 합니다.

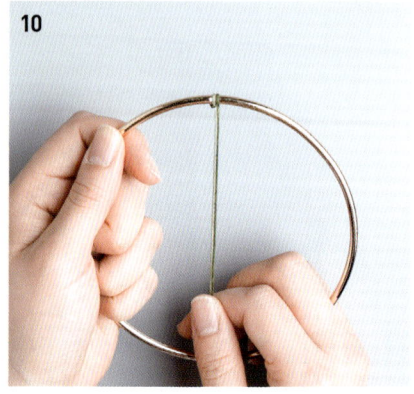

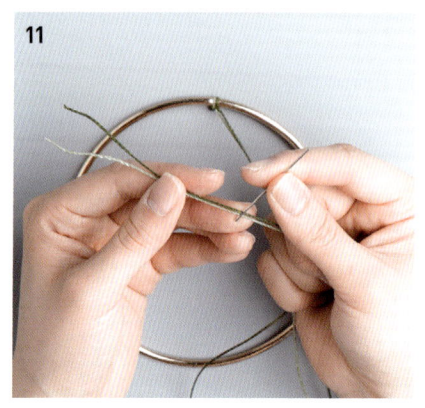

10

매듭 부분이 링의 안쪽에 위치할 수 있도록 합니다. 그물을 짤 준비가 되었습니다.

11

반대편 그물 실을 두 줄 모두 바늘에 끼웁니다.

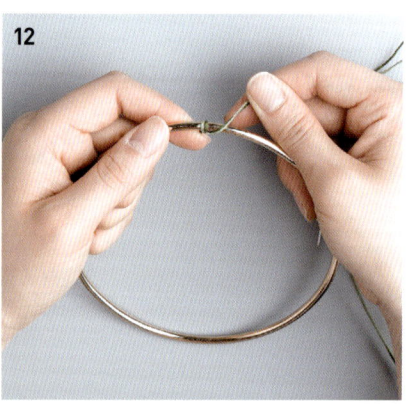

12-13

시계 방향으로 서클을 만듭니다.

14

서클 12개를 만듭니다.

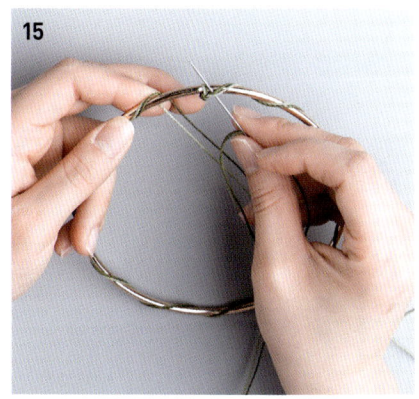

15-16

첫 번째 서클에 바늘을 끼워 넣어 실을 모두 빼고, 열두 번째 서클까지 반복합니다.

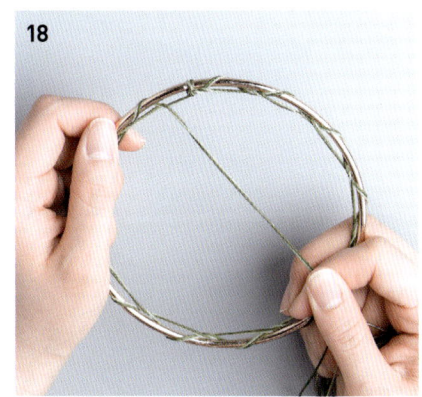

17-18

마지막 서클에서 첫 번째 서클로 이어진 줄 뒤에 다다르면, 앞으로 바늘을 끼워 실을 모두 빼냅니다.

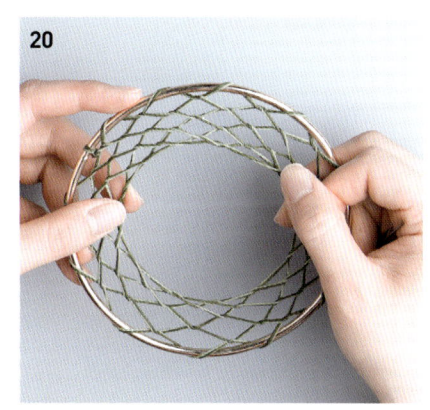

19-20

6바퀴 정도 그물을 짭니다.

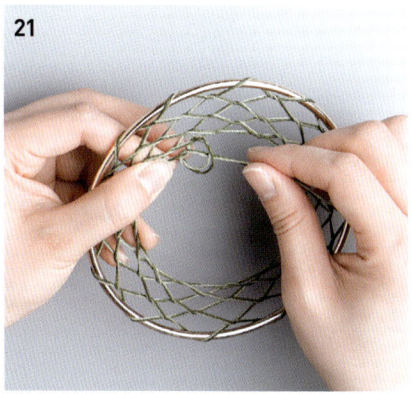
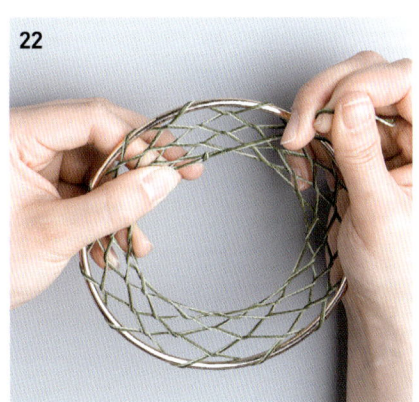

21-22

처음 링에 매듭을 지은 시작점을 12시 방향으로 두고, 링의 2시 방향에 마지막 매듭을 짓습니다.

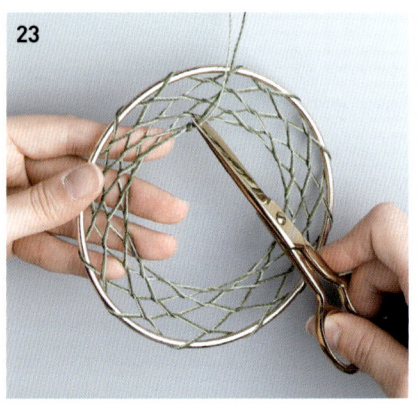

23
남은 실을 잘라냅니다.

24
자른 실과 그물 실을 불로 달구어 맞붙입니다.

25
드림캐처 그물이 완성되었습니다.

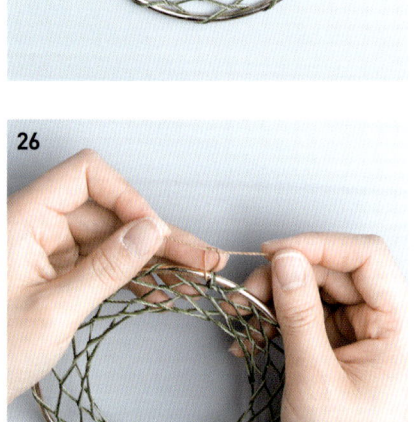

26-30
고리 만들 실을 준비하여 매듭을 두 번 겹쳐 묶고 짧은 실을 자릅니다.

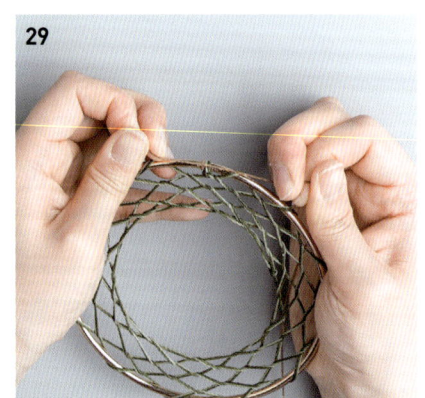

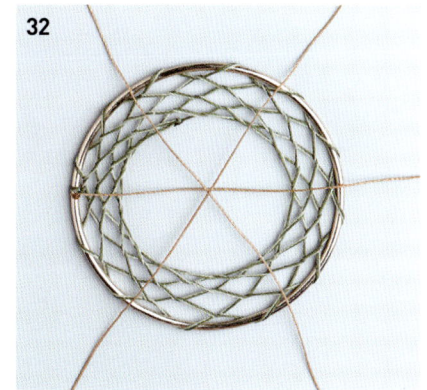

31

잘라낸 실을 불로 달구어 매듭에 붙게 합니다.

32

나머지 실들을 묶을 자리 위에 올려놓습니다. (65p 참고)

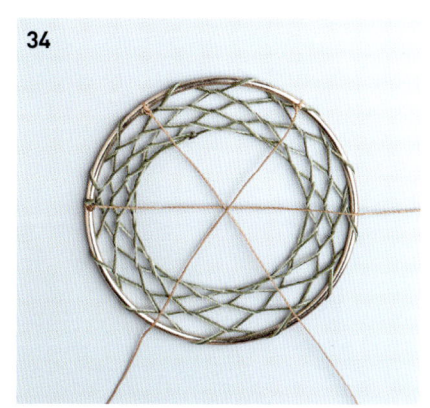

33-34

실의 끝 쪽과 가깝게 매듭을 짓고 마감합니다.

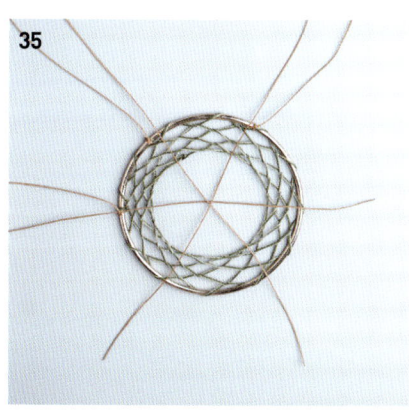
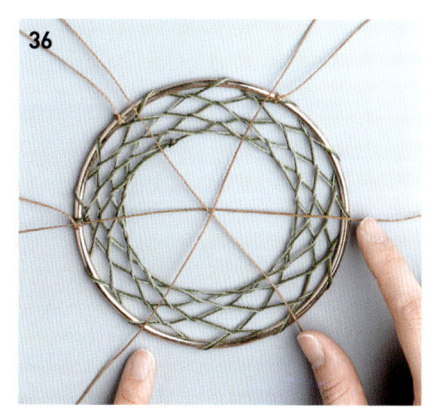

35

매듭지은 3줄을 모두 5cm 남기고 접어 6등분한 곳에 올려둡니다.

36

이곳에 나머지 매듭을 짓고 마감합니다.

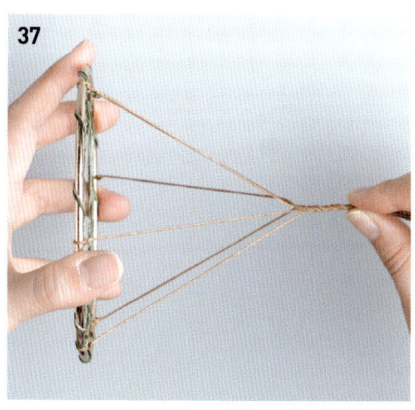

37

링을 잡고 고리 줄 모두를 중심으로 모아 잡아 원하는 높이의 원뿔 형태가 될 때까지 모아 잡은 실을 한방향으로 돌려 감아줍니다.

Dreamcatcher

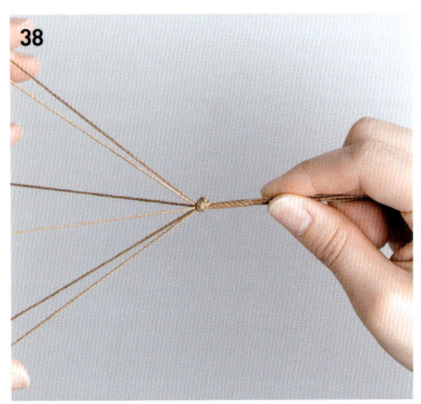
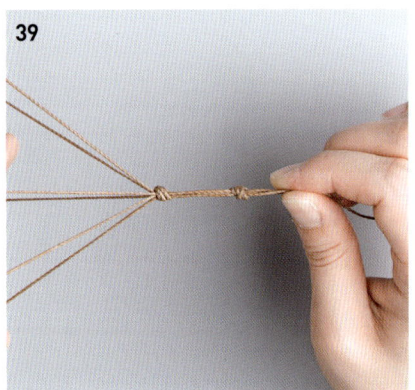

38

감은 줄을 잡고 한매듭을 해줍니다.
(고리를 들어 수평이 맞는지 확인합니다.)

39

2cm 남기고 한 번 더 한매듭을
해줍니다.

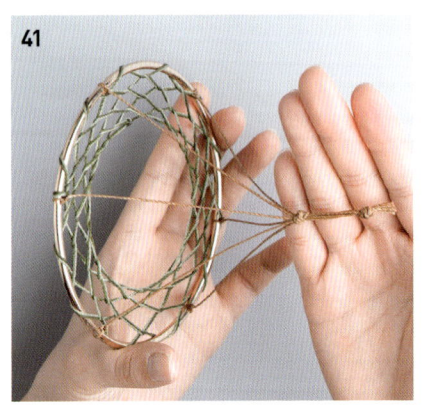

40

1cm 남기고 남은 실을 자릅니다.

41

고리가 완성되었습니다.

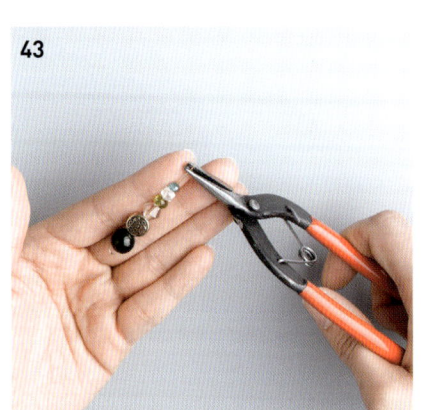

42

9자 핀에 순서대로 원석과 크리스탈을
꿰어줍니다.

43

9자 핀 끝을 9자 집게로 집어 반대편도
구멍을 만듭니다.

44-45

이미지와 같이 9자 핀에 원석과
크리스탈을 모두 꿰어 43과 같이
마무리해줍니다.

46-48

8mm 오링을 벌려 크리스탈에 끼우고 닫아줍니다.

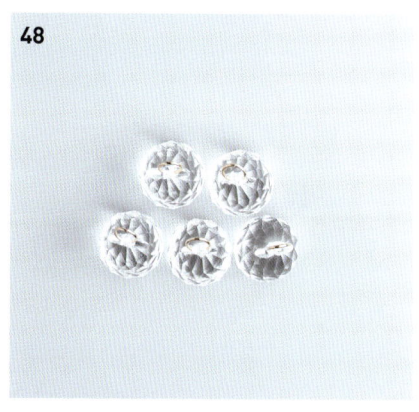

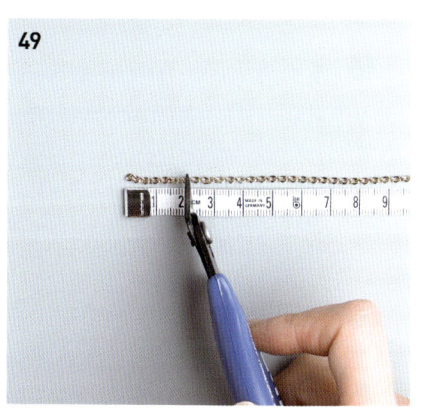 

49

크기에 맞게 체인을 재단합니다.

50

6mm 오링을 벌려 원석을 끼워 넣은 9자 핀과 크리스탈을 연결합니다.

51-52

6mm 오링을 벌려 체인을 연결합니다.

53-54

나머지 장식을 모두 끼워 완성합니다.

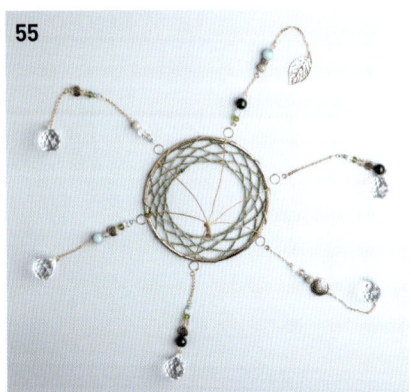

55

사진처럼 순서대로 장식을 달 것입니다.

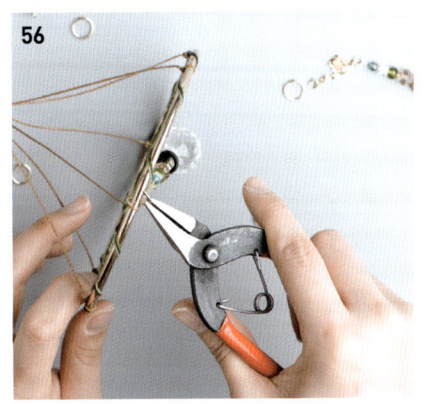

56-58

10mm 오링을 벌리고 닫아 링에 달아줍니다.

59

고리를 들어 링의 수평이 맞는지 확인합니다. (무게중심이 맞지 않으면 수평이 되지 않습니다. 링에 걸린 오링의 위치가 한쪽으로 쏠려 무게가 치우치지 않았는지 확인해야 합니다.)

60

플랜테리어에 잘 어울리는 썬캐처 스타일 크리스탈 드림캐쳐 완성!

08 / 보헤미안 느낌의 마크라메 드림캐쳐

간단한 마크라메 매듭법과 레이스를 활용한
에스닉 드림캐쳐 만들기

매듭으로 섬유를 짜는 마크라메(서양 매듭) 기법은 한번 시작하면 멈출 수 없는 묘한 매력이 있습니다. 마크라메와 드림캐쳐는 아주 잘 어울리는 한 쌍입니다. 드림캐쳐의 그물을 완성하고, 하단을 간단한 마크라메 매듭으로 짜주면 멋스러운 에스닉 드림캐쳐가 되지요! 자유로운 영혼을 꿈꾸는 누군가에게 선물하면 좋겠죠?

작품 기본 정보

◇ 링을 감는 실　　675cm(4팔 반) 6줄
◇ 그물 실의 길이　300cm(2팔) 1줄
◇ 서클의 개수　　 12
◇ 하단에 거는 줄　150cm 27줄
◇ 완성 크기　　　 가로 15.5cm × 총 길이 53cm(고리 제외)

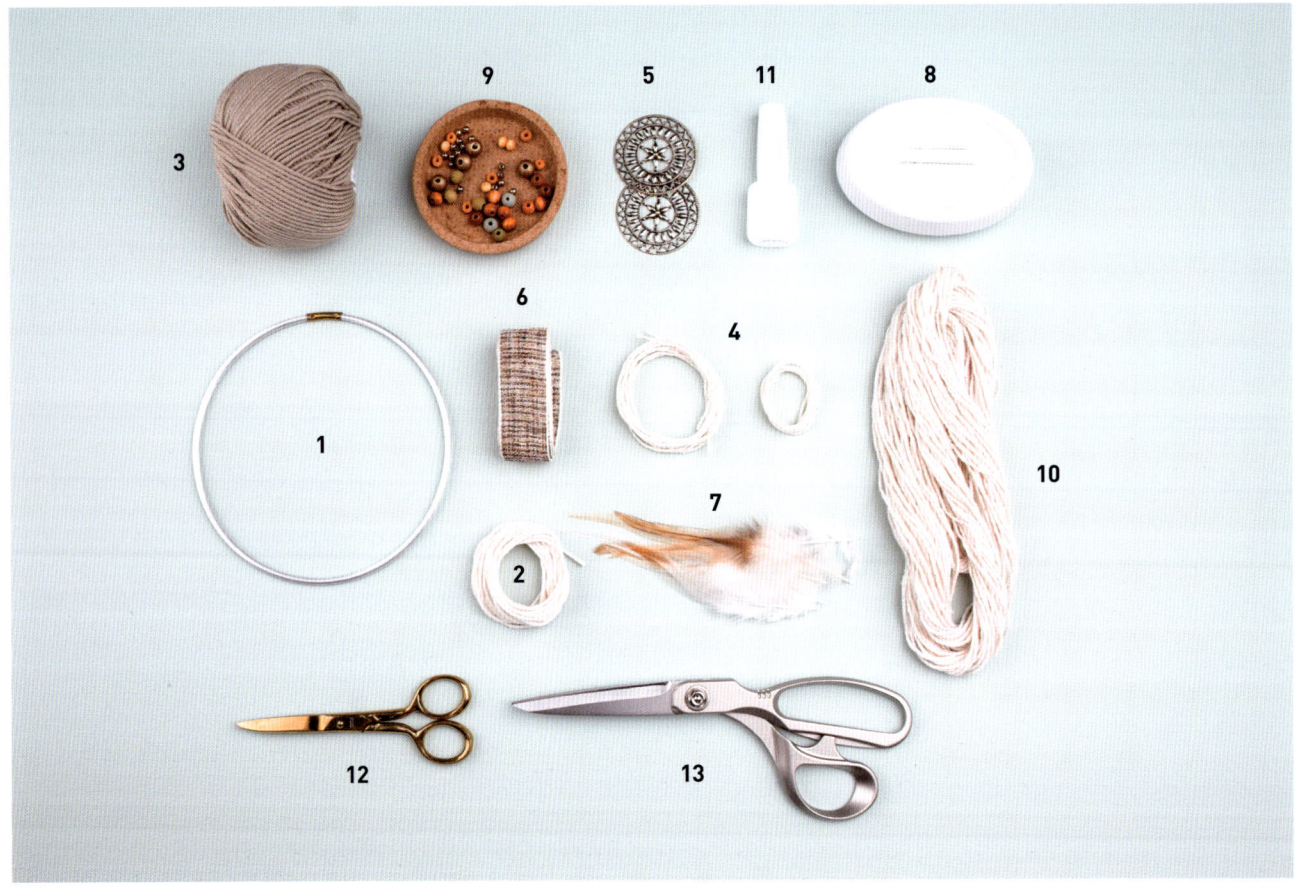

재료

1. 링 지름 14cm 1개
2. 면사 1.5mm
   - 그물 짜는 용 300cm 1줄
3. 링 감는 용 헤라울 모카베이지
4. 자수실 DMC25 #712
   - 깃털 묶는 용 50cm 4줄
   - 골드 꽃판 고정용 30cm 2줄
5. 엔틱골드 꽃판 2개
6. 브라운 마 직조 레이스 120cm
7. 브라운 그라데이션 깃털(소) 8개
8. 독일 십자수 바늘 14CT(24호), 독일 십자수 바늘 11CT(22호)
9. 골드라운드 론델 4mm 16개, 우드 원형 체스트넛 8mm 10개, 우드 원형납작 오렌지 6mm 4개, 우드 볼 올리브그린 8mm 4개, 옐로우 6mm 6개, 다크펄골드 10mm 4개, 빈티지민트 8mm 2개
10. 하단 마크라메 매듭 실 150cm 27줄
11. 브러시형 순간접착제
12. 작은 가위
13. 재단 가위

제작 과정

1

준비한 털실 675cm 6줄을 15cm 정도 남겨두고 링의 마감 부분 위에 X자로 묶습니다. (링에 마감 부위가 없는 경우, 시작점은 자유롭게 하면 됩니다.)

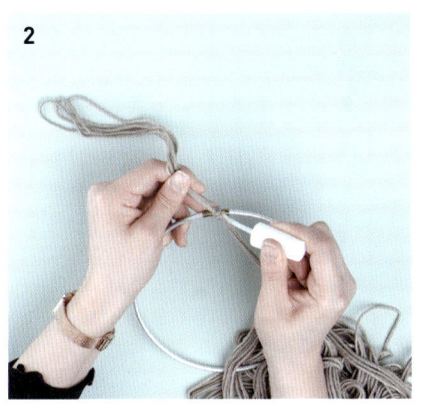

2

X자로 묶은 부분의 오른쪽으로 링과 털실 옆면에 접착제를 약간 발라 붙입니다. (접착제가 굳도록 잠시 기다려주세요.)

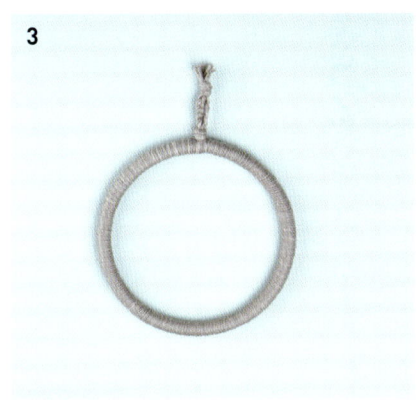

3

링을 두 바퀴 감아 완성합니다.

4

고리 아래 왼쪽 옆면에 접착제를 약간 바르고 레이스의 끝부분을 붙입니다.

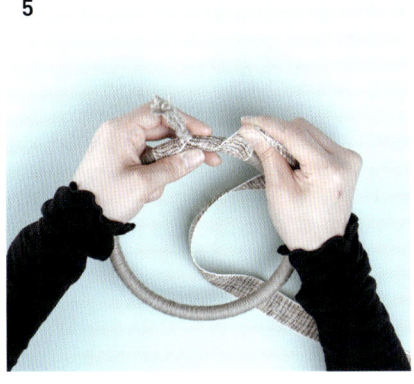
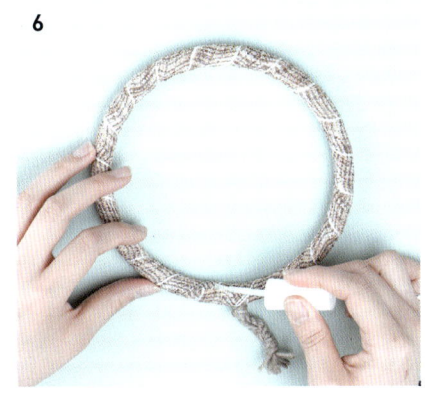

5

시계 방향으로 레이스를 감습니다.

6

한 바퀴를 감고, 링의 뒷면으로 레이스를 둘러 붙인 뒤 짧게 잘라낸 다음, 마감 부분에 접착제를 발라 링에 완전히 붙입니다.

Dreamcatcher

7

링의 앞뒷면을 결정하세요. 그리고 링의 뒷면 위쪽에서부터 시작하여, 앞면을 봤을 때 고리 바로 아래 중앙으로 바늘이 나오게 한 후 반대쪽 실 끝에 지은 매듭이 걸릴 때까지 당깁니다. (레이스로 링을 감는 드림캐쳐는 매듭을 레이스 안으로 숨기면 좀 더 깔끔한 마무리가 가능합니다.)

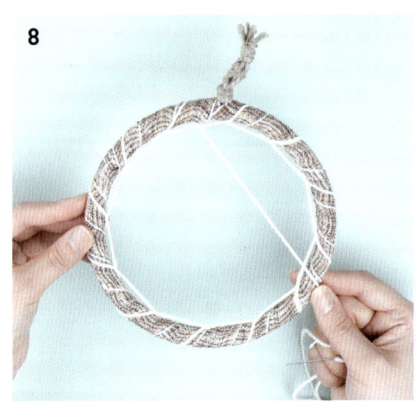

8

서클을 12개 만듭니다.

9

8바퀴 정도 그물을 짜서 가운데 놓을 금속 판보다 조금 작은 빈 원이 나오면 그물 짜기를 멈춥니다.

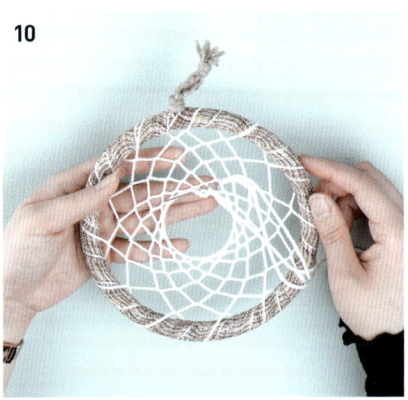
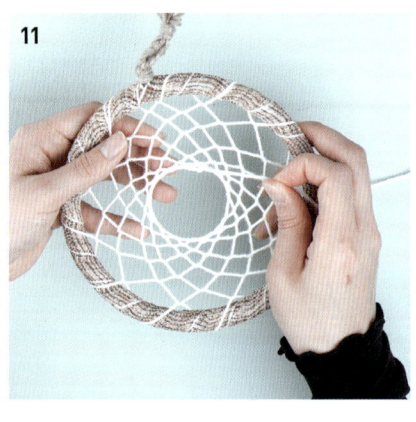

10-11

그물에 매듭을 지어 마감합니다.

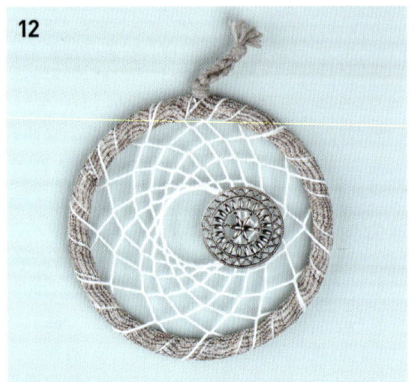

12

금속 판과 원의 크기를 확인해봅니다.

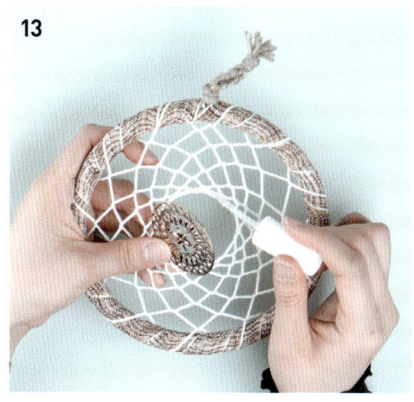

13-14
그물 실과 금속 판이 맞닿는 부분에 접착제를 칠하여 그물 실에 붙입니다.

15-16
링을 뒤집어서 앞면에 붙였던 금속 판과 잘 맞추어 그물 실과 금속 판이 맞닿는 부분에 접착제를 칠한 후 붙입니다.

17
붙을 때까지 금속 판을 눌러줍니다.

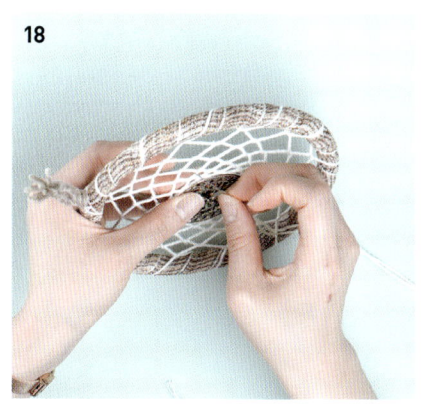
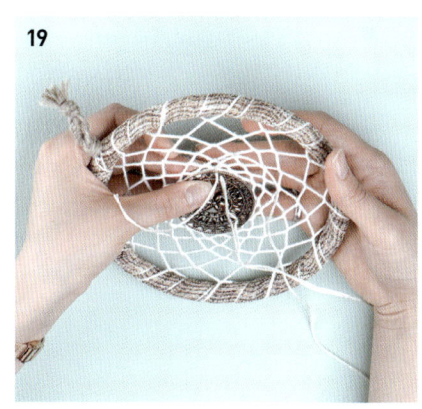

18-19
자수실을 30cm 정도 바늘에 끼우고, 금속 판의 2시 방향으로 금속 판과 그물 실을 엮어줍니다.

Dreamcatcher

20-25

X자로 두 번 묶은 후, 접착제를 바르고 짧게 잘라 금속 판 안쪽으로 바늘을 이용하여 매듭을 숨겨줍니다.

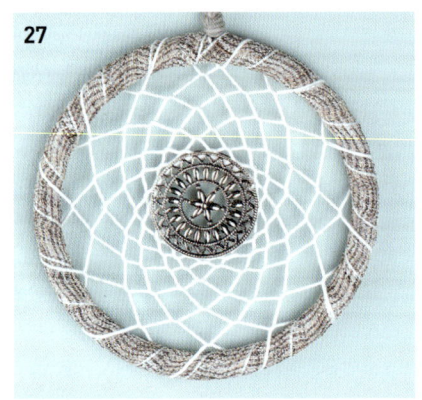

26-27

방금 묶은 매듭과 대칭이 되도록 금속 판의 8시 부분에 같은 방법으로 매듭을 진행합니다.

28-30

면사의 반을 접어 고리를 만든 뒤, 고리를 드림캐처 링에 앞에서 뒤로 걸고, 뒤로 넘긴 고리에 접힌 두 줄을 통과시켜 매듭을 짓습니다.
(61p 종달새머리 매듭 참고)

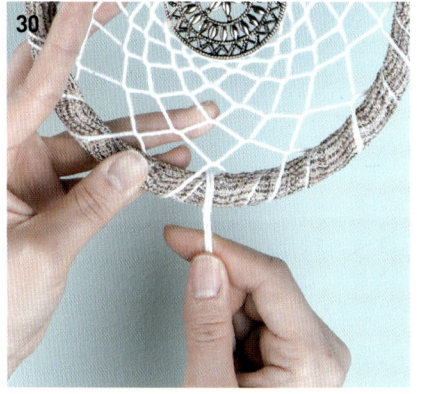
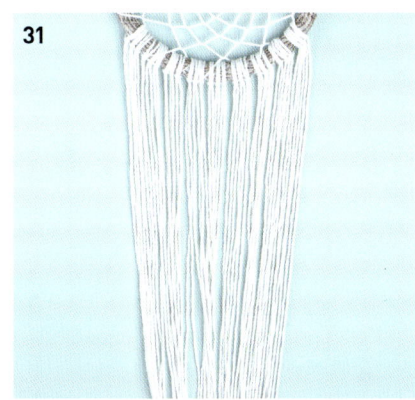

31

드림캐처 머리 부분의 하단 중앙부터 시작하여, 양쪽이 대칭이 되도록 면사를 걸어줍니다.

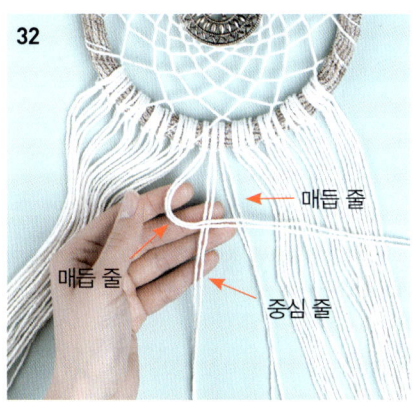

32-36

중앙에 있는 6줄을 2줄씩 세 가닥으로 나누어 평매듭을 합니다. 가운데 있는 두 줄을 중심 줄이라 하고, 양쪽에 있는 2줄을 매듭 줄이라고 합니다. 중심 줄은 움직이지 않습니다.

중심 줄 위로 왼쪽 매듭 줄을 ㄴ자 형태로 올립니다. 오른쪽에 있는 매듭 줄을 ㄴ자 위로 내립니다. 내려진 줄을 왼쪽에 있는 고리 쪽으로, 뒤에서 앞을 향해 넣습니다. 중심 줄이 구겨지지 않도록 잡고, 매듭 줄을 양쪽으로 당겨 링과 가깝게 당깁니다.

다음은 반대 방향으로, 중심 줄 위로 오른쪽 매듭 줄을 ㄴ자 형태로 올립니다. 왼쪽에 있는 매듭 줄을 ㄴ자 위로 내립니다. 내려진 줄을 오른쪽에 있는 고리 쪽으로, 뒤에서 앞을 향해 넣습니다. 중심 줄이 구겨지지 않도록 잡고, 매듭 줄을 양쪽으로 당겨 링과 가깝게 당깁니다. (62p 평매듭 참고)

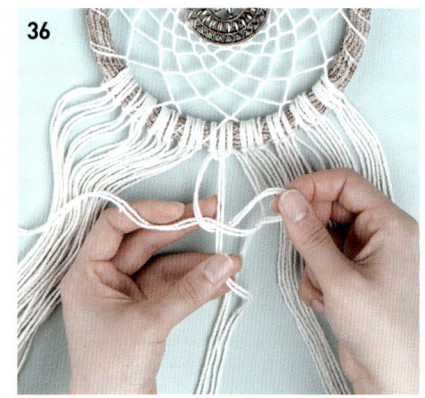

37
이렇게 총 9개의 평매듭을 만듭니다.

38
9개의 평매듭 아래로 양쪽 끝 평매듭 사이에, 양끝 3줄씩을 제외하고 6줄을 2줄씩 세 가닥으로 나누어 평매듭을 합니다.
중심 줄을 2줄, 매듭 줄을 양쪽 두 줄로 사용합니다.
가운데 5개의 평매듭 아래로 위와 같은 방법과 줄 수를 이용하여 4개의 평매듭을 만듭니다.
같은 방법으로 만들어진 평매듭 4개 아래로 평매듭 3개, 또 그 아래로 평매듭 2개, 평매듭 한 개를 만듭니다.

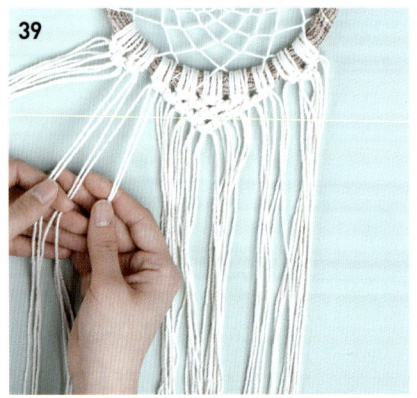
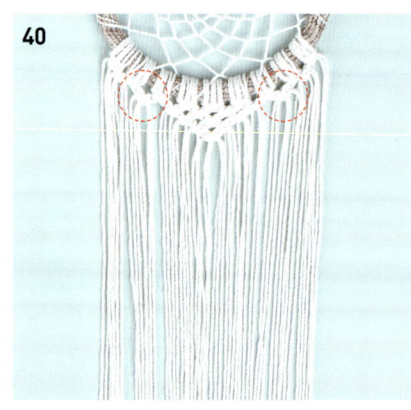

39-40
양쪽 끝 마지막에 생긴 평매듭 안쪽으로 나와 있는 3줄과 가운데 5개의 평매듭 바깥쪽으로 남아 있는 3줄 총 6줄을 가지고, 평매듭을 한 개씩 더 진행합니다.

41

전체적으로 봤을 때, 총 길이가 드림캐쳐의 머리 부분에 3배 정도가 되도록 V자로 실을 재단합니다.

42

브라운 그라데이션 깃털을 정리하여 8개 준비합니다.

43

깃털의 뒷면끼리 마주 보게 하여 2장씩 4개를 묶어서 준비합니다.

44

우드 볼과 론델을 끼워 준비합니다. 깃털을 묶은 부분과 첫 번째 우드 볼에 접착제를 발라 붙여주면, 더 튼튼한 드림캐쳐를 만들 수 있습니다.

45-46

양쪽 끝 2개와 중앙에 있는 5개 평매듭 바깥쪽으로 2개의 깃털을 달아줍니다. 링에 한 번 감아 길이를 조절하여, X자로 두 번 묶어 접착제를 바르고 짧게 잘라냅니다.

47

지그재그의 느낌으로 높이를 조절하여 달아주면 자유로운 보헤미안 스타일의 마크라메 드림캐쳐 완성!

Dreamcatcher

09 / 아기방에 어울리는 회전목마 드림캐쳐 모빌

회전목마 자수 패치와 파스텔톤 우드 볼을 사용한
사랑스러운 드림캐쳐 모빌 만들기

"자장, 자장, 우리 아가. 잘도 잔다, 우리 아가."
아기가 좋은 꿈을 꾸고 푹 잤으면 하는 건 모든 엄마들의 소원이겠죠. 그런 엄마의 마음이 담긴 드림캐쳐 모빌을 소개합니다.
아기가 좋은 꿈을 꾸도록 정성스레 그물을 짜고, 파스텔톤의 귀여운 우드 볼과 유니콘 자수 패치까지 붙여주면 빙글빙글 돌아가는 회전목마처럼 환상적인 드림캐쳐 모빌이 완성되지요. 어서 만들어서 아기방에 달아주고 싶은 모빌이죠?

작품 기본 정보

- ◇ 링을 감는 실   1,200cm(8팔) 6줄
- ◇ 그물 실의 길이   330cm(2팔+30cm) 1줄
- ◇ 서클의 개수   14
- ◇ 깃털 방향 개수   6
- ◇ 완성 크기   가로 26cm × 총 길이 67cm(고리 포함)

재료

1 링 감는 용 헤라울 화이트
 (줄이 길기 때문에 600cm 6줄을 두 번 잘라 이어 붙여 사용해도 무관합니다.)
2 링 26cm 1개
3 4줄 꼬임 레이스 아이보리 360cm
4 멀티 댕기실(모빌 고리 줄) 80cm 3줄
5 면사 1.5mm
  – 그물 짜는 용 330cm 1줄
  – 고리 다는 용 30cm(랩매듭용) 1줄
  – 깃털 묶는 용 60cm 6줄
6 유니콘 자수 패치 2개
7 브론즈 유광 론델 18mm 6개
8 다각 우드 비즈 – 베이지 20mm 3개, 딥그린 20mm 3개, 핑크 15mm 7개, 하늘 15mm 7개
9 민트 깃털(중) 6개, 파스텔핑크 깃털(중) 6개, 로즈쿼츠 깃털(중) 6개
10 작은 가위   11 재단 가위   12 독일 십자수 바늘 11CT(22호)
13 글루건   14 브러시형 순간접착제

제작 과정

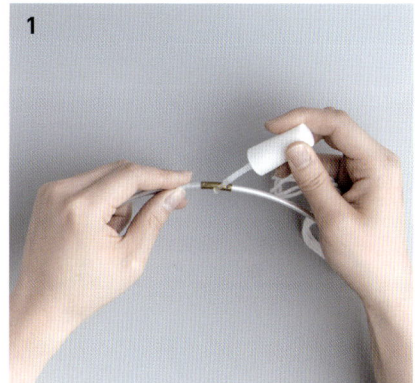

1

링의 이음새 부분에 접착제를 바릅니다.
(링에 이음새나 마감 부위가 없는 경우, 시작점은 자유롭게 하면 됩니다.)

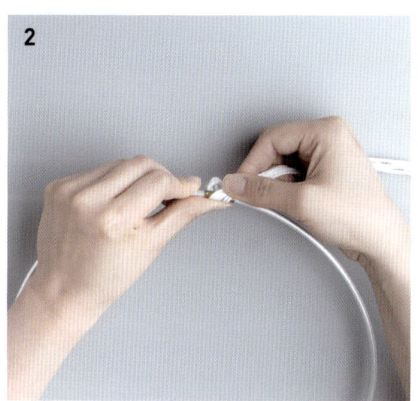

2

털실 6줄을 돌려 감아 완전히 붙입니다.

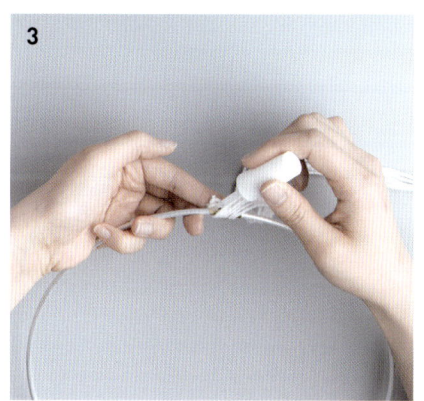
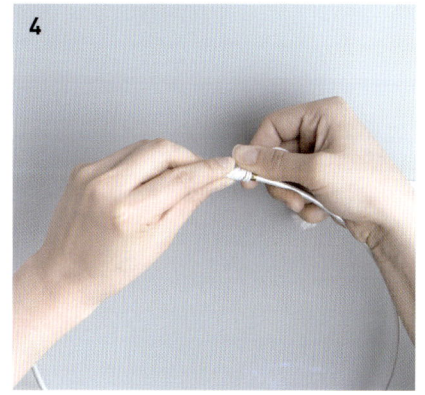

3-4

튀어나와 있는 털실에도 접착제를 발라 이음새 부분에 완전히 붙입니다.

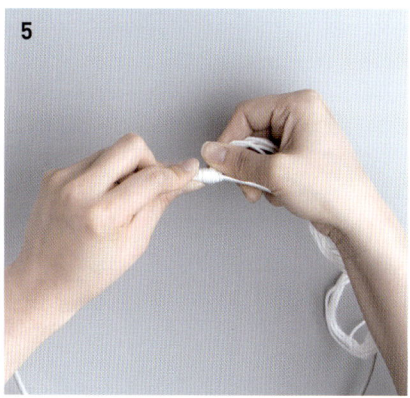

5-6

링을 두 바퀴 감고 남은 실에 접착제를 칠하고 잘라냅니다.

Dreamcatcher

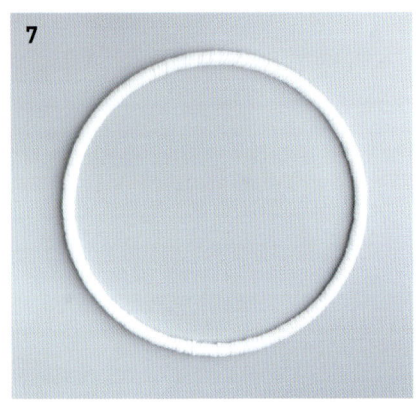
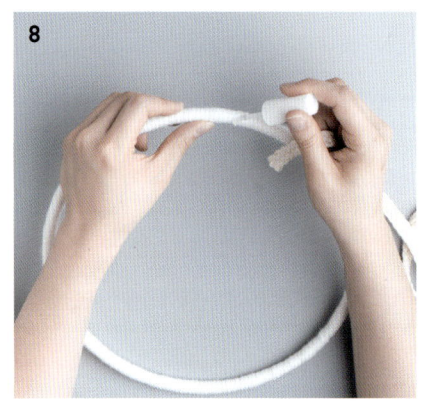

7

털실을 감은 링이 완성되었습니다.

8

털실을 감은 링 위에 접착제를 바릅니다.

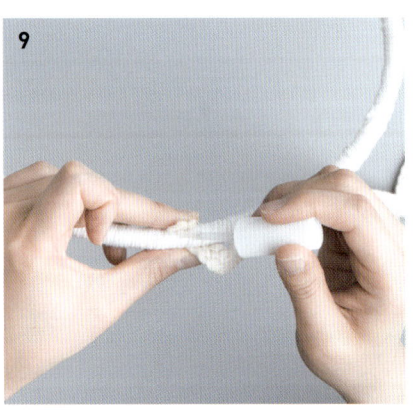

9-10

접착제를 바른 부분에 레이스를 붙이고 한 번 감아 완전히 붙입니다.

11

틈이 보이지 않게 감습니다.

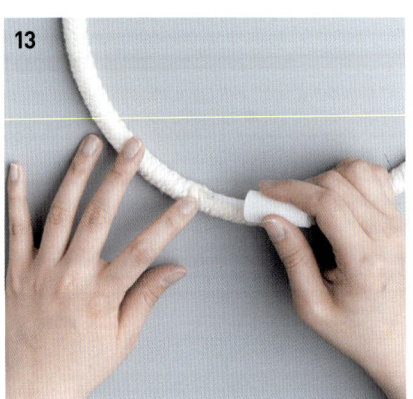

12

레이스를 한 바퀴 모두 감고, 링 안쪽으로 남은 레이스를 잘라냅니다.

13

잘라낸 부분에 접착제를 바르고 완전히 붙입니다.

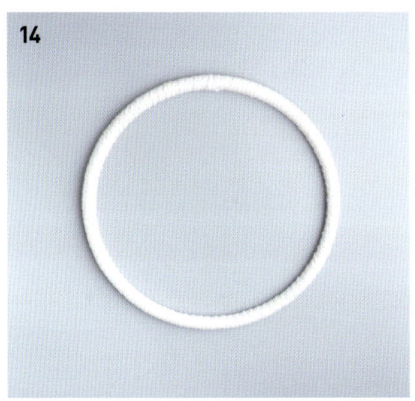

14

모빌 링이 완성되었습니다.

15

링의 앞뒷면을 결정하세요. 그다음 링의 뒷면 위쪽에서부터 시작하여 앞면을 봤을 때 고리 바로 아래 중앙으로 바늘이 나오게 한 후, 실 끝에 지은 매듭이 걸릴 때까지 당깁니다.

16

위로 한 번 감아 첫 번째 서클을 만듭니다.

17

두 번째 서클을 만듭니다.

18

총 14개의 서클을 만듭니다.

19

첫 번째 서클에 바늘을 링의 안쪽에서 바깥쪽으로 오른쪽에서 왼쪽 방향으로 꽂아 뺍니다.

Dreamcatcher

20-21

이제 첫 번째 바퀴 그물을 짭니다.

22

마지막 서클까지 걸어줍니다.

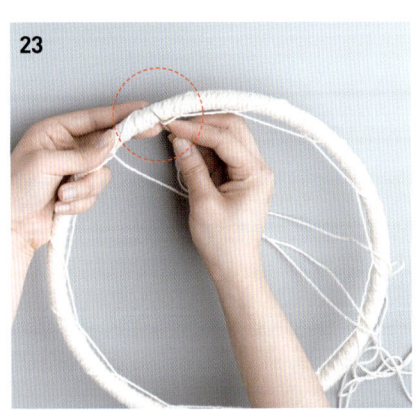

23-24

마지막 서클에서 첫 번째 서클로 이어지는 줄의 뒤에서 앞으로 바늘을 걸어 뺍니다.

25

두 번째 바퀴의 그물을 짭니다.

26

이렇게 6바퀴 그물을 짜고 멈춥니다.

27-28

처음 링에 매듭을 지은 시작점을 12시 방향으로 두고, 링의 2시 방향에 마지막 매듭을 짓습니다.

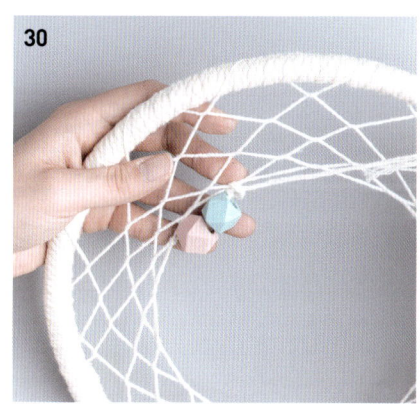

29

우드 볼 2개를 연달아 끼웁니다.

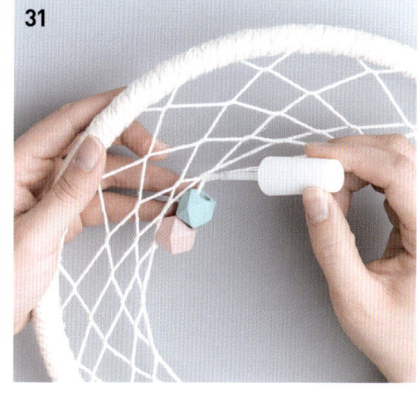

30-31

다음 그물을 짤 위치에서 매듭을 짓고, 매듭 위에 접착제를 바르고 남은 실을 짧게 잘라냅니다.

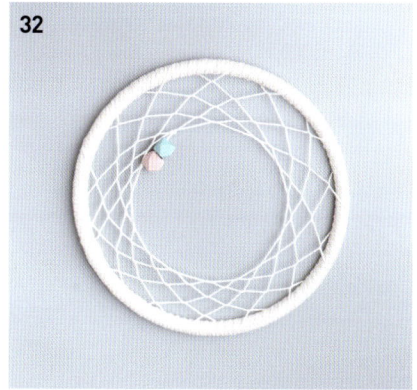

32

모빌 그물이 완성되었습니다.

Dreamcatcher

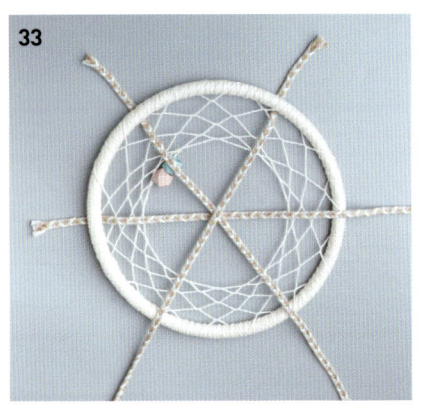 

33
고리로 이용할 레이스를 완성한 링 위에 6등분하듯 올려두어 위치를 확인합니다. 먼저 줄이 짧은 쪽 세 부분부터 링에 고정할 것입니다.

34
링에 레이스를 X자로 묶습니다.

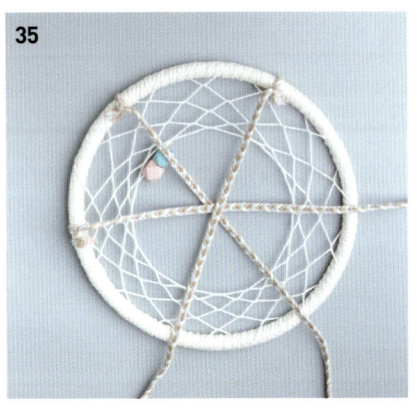 

35
나머지 2개도 모두 링에 묶습니다.

36
이제 반대편 세 군데에 맞춰 링에 묶습니다.

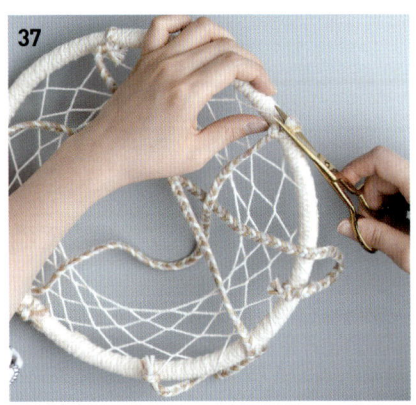 

37
지저분한 부분이 있으면 가위로 짧게 잘라 정리해줍니다.

38
매듭 부분에 접착제를 발라 풀어지지 않도록 고정합니다.

39
고리로 만들 레이스 가운데 부분을 링과 함께 들어 레이스 길이가 모두 같은지 확인합니다. 그리고 고리를 들어 수평을 확인합니다.

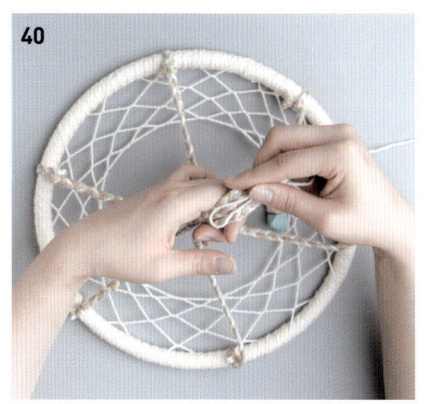

40

링을 바닥에 놓고 면사를 1/3 접어 고리를 만들어서 윗부분의 댕기 레이스를 4~5cm 정도 남기고 묶을 준비를 합니다.

41-42

접은 면사의 긴 줄로 짧은 줄과 레이스들을 위쪽으로 다섯 번 세게 돌려 잡습니다. (64p 랩매듭 참고)

43

고리 방향으로 다시 다섯 번 겹쳐 내려 감습니다.

44-45

감고 내려온 줄을 고리 안에 넣습니다.

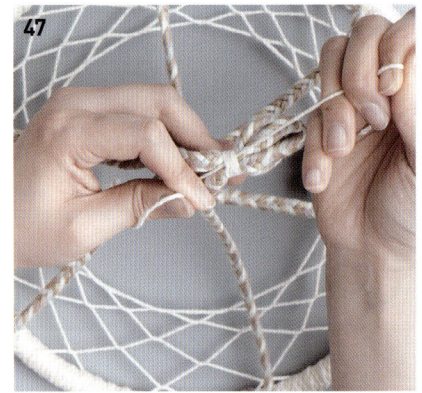

46
반대편의 줄을 당겨 고리 부분이 감겨 있는 매듭 속으로 숨겨질 때까지 당깁니다.

47
한쪽으로만 빠져나가지 않도록 양쪽 줄을 당겨 균형을 맞춰줍니다.

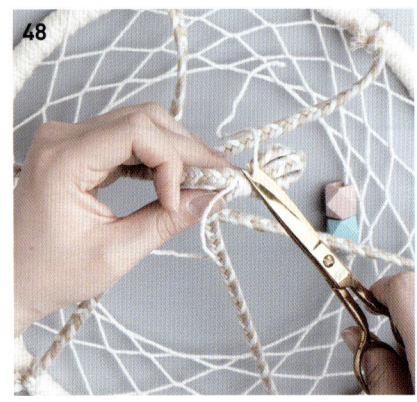

48-49
양쪽 줄을 짧게 자릅니다.

50
고리가 생겼습니다.

51
그물과 고리가 완성되었습니다.

52
면사 6줄과 깃털을 다듬어 준비합니다.

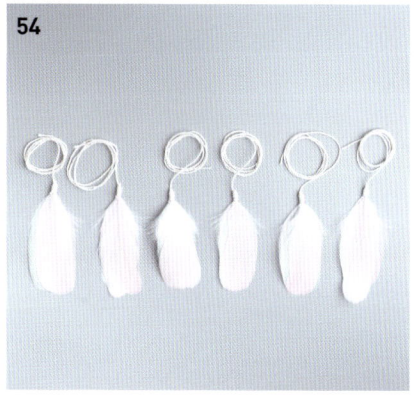

53
파스텔핑크 깃털과 로즈쿼츠 깃털 사이에 민트 깃털을 끼워 깃털 매듭을 만듭니다.

54
이렇게 묶은 깃털 6개를 완성합니다.

55
우드 비즈와 론델을 순서대로 끼워 넣습니다.

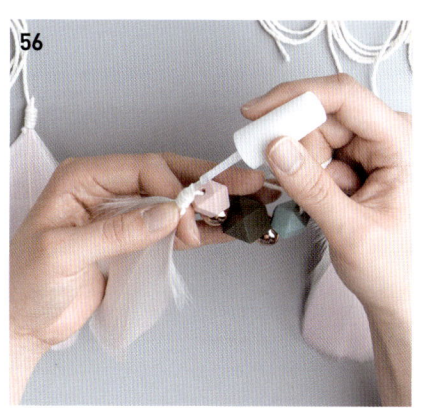
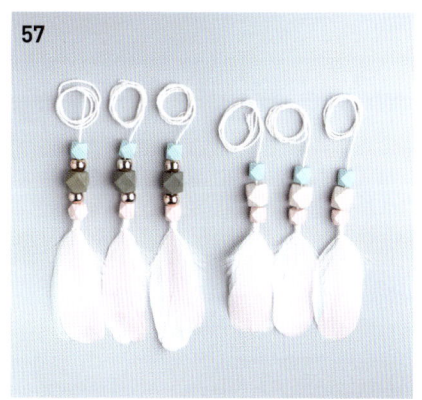

56
깃대에 접착제를 발라 우드 비즈를 완전히 붙입니다.

57
장식들을 모두 깃털에 끼워 넣고 준비합니다.

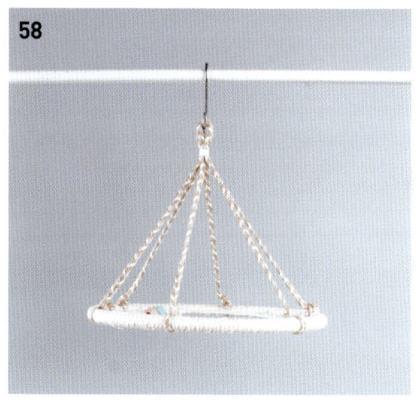
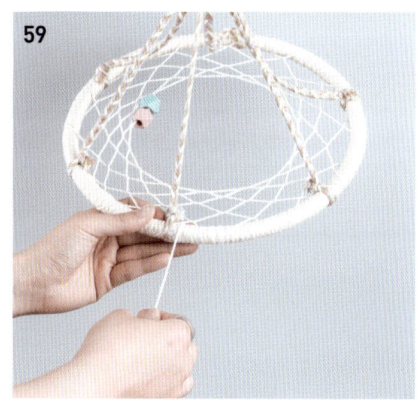

58
수평을 확인하기 위하여 행거에 걸어두고 작업합니다.

59
6개의 고리 중 하나 바로 아래에 가장 긴 깃털 실을 걸어줍니다.

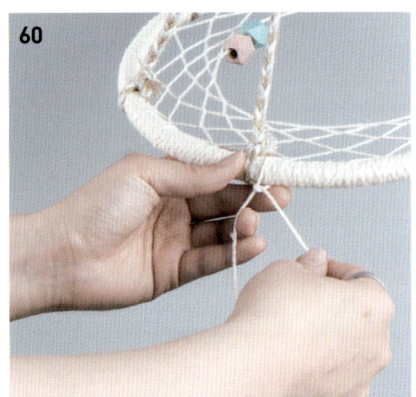
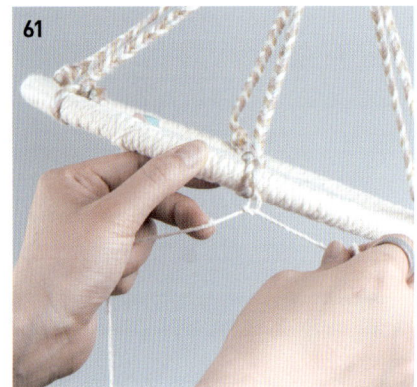

60-61

링 아랫부분에 X자로 두 번 묶습니다.

62

매듭 부분에 접착제를 바릅니다.

63

남은 줄을 잘라냅니다.

64

수평을 맞추기 위하여 삼각형 구도로 먼저 깃털을 달아줍니다.

65

나머지 깃털 실 3개를 삼각형 구도로 달아줍니다. (깃털의 높이는 취향에 따라 다르게 달아도 무관합니다.)

66

유니콘 자수 패치를 붙일 자리를 확인합니다. (가장 긴 깃털 실에 부착합니다.)

67

자수 패치 뒤에 글루건으로 녹은 글루를 살짝 바릅니다.

68-69

원하는 곳에 붙이고 글루가 마를 때까지 기다립니다.

70

반대편 유니콘 자수 패치를 붙일 위치를 확인합니다.

71

글루건을 이용하여 붙입니다.
(별이나 달 등 마음에 드는 자수 패치를 골라 꾸며보세요.)

72-73

아기방에 잘 어울리는 파스텔톤의 드림캐쳐 회전목마 모빌 완성!

Dreamcatcher

10 / 심플한 그물의 타조 깃털 드림캐쳐

다각형 모양의 그물에 타조 깃털을 이용하여
세련된 드림캐쳐 만들기

이번엔 복잡한 그물에서 벗어나 심플한 그물을 만들어볼게요. 심플한 그물의 드림캐쳐는 그물보다 하단의 깃털이나 장식에 집중되어서 어떤 인테리어에도 잘 어울릴 수 있어요. 게다가 다채로운 색의 깃털을 사용하면 더욱 멋진 작품이 된답니다.

작품 기본 정보

- ◇ 그물 실의 길이   225cm(1팔 반)
- ◇ 서클의 개수   6
- ◇ 깃털 방향 개수   3
- ◇ 완성 크기   가로 25cm × 총 길이 53cm(고리 제외)

재료

1. 링 지름 25cm 1개
2. 면사 1mm
   - 그물 짜는 용 225cm 1줄
   - 깃털 묶는 용 50cm 3줄
3. 독일 십자수 바늘 11CT(22호)
4. 타조 깃털(대) 화이트, 타조 깃털(대) 블루, 타조 깃털(대) 오렌지
5. 다각형 골드 우드 론델 3개
6. 브러시형 순간접착제
7. 가위

제작 과정

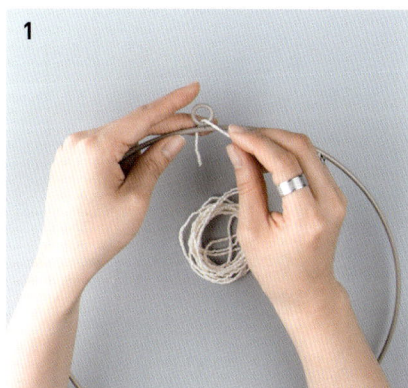

1-3
링의 12시 방향에 그물 실을 X자로 묶습니다.

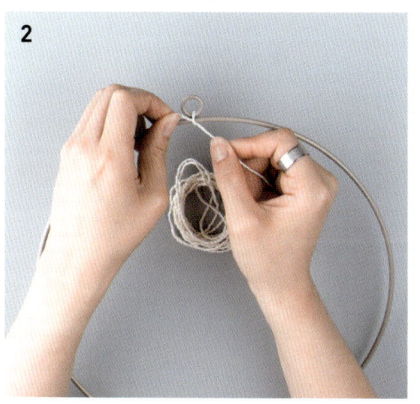
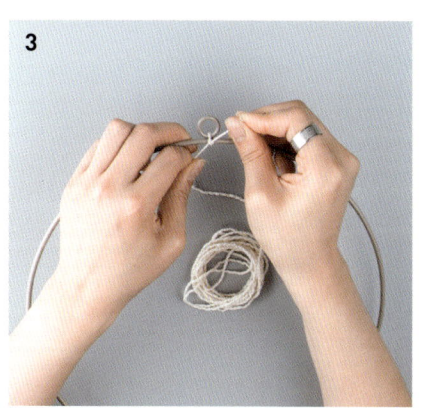

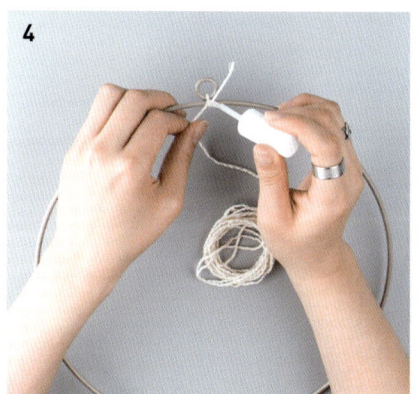

4-6
매듭 부분에 접착제를 바르고, 남은 실을 잘라냅니다.

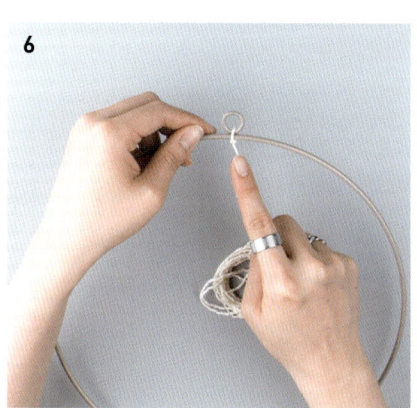

Dreamcatcher

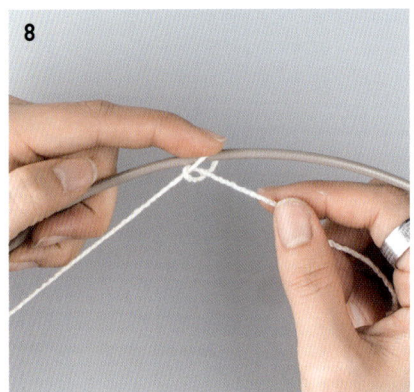

7-9

시계 방향으로 다음 링에 걸릴 그물의 위치에 매듭을 짓습니다. 12시 방향의 매듭을 포함하여, 총 여섯 부분의 매듭 부분을 미리 펜으로 표시해두면 좀 더 수월하게 그물을 만들 수 있습니다.

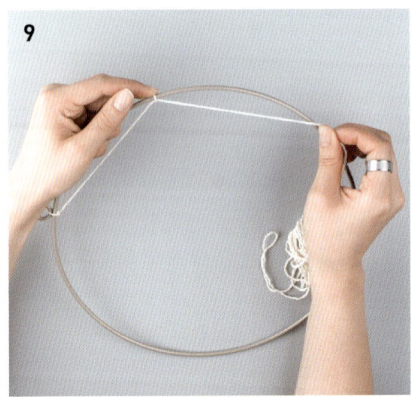
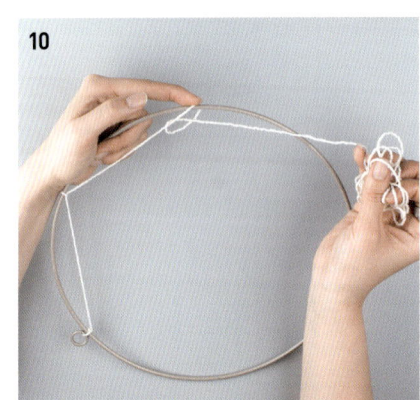

10

다음 그물의 위치에도 매듭을 짓습니다.

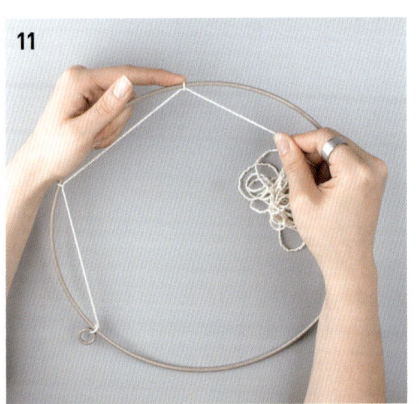
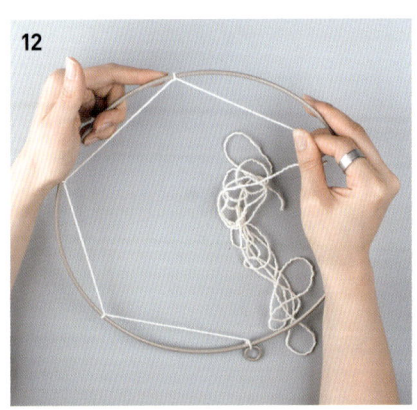

11-14

같은 방식으로 육각형의 마지막 꼭짓점까지 매듭을 짓습니다.

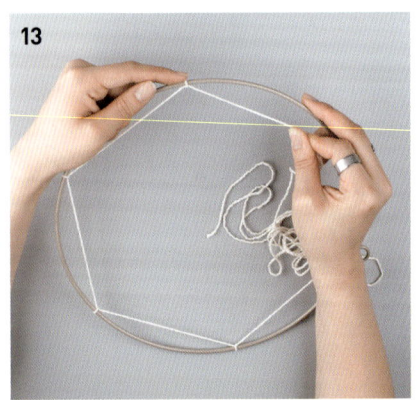
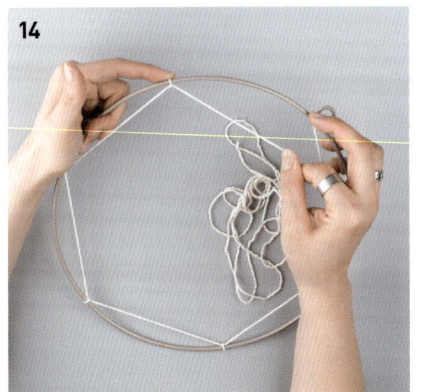

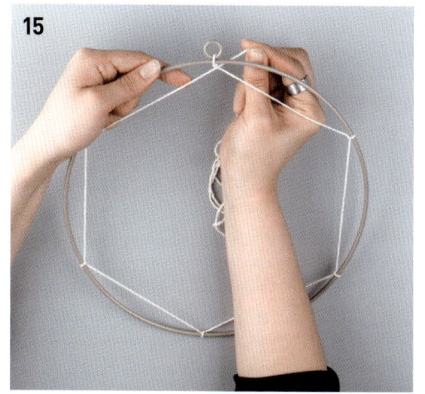
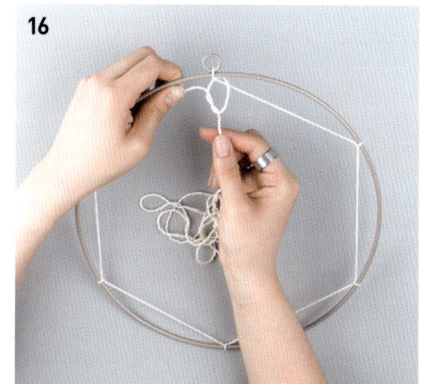

15-17

고리 아랫부분으로 돌아왔다면, 첫 번째 서클에 매듭을 걸어 짓습니다.

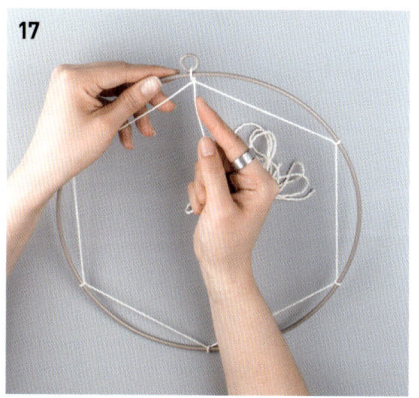

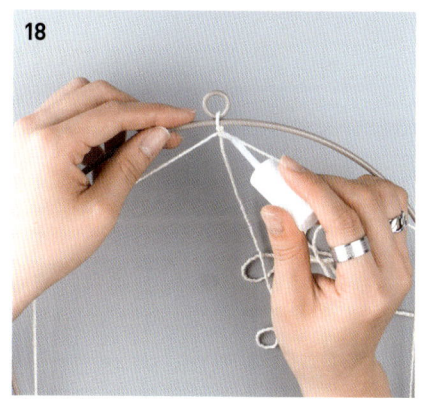
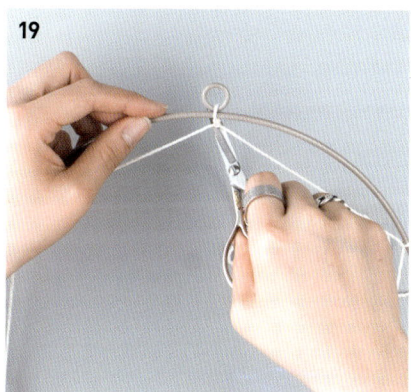

18-20

매듭 부위에 접착제를 바르고 남은 실을 잘라냅니다.

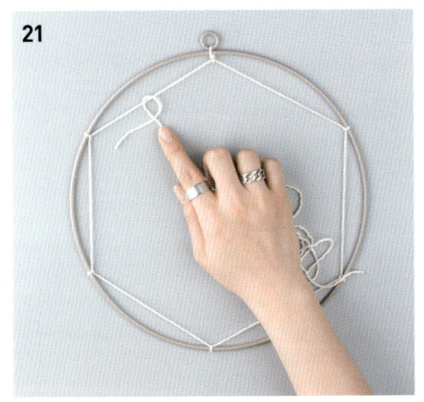

21-25

두 번째 안쪽 그물을 만들어볼게요. 육각형 그물 중 한 줄의 가운데에 X자로 매듭을 짓고 접착제를 바른 뒤 짧게 남은 실을 잘라냅니다.

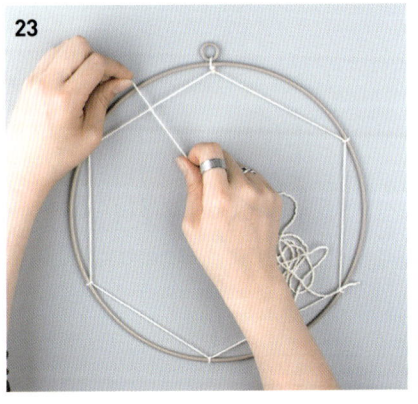

26

실을 당겨 다음 줄에 묶을 준비를 합니다.

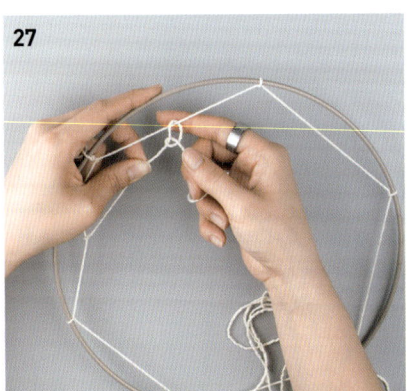
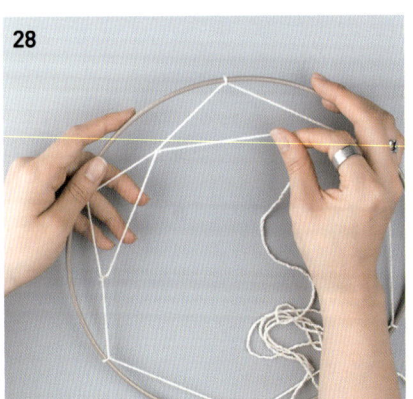

27-28

다음 줄의 가운데에 X자 매듭을 짓습니다.

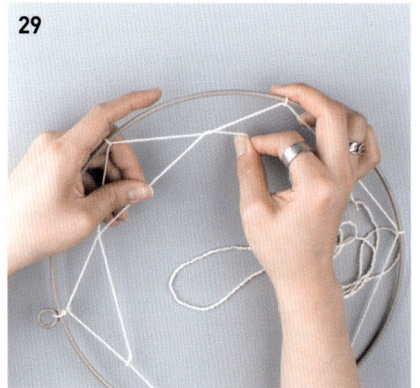
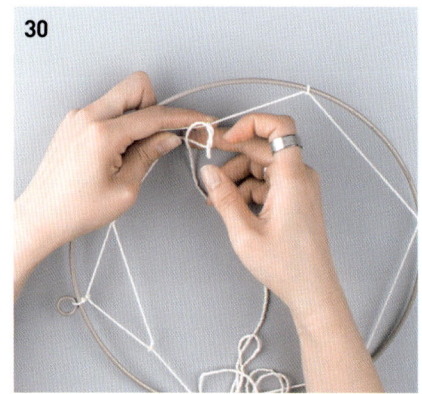

29-31

링을 돌려서 다음 줄의 가운데에 X자 매듭을 짓습니다.

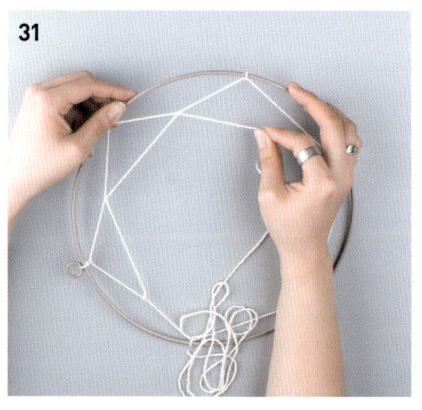

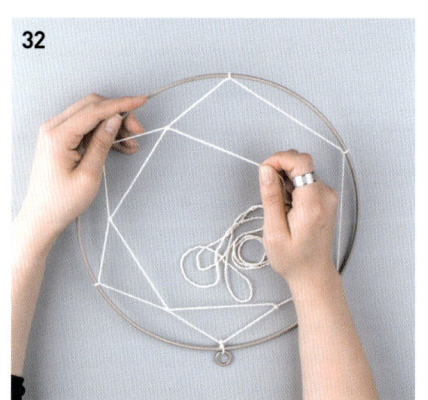
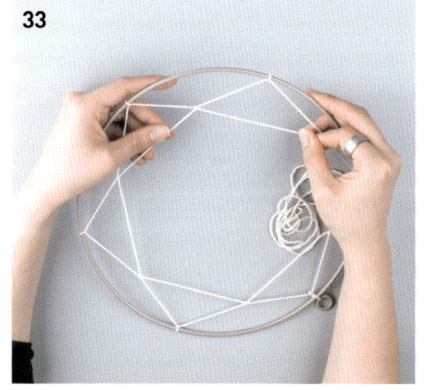

32-35

마지막 줄의 가운데까지 매듭을 짓습니다.

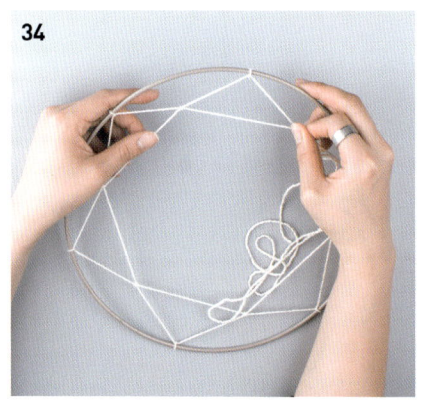
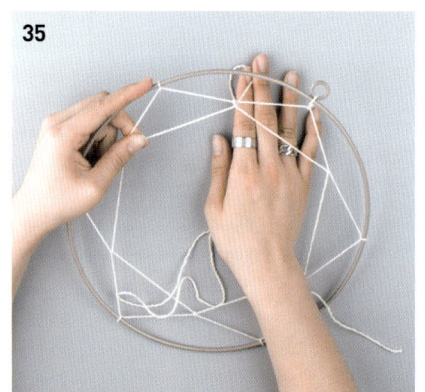

Dreamcatcher

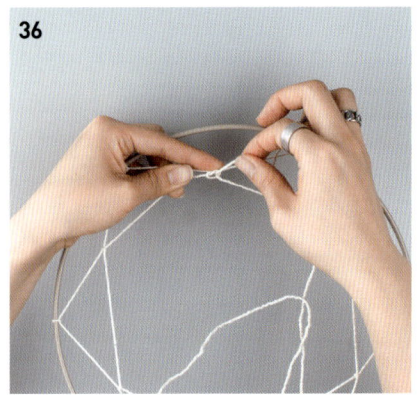

36-39

시작점으로 돌아온 매듭 부위에 겹쳐서 X자 매듭을 지어주고 접착제를 바른 후 남은 실을 잘라냅니다.

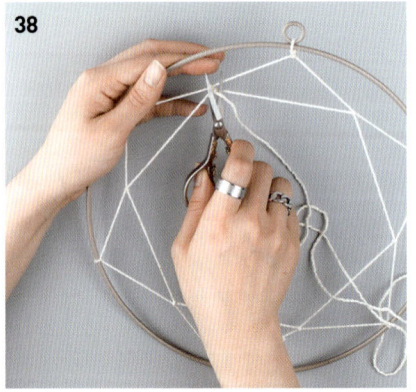

40-52

같은 방법으로 세 번째 안쪽 그물을 완성합니다.

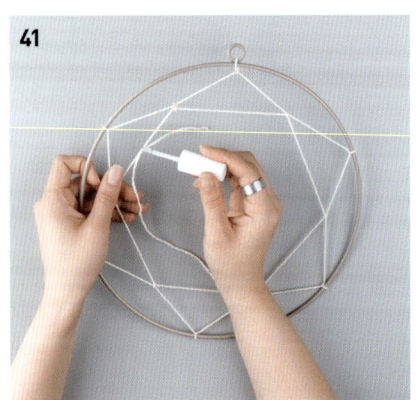

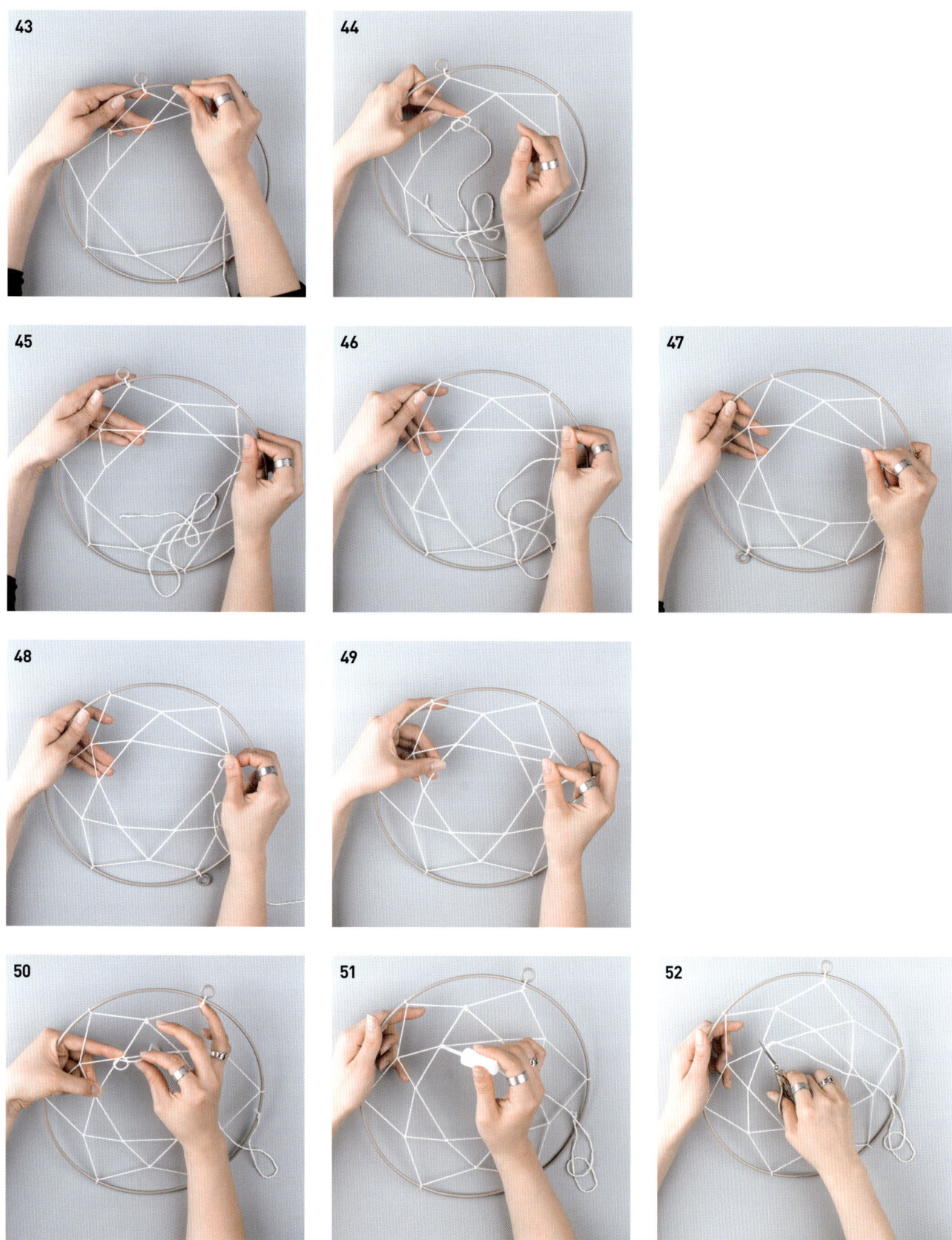

Dreamcatcher

175

53
드림캐쳐의 머리 부분이 완성되었습니다.

54
타조 깃털 3개와 그물 실 3줄을 준비합니다.

55
그물 실 1개를 2/3로 접습니다.

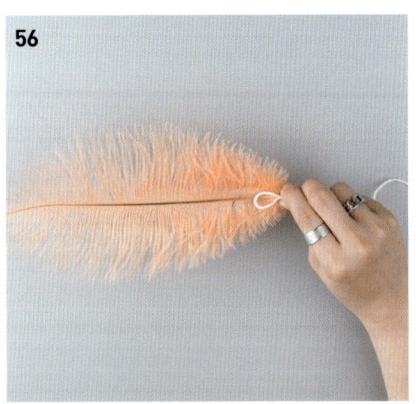

56
접은 부위와 깃대의 끝부분을 맞추어 잡습니다.

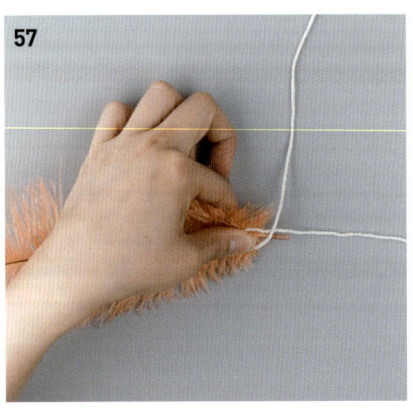
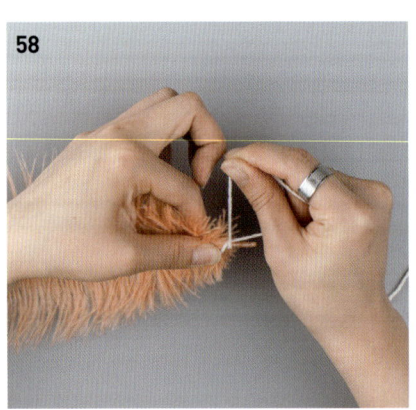

57-60
고리 부분과 깃대를 잡고, 짧은 실을 깃대와 깃털 실을 포함하여 5바퀴 정도 감습니다.

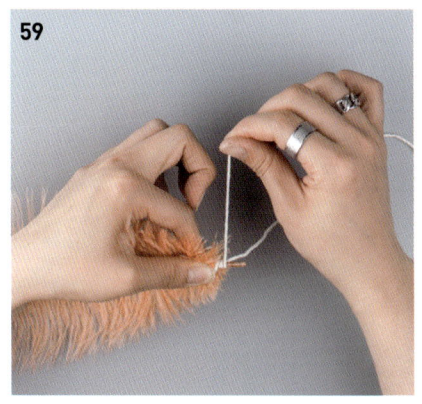

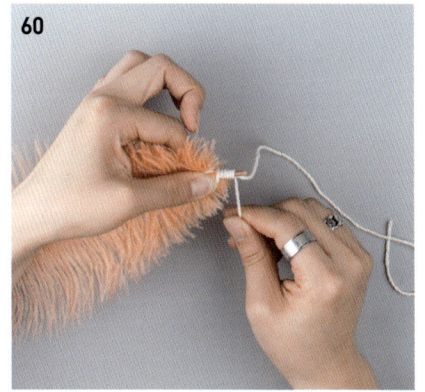

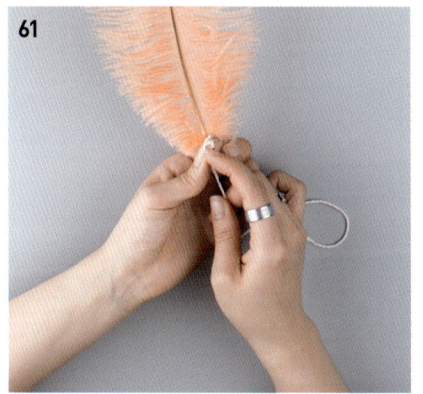

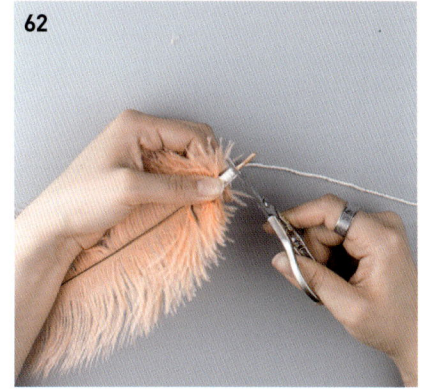

61
고리 부분으로 다섯 바퀴 정도 반대로 내려 감고, 고리에 남은 실을 넣습니다.

62
길게 남은 깃대를 1mm 남기고 잘라냅니다.

63-64
나머지 깃털도 같은 방법으로 묶습니다.

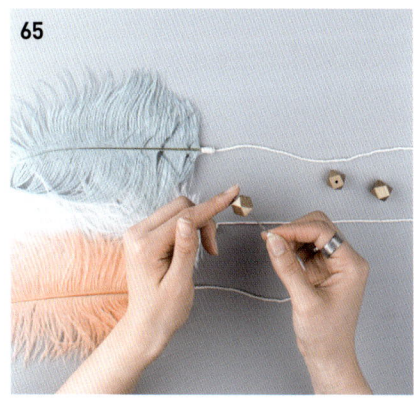

65
깃털 실에 바늘을 끼워 우드 론델을 끼워줍니다.

Dreamcatcher

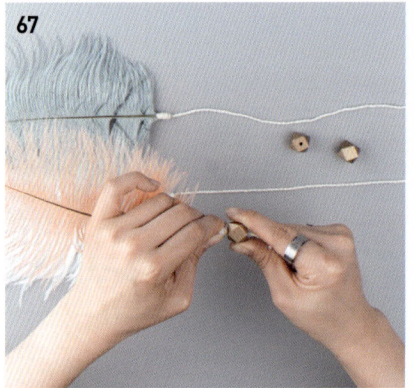

66-67

깃대와 우드 론델 사이를 접착제로 붙여줍니다.

68

깃털이 모두 준비되었습니다.

69

깃털의 위치를 봅니다.

70-71

가운데 깃털 먼저 링의 하단 중앙에 X자 매듭을 두 번 짓습니다.

72-73

접착제를 칠하고 남은 실을 잘라냅니다.

74

나머지 깃털도 달아서 고정합니다.

75

심플한 타조 깃털 드림캐쳐 완성!

011 / 양모실을 이용한 위빙스타일 드림캐쳐

그물 위를 두꺼운 양모실로 엮어
구름처럼 포근한 느낌을 준 드림캐쳐 만들기

포근포근, 솜사탕처럼 포근해 보이는 양모실로 그물 사이를 장식한 드림캐쳐는 마치 구름을 연상케 합니다.
이번에는 그물 사이에 양모실을 꿰어 장식해보고, 하단에는 깃털 대신 크리스탈을 달아 썬캐쳐의 기능도 더해볼게요. 묵직한 크리스탈이 드림캐쳐의 중심을 잡아주고, 구름처럼 포근한 디자인이 상상력을 북돋아줄 거예요.

작품 기본 정보

- ◇ 링에 감는 실 길이   2종류 675cm(4팔 반) 6줄씩
- ◇ 그물 실의 길이   375cm(2팔 반)
- ◇ 서클의 개수   11
- ◇ 하단 장식 개수   1
- ◇ 완성 크기   가로 15.8cm × 총 길이 25.5cm(고리 제외)

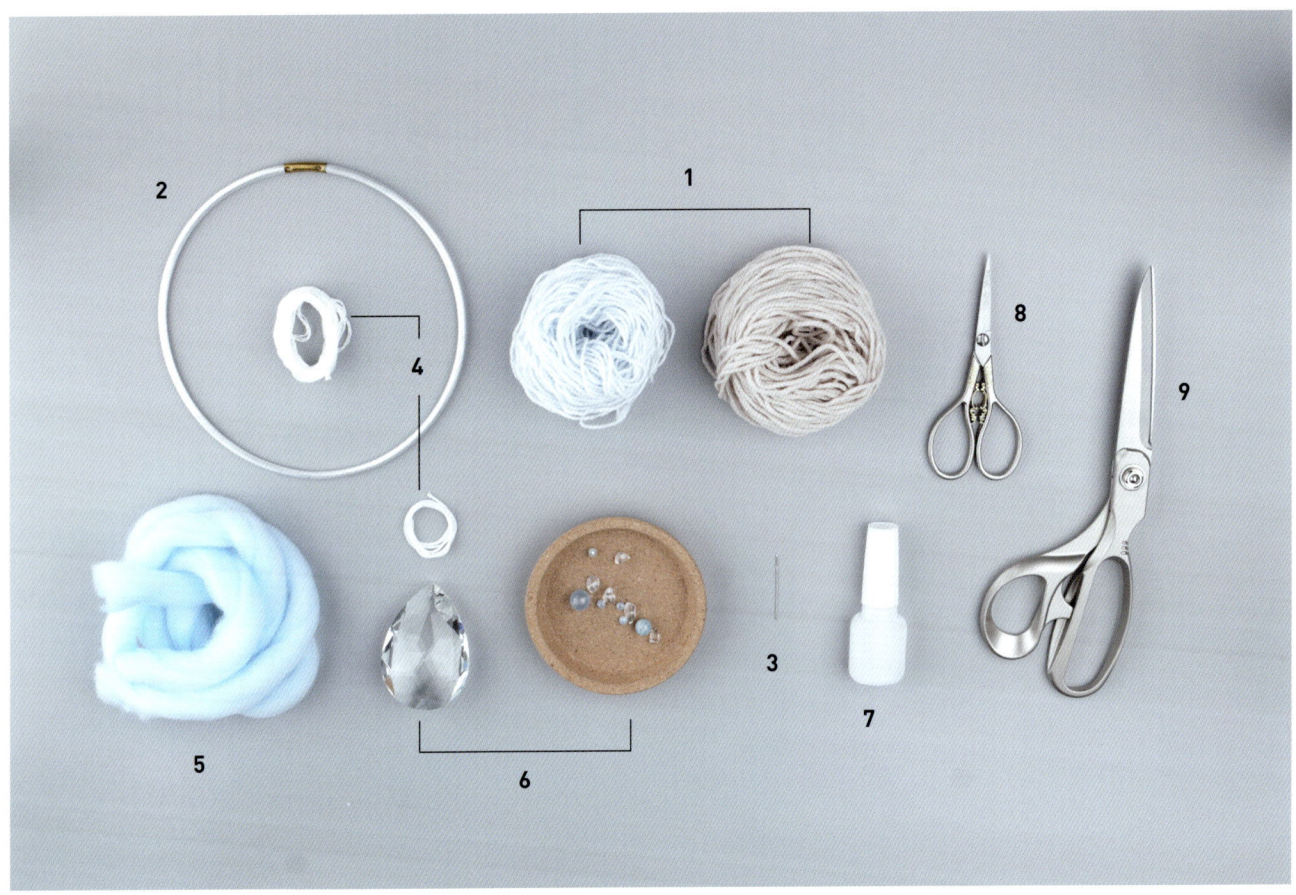

재료

1 링 감는 용 헤라코튼 하늘색 675cm 6줄,
  아이돌실 은모래색 675cm 6줄(코튼 70% / 레이온 15% / 아크릴 15%)
2 링 지름 14cm 1개
3 독일 십자수 바늘 14CT(24호)
4 자수실 DMC25 #BLANC 화이트
  – 그물 짜는 용 375cm 1줄
  – 크리스탈 묶는 용 30cm 1줄
5 하늘색 양모실 50cm
6 물방울 크리스탈 가로 46x65mm 1개, 다크스카이 원석 10mm 1개,
  에메랄드 블루마노 8mm 1개, 수정 칩스 4개, 연하늘 AB 크리스탈 4mm 2개,
  스카이 불투명 크리스탈 4mm 1개
7 브러시형 순간접착제
8 작은 가위
9 재단 가위

제작 과정

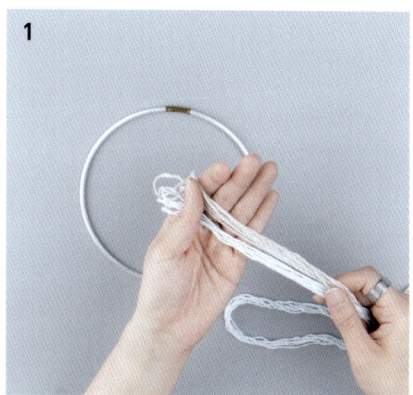

1
두 색실의 끝을 모아서 준비합니다.

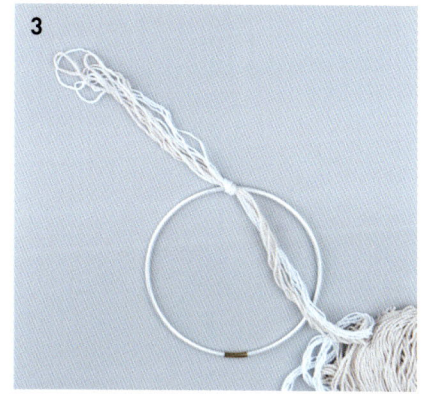

2-3
링 위에 한 번 X자로 매듭짓습니다.

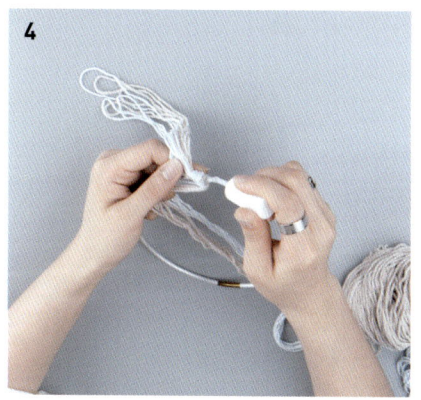

4
X자로 묶은 부분의 오른쪽으로 링과 털실 옆면에 접착제를 약간 발라준 뒤 붙입니다. (접착제가 굳도록 잠시 기다려주세요.)

5
접착제를 바른 곳에 바로 실을 올려붙입니다.

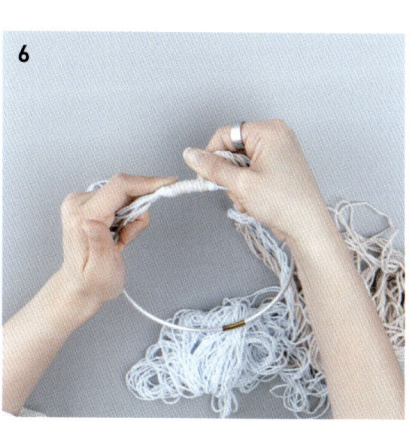

6
링을 감습니다. 이 드림캐쳐의 경우 링을 감을 때 일정한 두께로 감되, 표면을 고르게 감지 않아도 됩니다.

Dreamcatcher

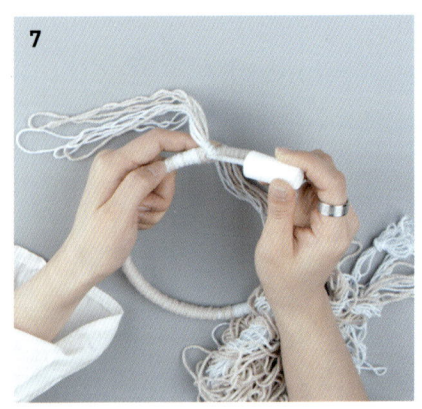
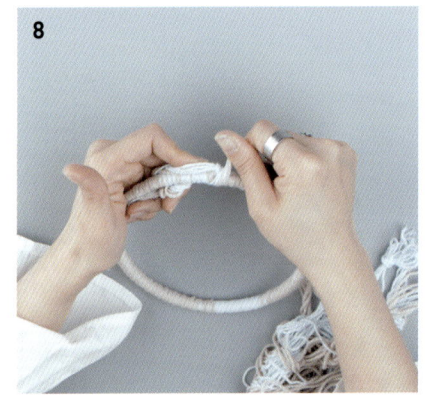

7
한 바퀴를 감고, 고리 바로 아랫부분 링의 옆면에 접착제를 바릅니다.

8
두 번째 바퀴를 감아주기 위하여 실을 고리의 오른쪽으로 올려붙입니다.

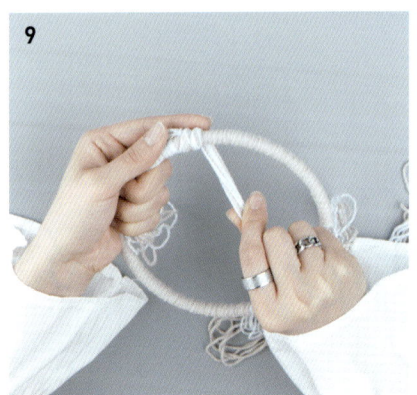
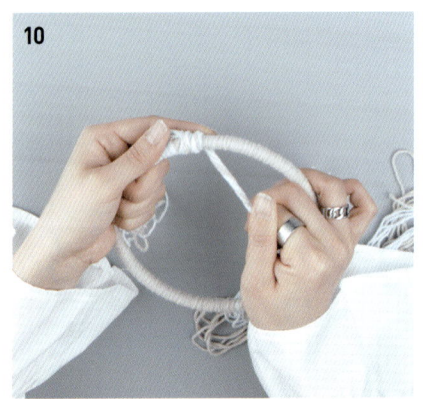

9-11
2바퀴째를 감을 때는 살짝 실을 꼬아가며 감습니다.

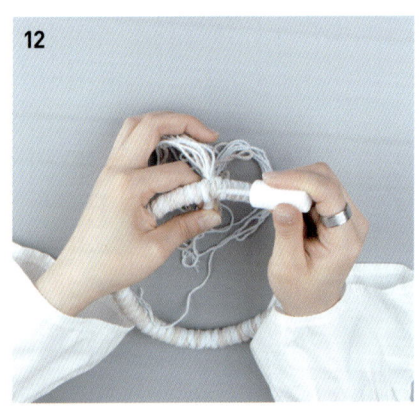

12
다 감은 뒤, 고리 아랫부분 링의 옆면 중앙에 접착제를 발라 올려붙입니다.

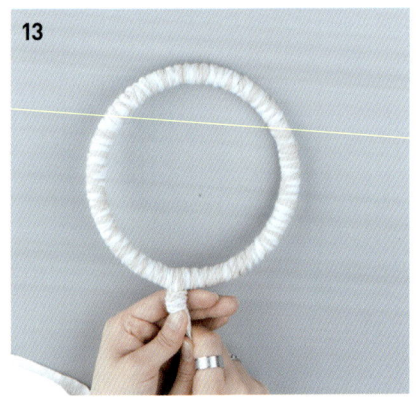

13
올려붙인 고리 한쪽과 나머지 실을 모두 잡아 한매듭을 합니다.

 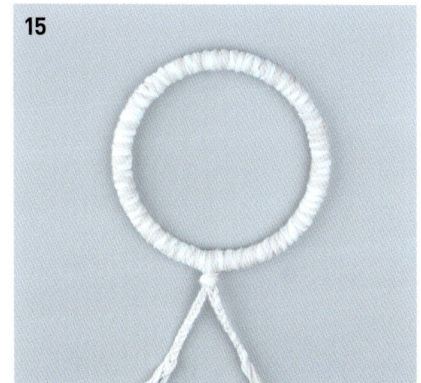

14

6줄씩 두 갈래로 나누고, 3줄을 1줄이라 생각하고 세줄 땋기를 합니다.

15

양쪽 모두 땋아주었습니다.

16

2cm 정도 간격을 두고 한매듭을 지어 고리를 만들어준 뒤, 1cm만 남기고 잘라냅니다.

17

링이 완성되었습니다.

18

그물 실 끝을 두 번 매듭짓고 짧게 잘라 준비합니다.

 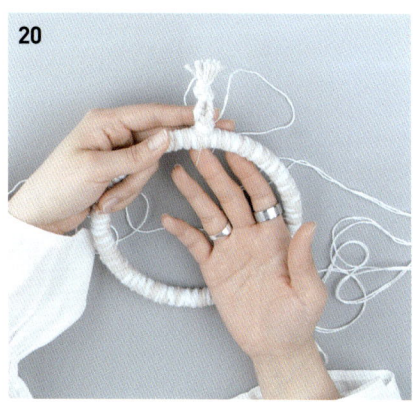

19

매듭진 실의 반대쪽에 바늘을 꿰어줍니다.

20

링의 앞뒷면을 결정합니다. 그다음 링의 뒷면 위쪽에서부터 시작하여 앞면을 봤을 때 고리 바로 아래 중앙으로 바늘이 나오게 한 후, 실 끝에 지은 매듭이 걸릴 때까지 당깁니다.

Dreamcatcher

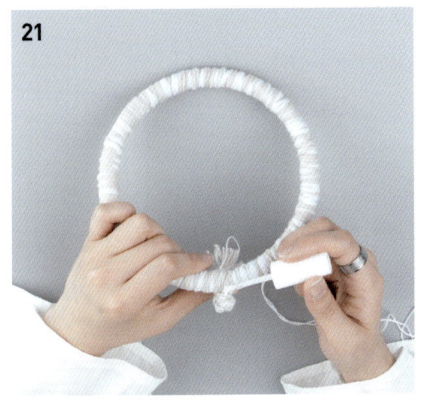

21-22
그물 실의 매듭 부위에 접착제를 바른 뒤, 털실 사이로 숨깁니다.

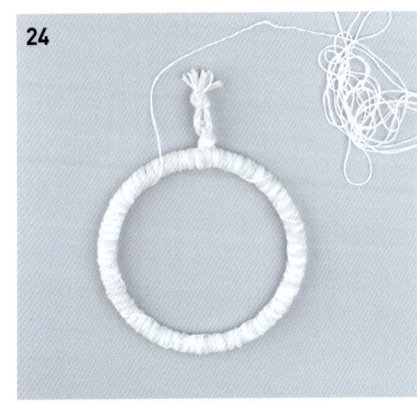

23
첫 번째 서클을 만듭니다.

24
열한 번째 서클까지 만듭니다.

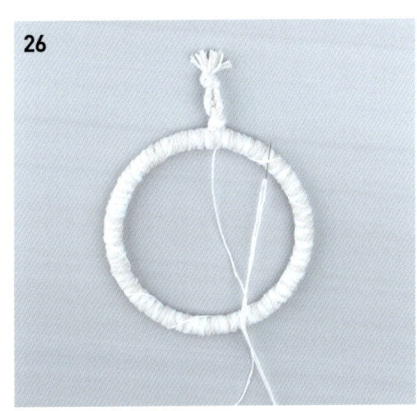

25
첫 번째 서클에 바늘을 걸어줍니다.

26-28
마지막 서클까지 바늘을 걸어줍니다.

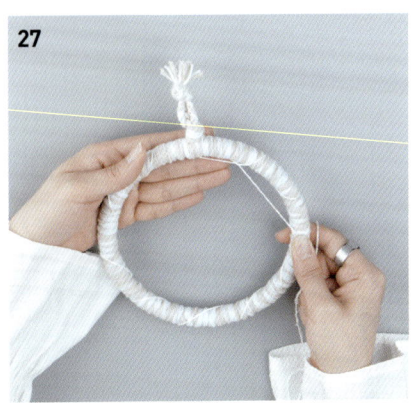
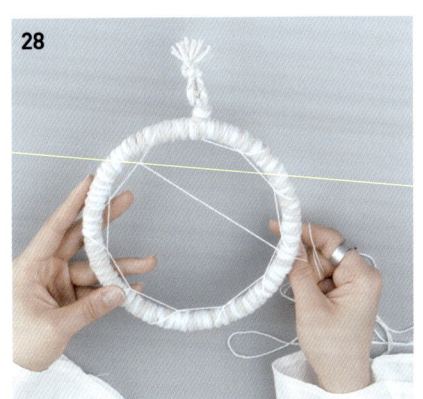

29

마지막 서클에서 첫 번째 서클로 가는 실에 뒤에서 앞으로 실을 걸어줍니다.

30

마지막 서클과 첫 번째 서클 사이에 엮인 부분이 생겼습니다.

31

엮인 부분을 마지막 서클과 첫 번째 서클 사이 가운데로 당겨 잡고, 다음 그물에 걸어줍니다.

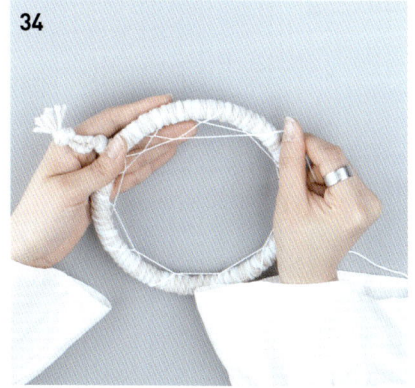 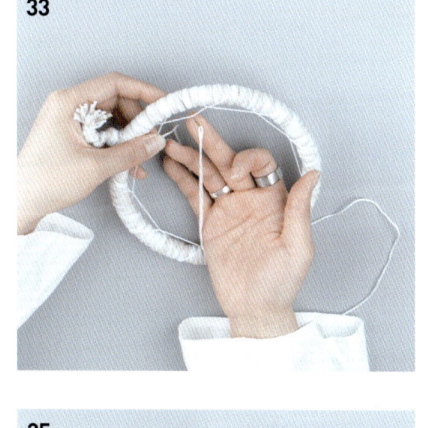

32-33

그물 실을 당기고, 다음 그물에도 걸어줍니다.

34-35

삼각형이 생깁니다. 이 삼각형을 시계 방향으로 계속 만들어 나갑니다.

36

이제 삼각형의 밑변마다 바늘을 걸어 당겨줍니다.

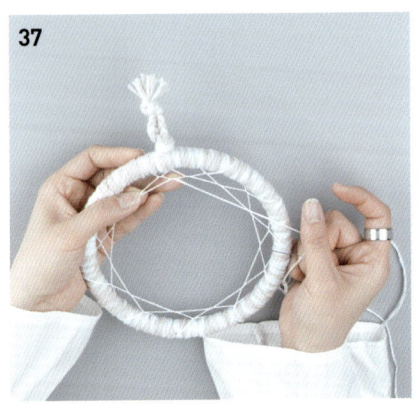
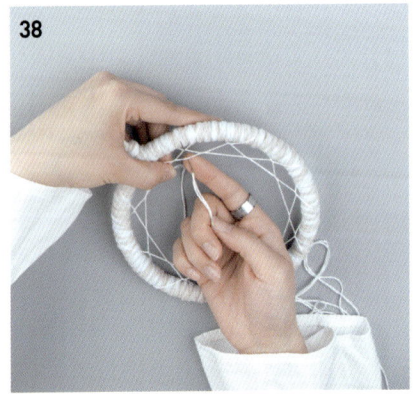

37-38

왼손으로 엮인 부분을 잡고, 오른손으로 실을 걸고 당겨가며 계속 그물을 짭니다.

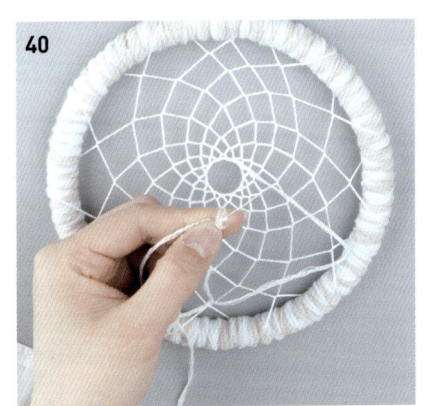

39

지름 1.5cm 정도의 빈 원이 생기면 그물 짜기를 멈춥니다.

40

수정 칩스 한 개를 바늘에 꽂아 준비합니다.

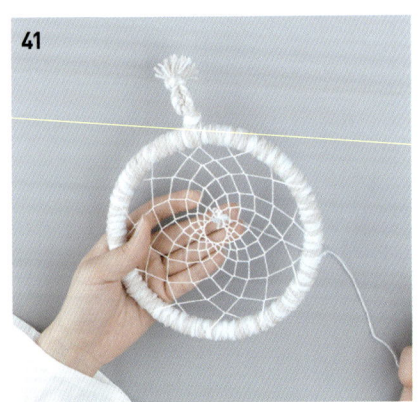
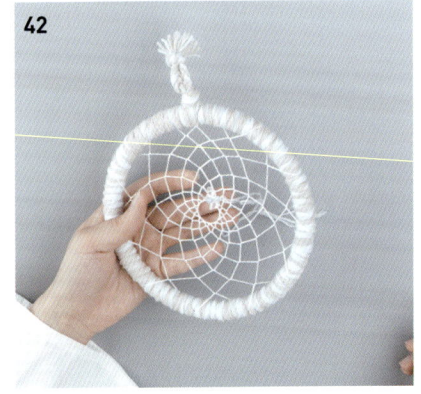

41

칩스 원석과 크리스탈을 모두 그물 위에 얹어 엮습니다.

42

바늘을 칩스 원석과 크리스탈이 장식된 링의 앞쪽으로 빼줍니다.

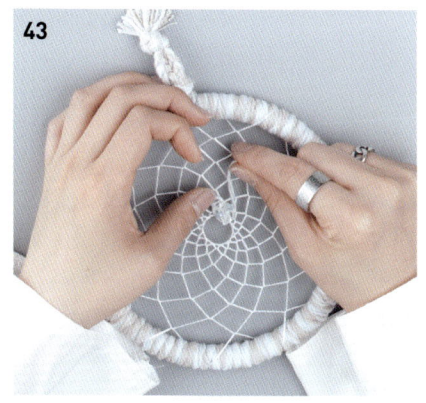

43

칩스 원석과 크리스탈이 고정될 수 있도록 장식들을 실로 한번에 휘감아줍니다.

44

다시 바늘을 그물 사이로 통과시켜 뒤로 보냅니다.

45

그물 뒤에서 고리를 지어 매듭짓습니다.

46-47

매듭 부위에 접착제를 바른 뒤 짧게 잘라냅니다.

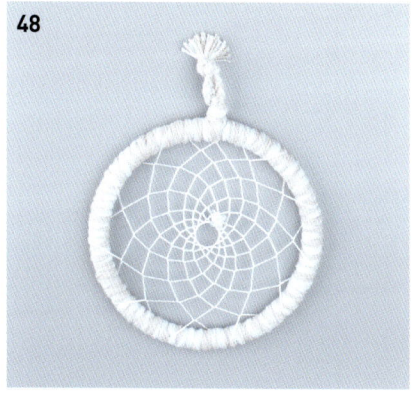

48

드림캐쳐의 그물이 완성되었습니다.

49

11시 방향에 양모실을 앞에서 뒤로 넣습니다.

Dreamcatcher

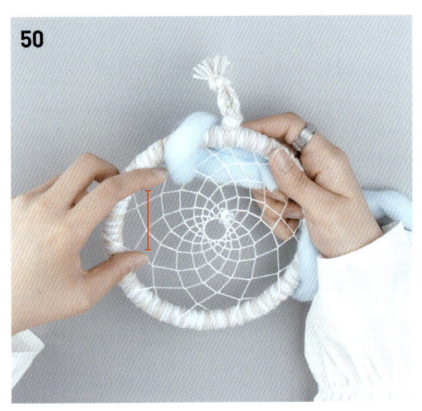

50

사진과 같은 정도의 간격을 두고 시계 반대 방향으로 양모실을 그물 위에 엮어줍니다.

51

실을 그물 사이로 넣고 가장 가까운 그물 안쪽으로 다시 꺼냅니다.

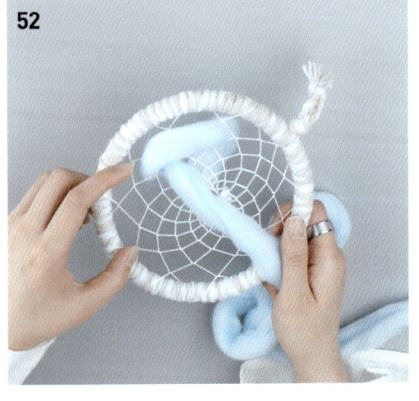

52

양모실을 당겨 고정합니다.

53

다시 한번 비슷한 간격에 위치한 그물의 앞에서 뒤로 넣고 가까운 그물 안쪽으로 꺼냅니다.

54

양모실을 당겨 모양을 만듭니다.

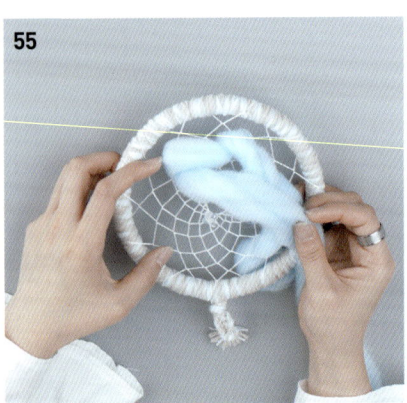
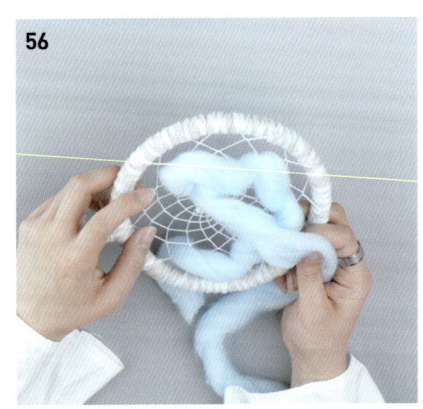

55-57

양모실이 링 안에서 별 모양이 될 수 있게 그물 사이로 엮습니다.

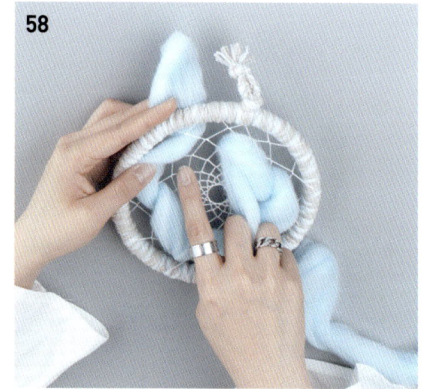

58

처음 넣었던 양모실의 안쪽으로 실을 넣고 뒤로 보냅니다.

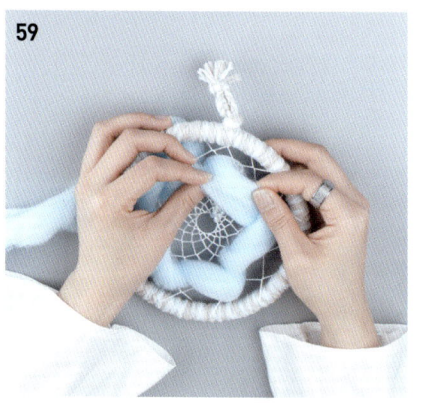
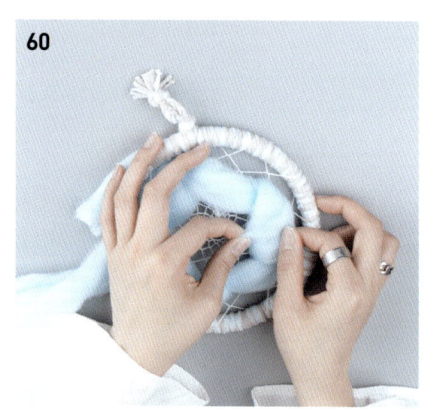

59-60

양모실의 모양을 예쁘게 다듬어줍니다.

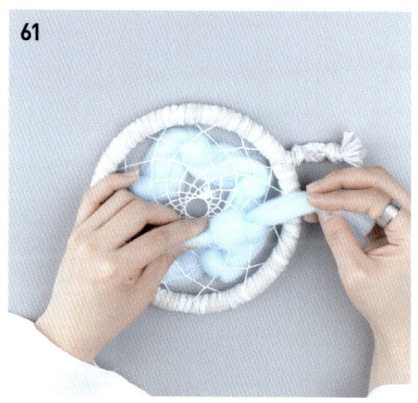
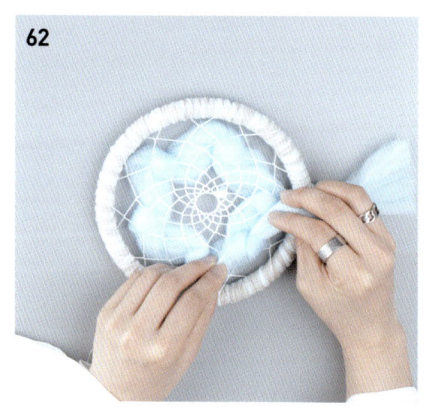

61-62

링을 뒤로 돌려 두 줄의 양모실을 마주 잡고 X자로 매듭짓습니다.

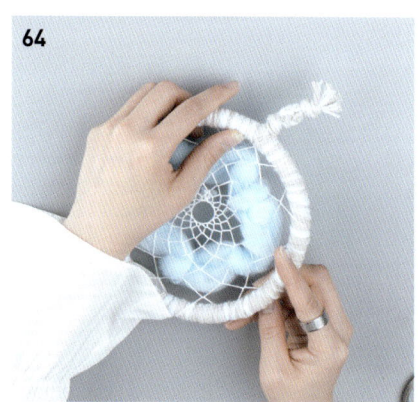

63-64

남은 양쪽 양모실을 잘라냅니다.

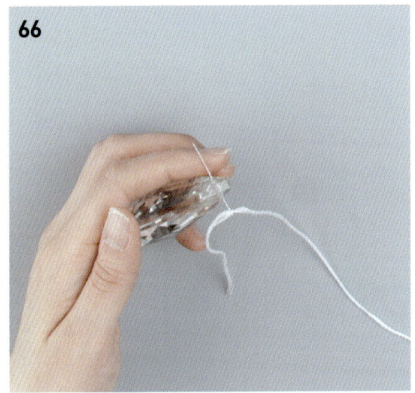

65
드림캐쳐의 머리 부분이 완성되었습니다.

66
실을 끼운 바늘을 크리스탈 구멍에 넣습니다.

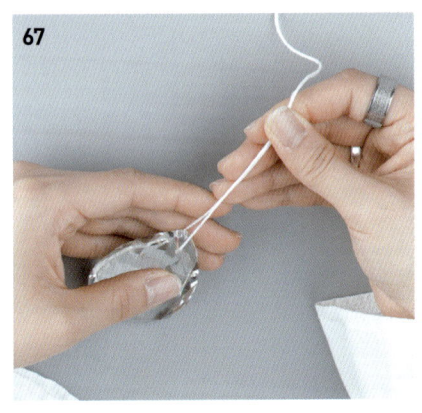
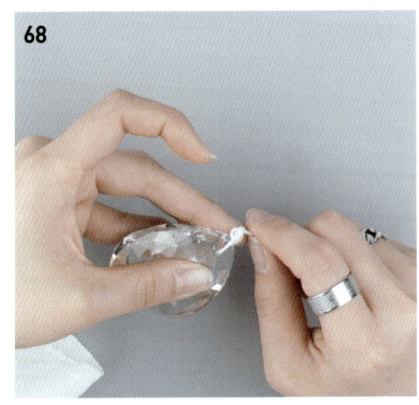

67-68
구멍을 통과한 짧은 쪽 실이 약 5cm 정도가 되면 두 줄을 잡고 한매듭을 해줍니다. (유리 크리스탈이기 때문에 구멍이 날카로울 수 있으니 주의하세요. 실 대신 오링을 이용하면 더 튼튼하게 만들 수 있어요.)

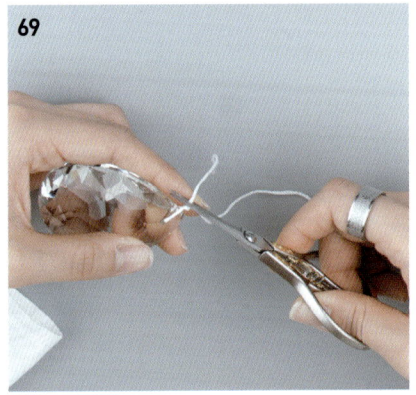
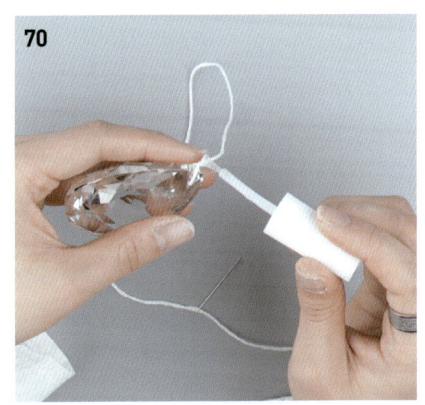

69
짧은 실을 잘라냅니다.

70
매듭 부위에 접착제를 바릅니다.

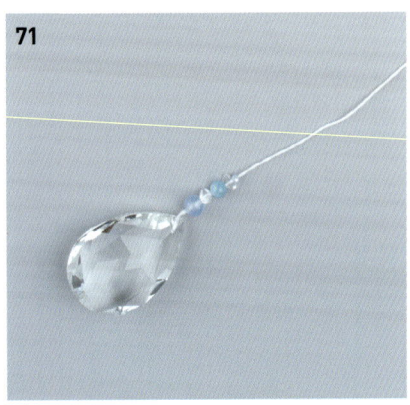

71
원석을 차례대로 꿰어줍니다.

72
드림캐쳐 머리의 중앙 하단을 찾아 바늘을 꽂습니다.

73

끝까지 당겨 고정합니다.

74-76

크리스탈과 원석을 기준으로 한 바퀴 돌려주고, 앞에서 뒤로 바늘을 꽂습니다.

77

2mm 남겨두고 남은 실을 자릅니다.

78

자른 실 끝에 접착제를 바르고 매듭 쪽으로 밀어 함께 붙입니다.

79

구름처럼 포근해 보이는 양모실 드림캐쳐 완성!

12 / 몽환적인 달 디자인의 더블링 드림캐쳐

큐빅 열접착 시트로 링을 화려하게 감싸고,
링 두 개로 초승달을 연출한 드림캐쳐 만들기

밤하늘의 초승달은 몽환적인 분위기를 가지고 있죠. 별과 달이 반짝여 잠들기 아쉬울 때 드림캐쳐에 조명을 비추면 내 방 안에서도 반짝이는 달을 볼 수 있어요. 이번에는 링 주변에 큐빅 열접착 시트를 감싸고 두 개의 링을 사용하여 초승달 모양을 만들어볼게요.
이 드림캐쳐를 방에 걸어두면 환상적인 꿈을 꿀 수 있을 거예요.

작품 기본 정보

◇ 그물 실의 길이　　150cm (1팔)
◇ 서클의 개수　　　15
◇ 깃털 방향 개수　　5
◇ 완성 크기　　　　가로 19cm × 총 길이 44cm (고리 제외)

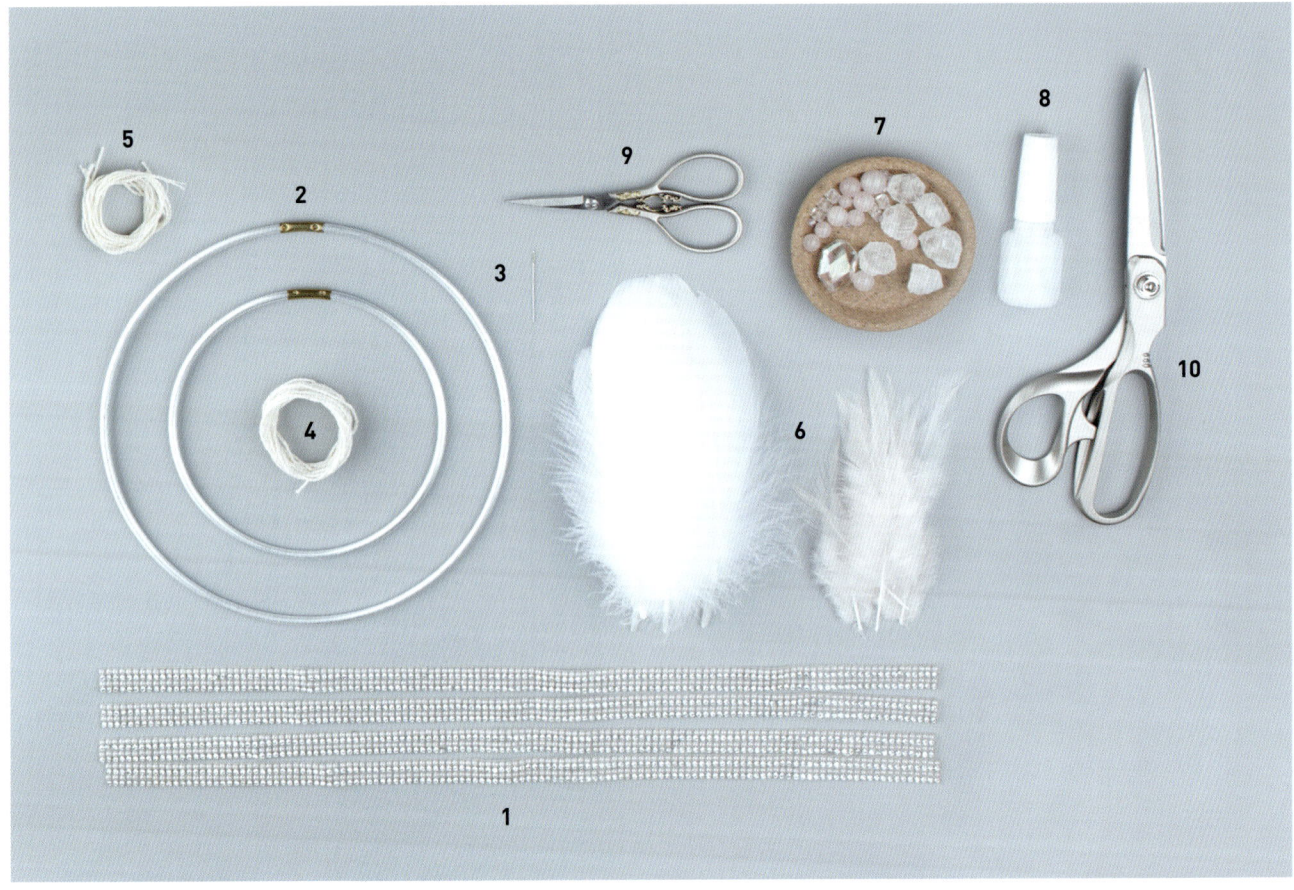

재료

1 큐빅 열접착 시트 약 140cm
2 링 지름 18cm 1개, 12cm 1개
3 독일 십자수 바늘(24호) 1개
4 면사 1.5mm
　– 그물 짜는 용 150cm 1줄
　– 고리 묶는 용 30cm 1줄
5 자수실 DMC25 #712 깃털 묶는 용 50cm 5줄
6 화이트 깃털(중) 10개, 연인디핑크 깃털(소) 10개
7 천연 수정 타공 6개, 납작 크리스탈 AB 25mm 1개, 장미석 12mm 1개, 장미석 10mm 4개, 장미석 8mm 4개, 장미석 6mm 1개, 사각 사선타공 크리스탈 6mm 5개, 16각 연핑크 크리스탈 AB 4mm 5개, 연핑크 크리스탈 론델 AB 6mm 5개
8 브러시형 순간접착제
9 작은 가위
10 재단 가위

제작 과정

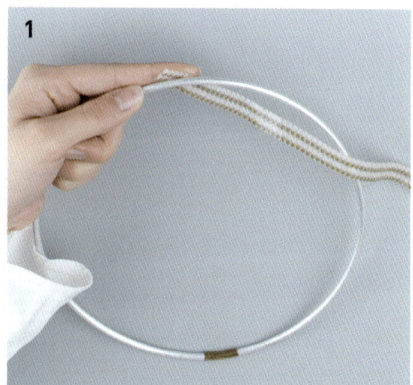

1

대각선 방향으로 큐빅 열접착 시트를 붙일 준비를 합니다.

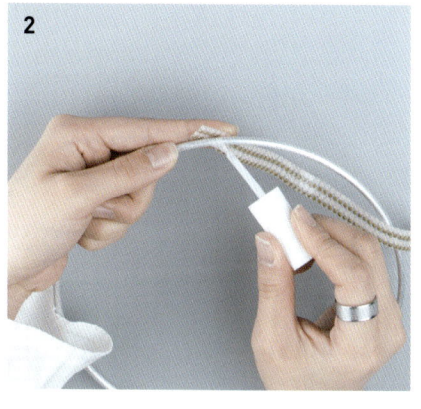
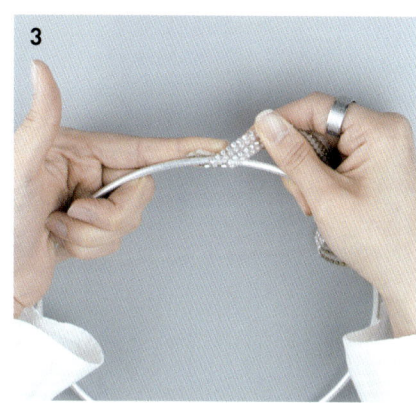

2-3

링 옆면에 접착제를 살짝 바르고 뒤에서 앞으로 오는 방향으로 큐빅 열접착 시트를 붙입니다.

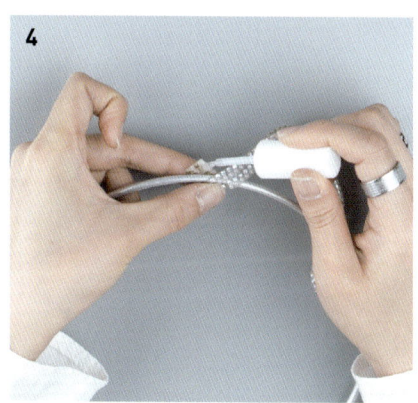
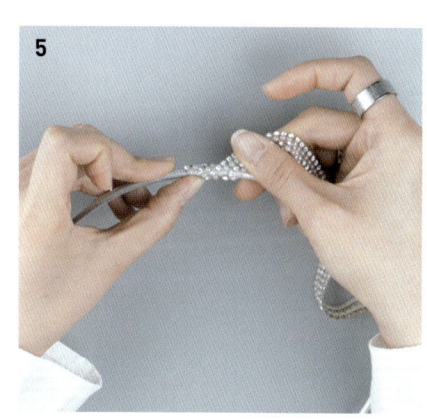

4-5

뒤쪽에 남은 큐빅 열접착 시트도 링에 접착제를 발라 붙입니다.

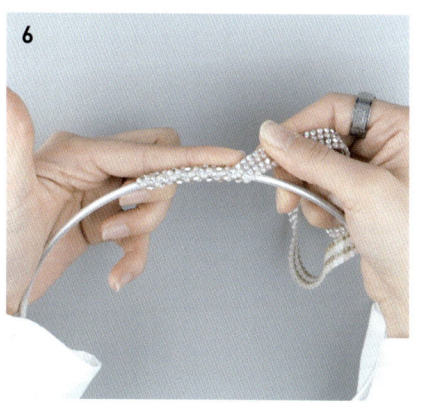
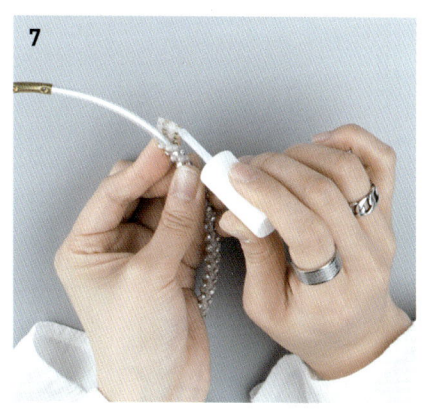

6

시계 방향으로 계속 링에 감습니다.

7

끝까지 붙였다면, 새로운 큐빅 시트로 연결하여 남은 부분을 붙입니다.

Dreamcatcher

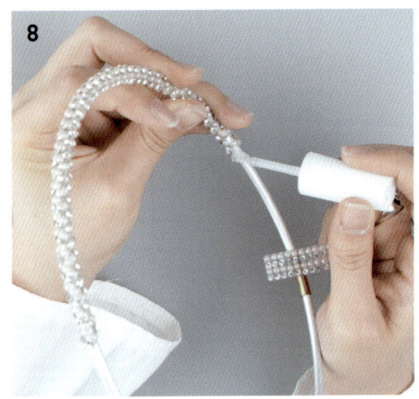

8-9

링에 접착제를 바르고 큐빅 열접착 시트를 이어 붙입니다.

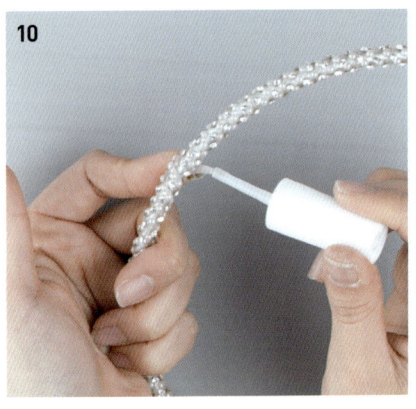
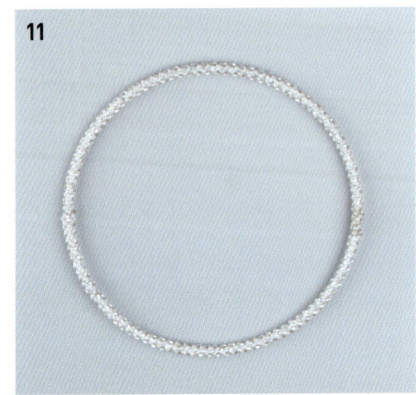

10

링의 끝까지 큐빅 열접착 시트를 이어 감아서 붙입니다.

11

큰 링을 모두 감았습니다.

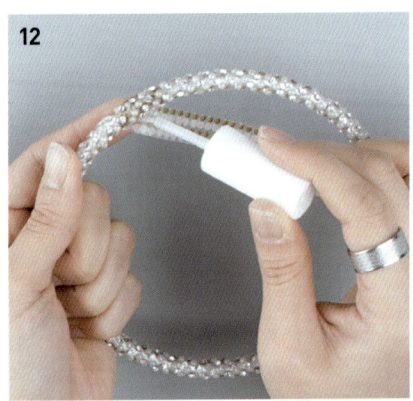

12-13

작은 크기의 링도 같은 방법으로 감아주고 접착제를 바릅니다.

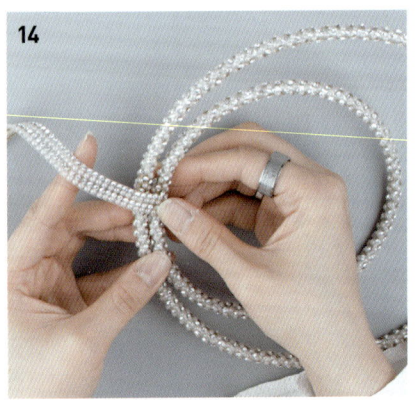

14

작은 링을 감고 남은 큐빅 열접착 시트로 왼쪽에 큰 링과 이어서 붙여줍니다.

15-16

큰 링과 함께 큐빅 열접착 시트를 휘감고, 접착제를 칠하고 마를 때까지 기다립니다.

17-18

한 번 더 휘감고 접착제를 바른 후 잘라냅니다.

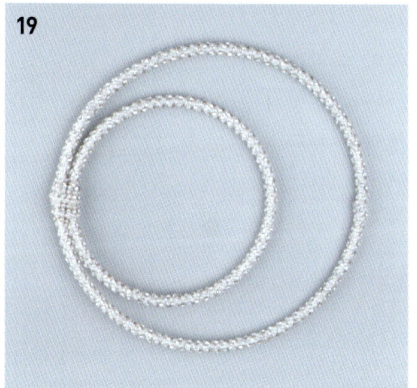

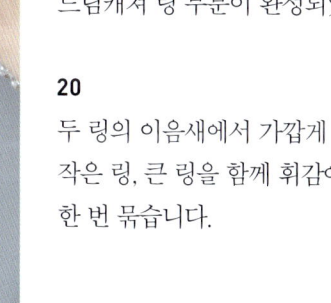

19

드림캐쳐 링 부분이 완성되었습니다.

20

두 링의 이음새에서 가깝게 윗부분에 작은 링, 큰 링을 함께 휘감아 그물 실을 한 번 묶습니다.

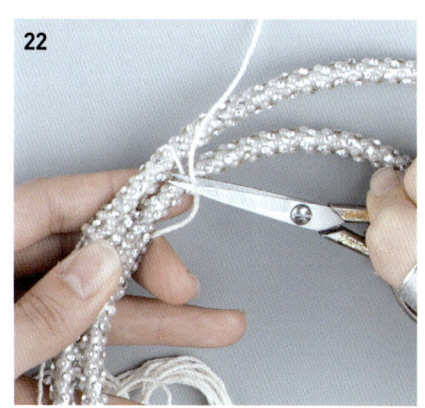

21-22

한 번 더 매듭을 지은 뒤 잘라냅니다.

Dreamcatcher

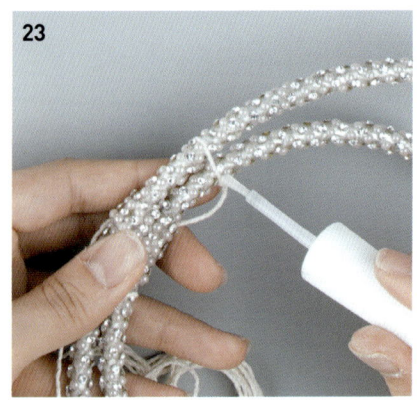
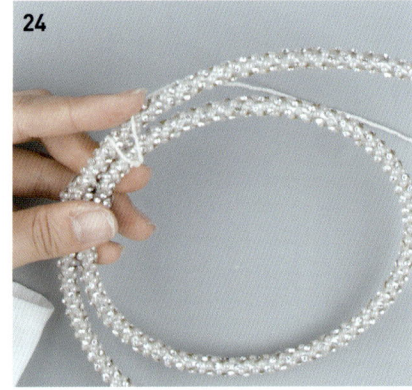

23
매듭 부위에 접착제를 바릅니다.

24
두 링을 한꺼번에 휘감아 첫 번째 서클을 만듭니다.

25
작은 링 안에서 약 3cm 간격으로 그물을 두 링에 걸쳐 만듭니다.

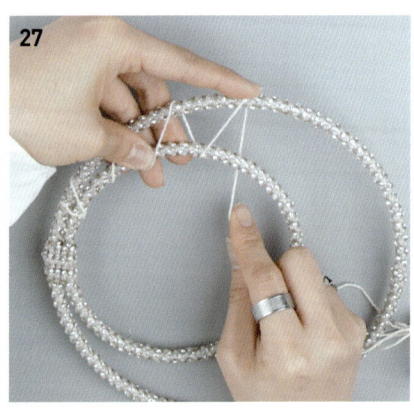

26-37
안쪽 링의 15개의 서클을 일정한 간격으로 만듭니다. 링의 중간까지 그물을 만들면, 중간 부분부터는 실의 방향을 아래쪽으로 꺾어지게 위치를 내려서 서클을 만듭니다.
(서클을 만들어 당길 때, 안쪽의 링이 위쪽으로 쏠리지 않도록 주의해주세요.)

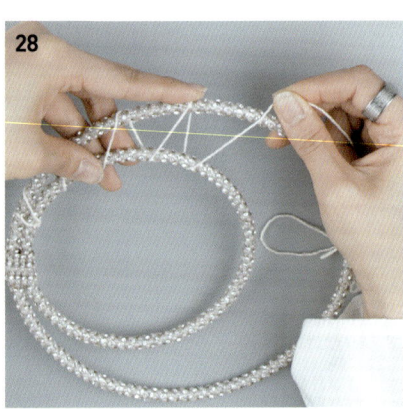
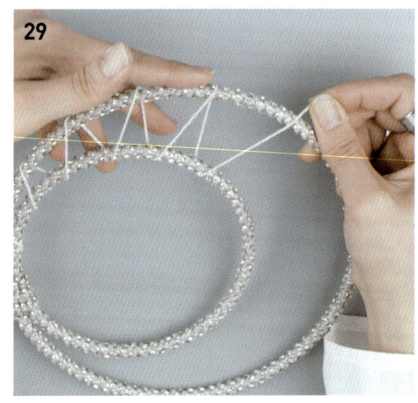

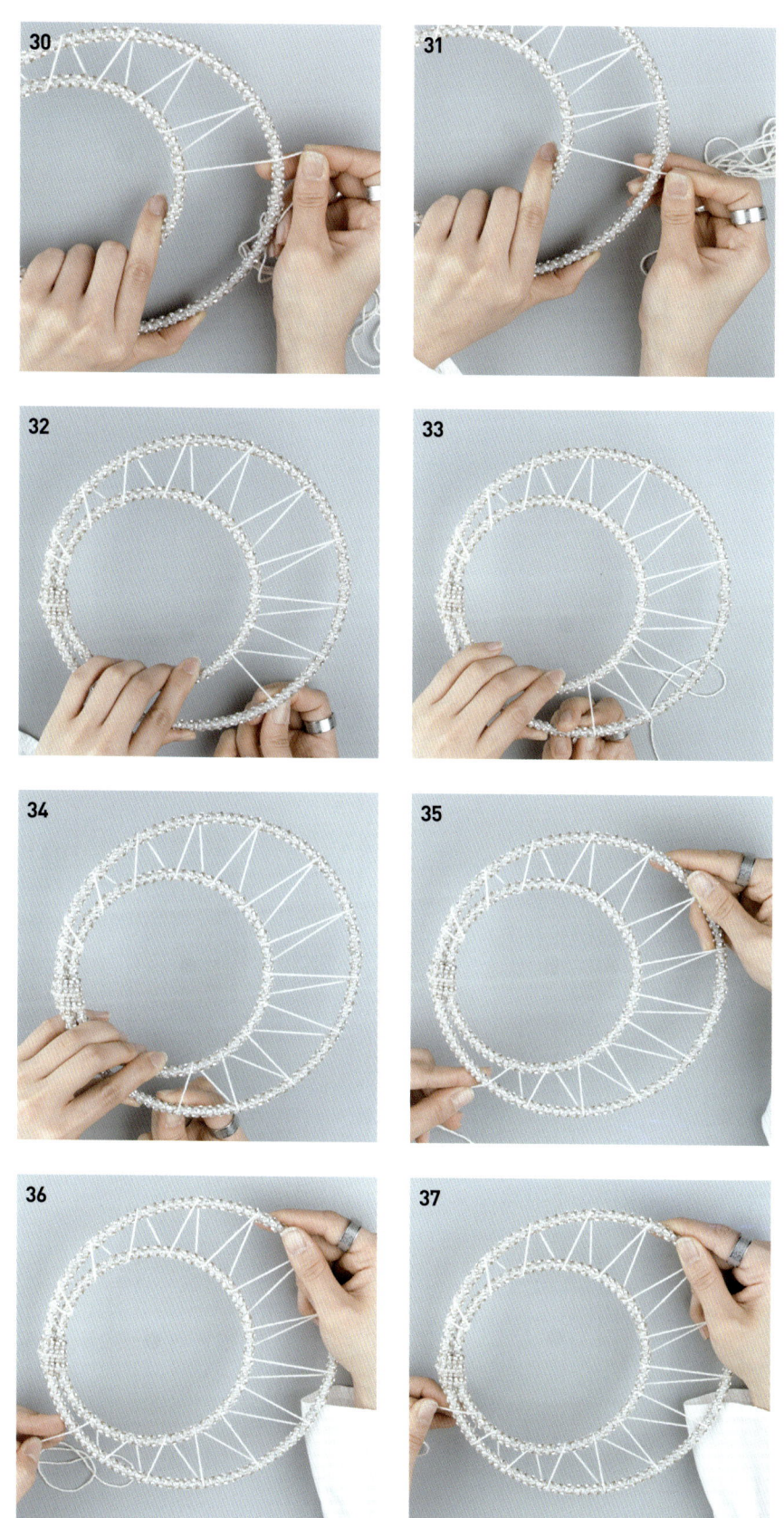

Dreamcatcher

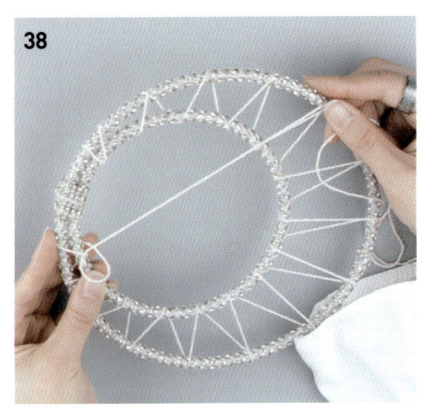
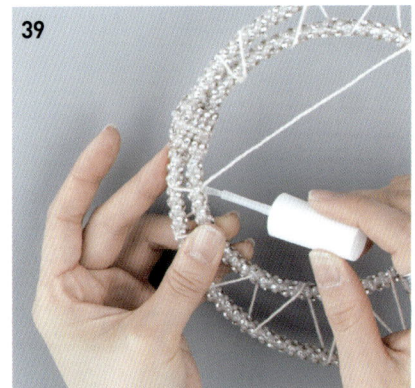

38
마지막으로 감은 써클에 실을 걸어, 매듭을 짓습니다.

39-40
매듭 부위에 접착제를 칠하고 잘라냅니다.

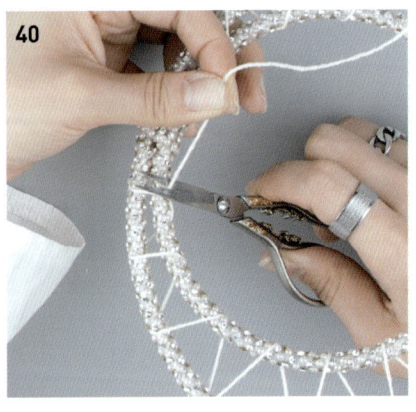
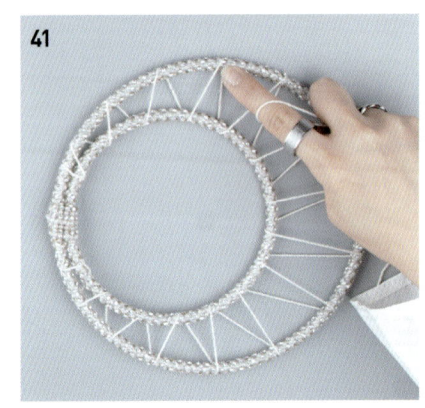

41
링의 상단 중앙에 고리를 만들어줄 것입니다.

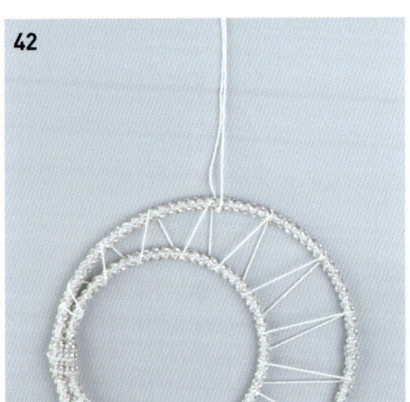
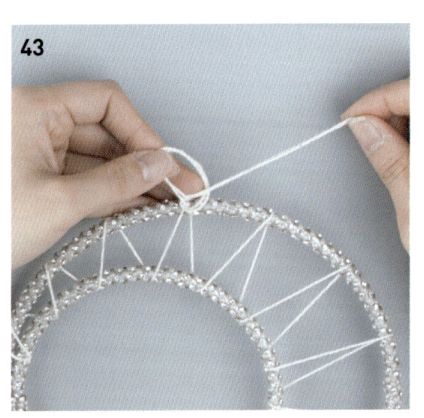

42-43
링 위에 실을 반으로 접어 걸고, 매듭을 짓습니다.

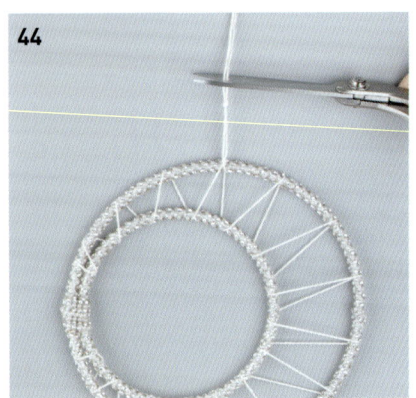

44
4cm 위에 한 번 더 매듭을 짓고 1cm만 남기고 잘라냅니다.

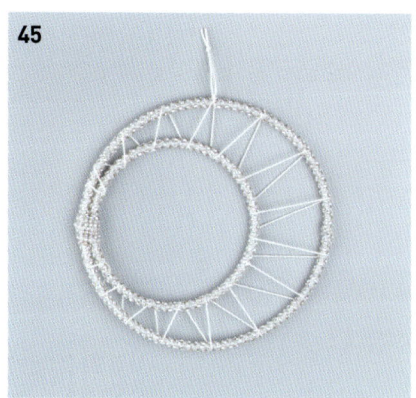

45
드림캐쳐 머리 부분이 완성되었습니다.

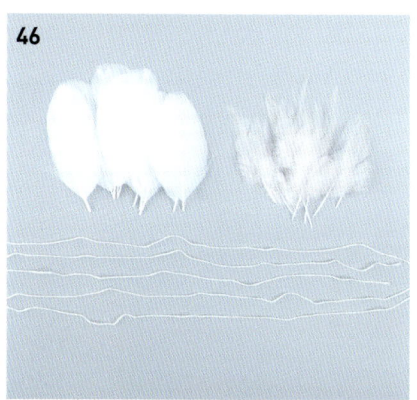

46
깃털을 모두 다듬고, 깃털 실 5줄을 준비합니다.

47-48
화이트 깃털의 뒷면끼리 마주 보도록 붙입니다.

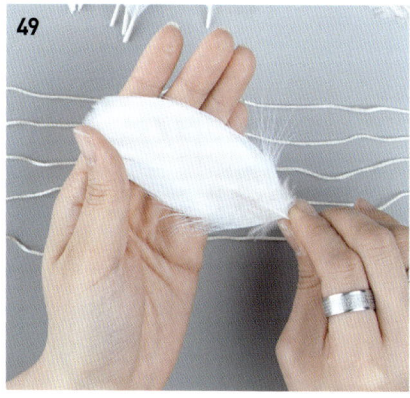

49
윗면에 연인디핑크 깃털(소)을 올립니다.

50
깃대를 잘 잡고 뒤집어서 뒷면에도 연인디핑크 깃털(소)을 올립니다.

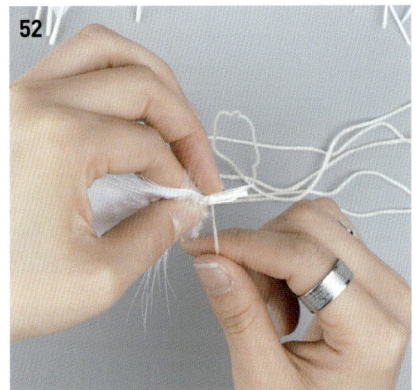

51-55

깃털 묶기를 시작합니다.

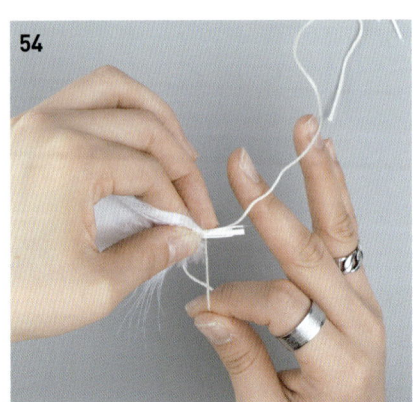

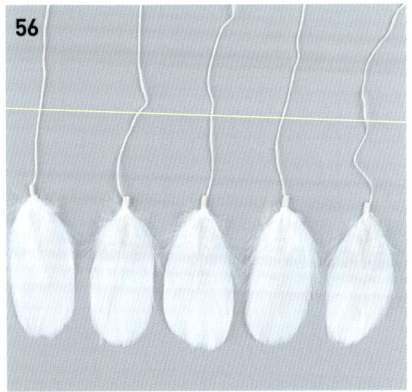

56

깃털을 모두 묶었습니다.

57-58

깃털 끝을 잘 모아 잡고 예쁘게 오려줍니다. 둥근 나뭇잎 형태로 잘라냅니다.

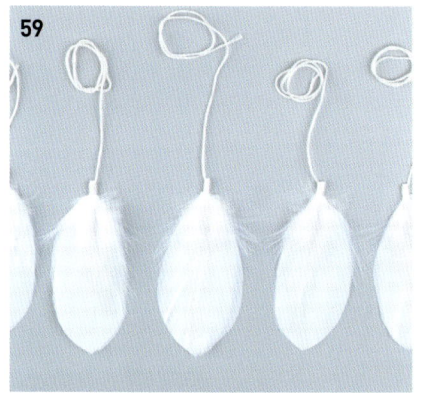
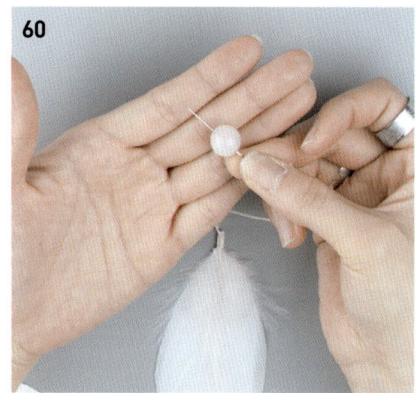

59

깃털을 모두 오려서 준비합니다.

60

가운데 깃털부터 원석을 꿰어줍니다.

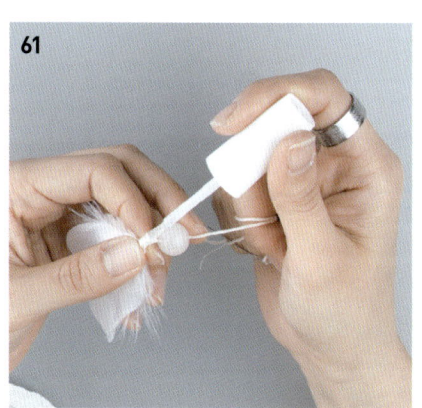
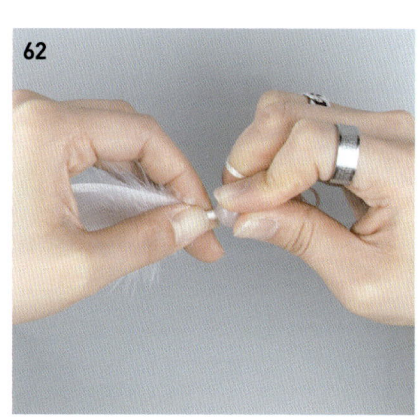

61-62

깃대 끝에 접착제를 붙여 원석을 고정시킵니다.

63

깃털에 원석과 크리스탈을 모두 꽂아 준비합니다.

Dreamcatcher

64

드림캐처에 고정할 위치를 잡습니다.

65

중앙부터 깃털을 달아줍니다.

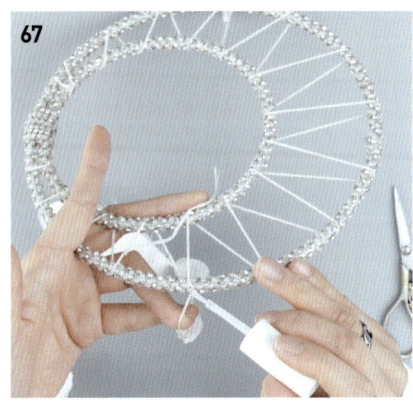

66

매듭을 두 번 짓고 남은 실을 잘라냅니다.

67

매듭 부위에 접착제를 바르고 붙입니다. 나머지 깃털도 모두 달아줍니다.

68

몽환적인 달 디자인의 더블링 드림캐처 완성!

13 / 골드의 화려함이 돋보이는
골드 드림캐쳐

골드 레이스와 장식들, 무늬 깃털을 활용한
화려한 드림캐쳐 만들기

골드의 마법을 아세요? 특별하지 않은 공간도 특별해 보이도록 만들어주는 골드 컬러! 골드를 메인으로 한 드림캐쳐로 화려함을 즐겨보세요.
레이스로 링을 감싸고, 무늬가 프린팅된 깃털과 금속 펜던트로 포인트를 주어 더욱 화려함을 살려볼게요. 이 드림캐쳐가 걸려 있는 곳엔 누구나 눈길이 갈 거랍니다.

작품 기본 정보

◇ 그물 실의 길이   300cm(2팔)
◇ 서클의 개수   12
◇ 깃털 방향 개수   5
◇ 완성 크기   가로 13.5cm × 총 길이 29cm(고리 제외)

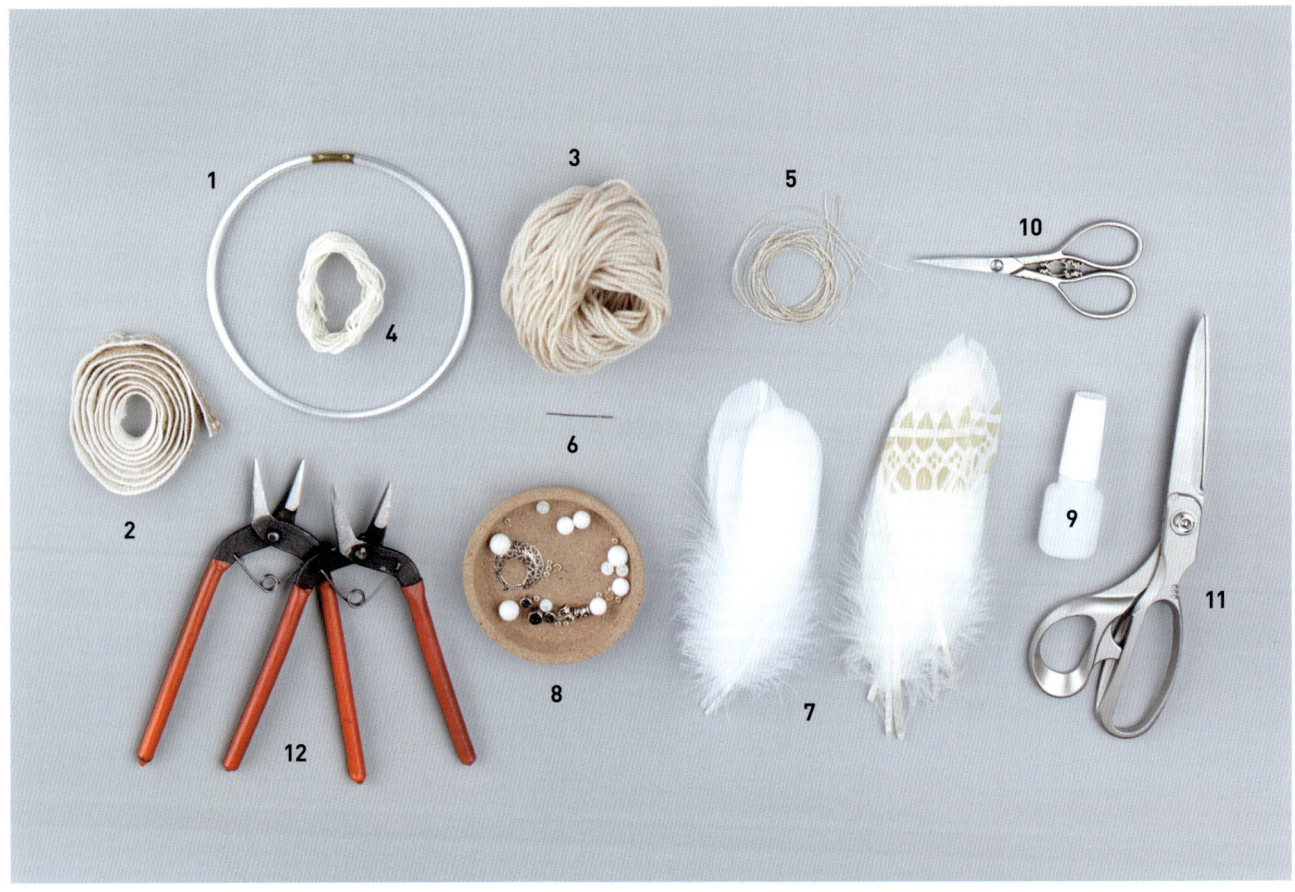

재료

1. 링 지름 12cm 1개
2. 레이스 130cm
3. 링 감는 실 헤라울 연베이지
4. 그물 짜는 용 자수실 DMC25 #712 300cm 1줄
5. 깃털 묶는 용 골드사 30cm 5줄
6. 독일 십자수 바늘 14CT(24호)
7. 화이트 깃털(중) 5개, 인디언패턴 깃털(대) 5개
8. 크랙 수정 6mm 4개, 조개석 8mm 4개, 조개석 10mm 3개, 씨드비즈 골드 12개, 오링(골드) 1개, 원통 점박이 론델 2개, 원통 육각기둥 론델 1개, 모래시계 론델 2개, 엔틱뉴문 금속 펜던트(골드) 2.9cm 1개
9. 브러시형 순간접착제
10. 작은 가위
11. 재단 가위
12. 평 집게(오링 집게) 2개

제작 과정

1
링에 털실을 X자로 한 번 묶습니다.

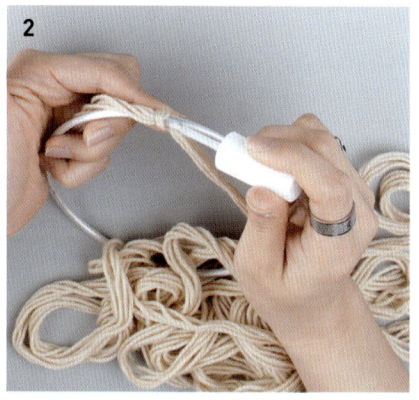
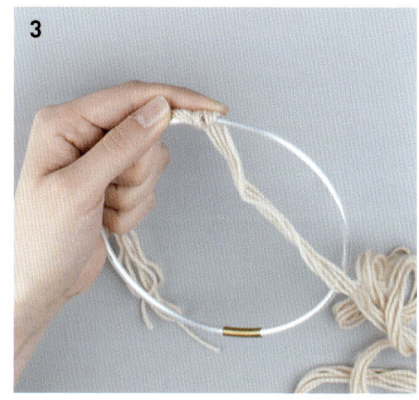

2
X자로 묶은 부분의 오른쪽으로 링과 털실 옆면에 접착제를 약간 칠한 뒤 붙입니다. (접착제가 굳도록 잠시 기다려주세요.)

3
링을 올려 감고 붙입니다.

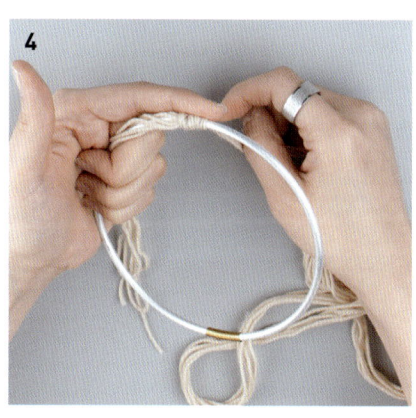
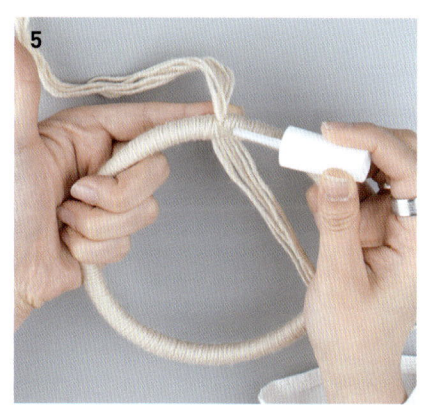

4
시계 방향으로 실을 펴고 두께를 유지해가며 2바퀴 감습니다.

5
모두 감았다면, 링의 중앙 하단 옆면에 접착제를 바르고 남은 실을 12시 방향으로 올려붙입니다.

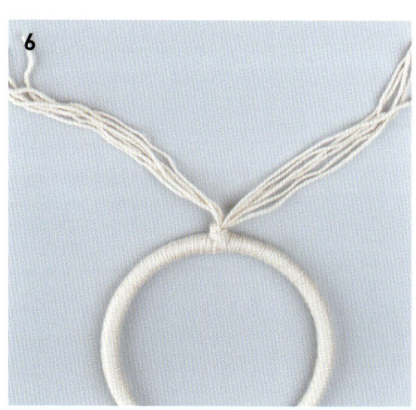
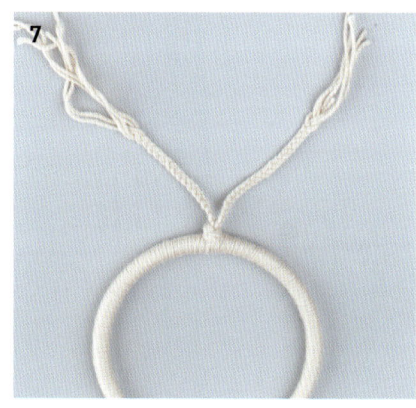

6
두 줄을 잡고 한매듭을 한 뒤, 고리 줄을 두 갈래로 갈라줍니다.

7
두 줄씩 잡아 세 줄 땋기를 합니다.

Dreamcatcher

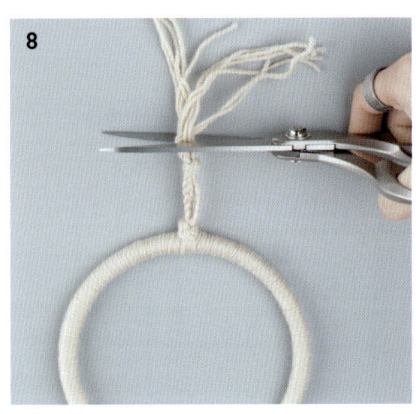

8

2cm에서 3cm의 간격을 두고 두 갈래를 모두 잡아 한매듭을 하여 고리를 만들어주고, 1cm만 남기고 잘라냅니다.

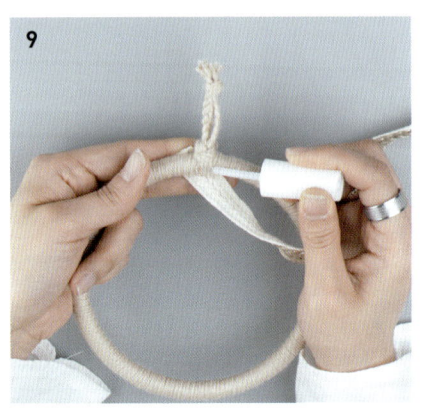
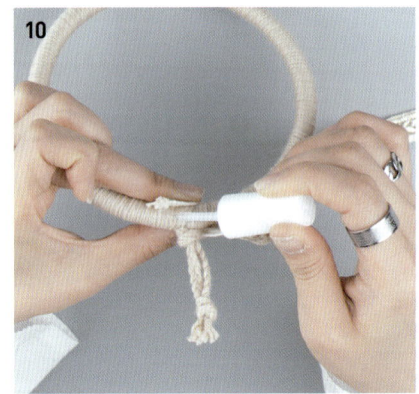

9

레이스를 감기 위해, 뒤에서 앞으로 오는 방향으로 링 옆면에 접착제를 바르고 레이스를 붙입니다.

10

뒷면의 레이스와 링 사이에도 접착제를 발라 붙입니다.

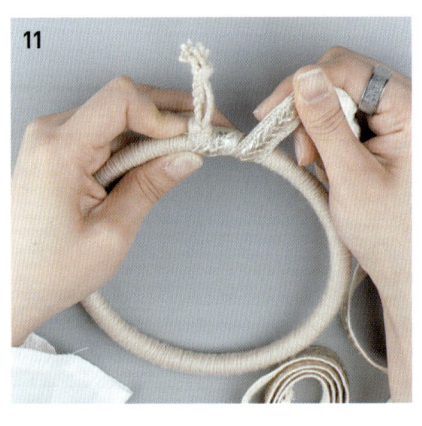
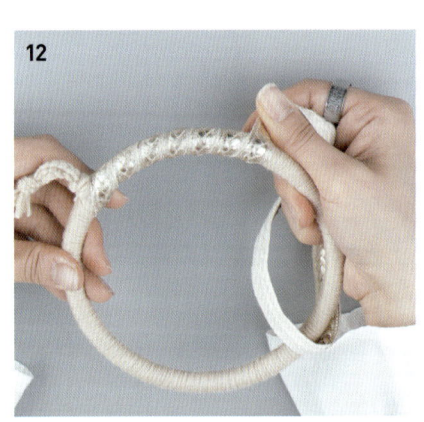

11-12

시계 방향으로 링에 레이스를 감습니다.

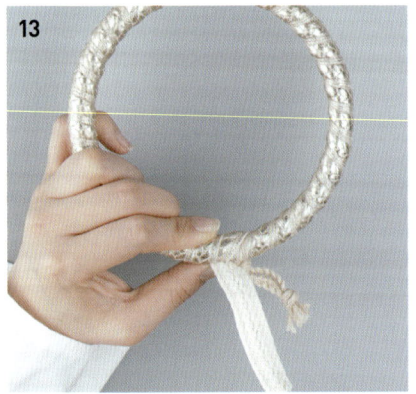

13-14

뒷면으로 돌려 링 레이스 위에 접착제를 칠하고 남은 레이스를 붙입니다.

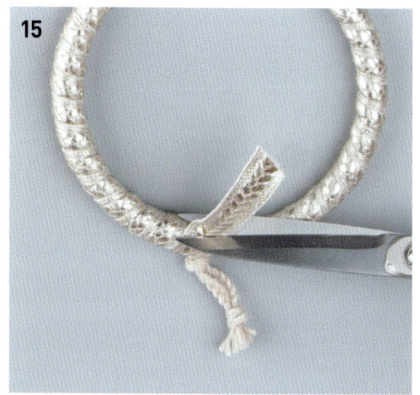
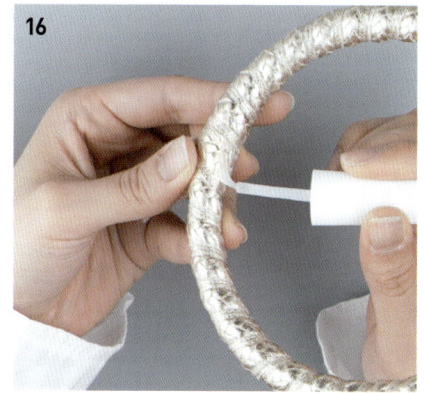

15-16
남은 레이스를 잘라내고, 지저분한 부분은 접착제를 발라 마무리합니다.

17
레이스를 감은 링이 완성되었습니다.

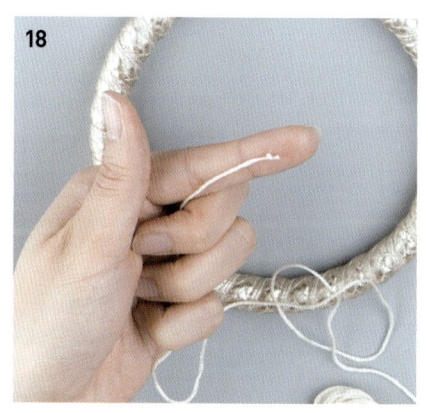
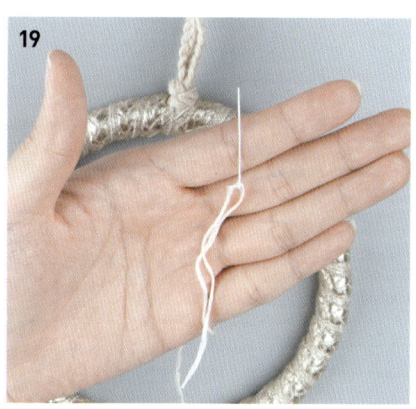

18
그물 실의 끝에 매듭을 두 번 겹쳐 짓습니다.

19
반대편 끝에는 바늘을 끼웁니다.

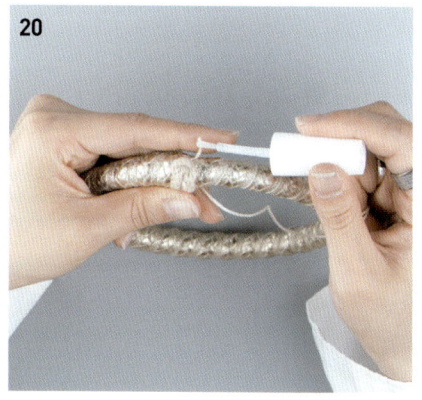
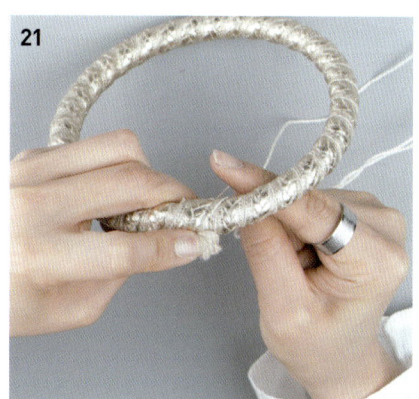

20
뒷면 레이스 사이로 바늘을 통과시켜 그물 실을 중앙 하단으로 모두 빼낸 뒤, 그물 실의 끝 매듭 부분에 접착제를 바릅니다.

21
실을 당겨 접착제를 바른 매듭 부분을 레이스 안으로 숨깁니다.

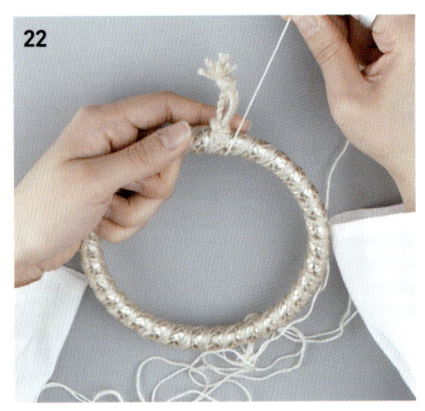

22

첫 번째 서클을 고리의 오른쪽으로 최대한 가깝게 올려 만듭니다.

23-25

총 12개의 서클을 같은 간격으로 만듭니다.

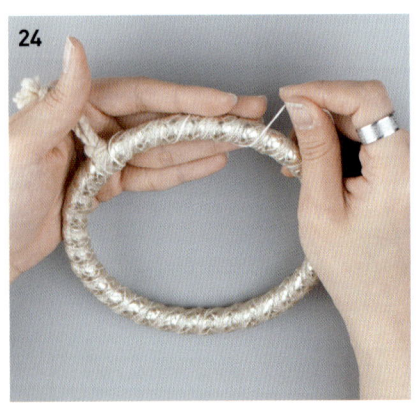

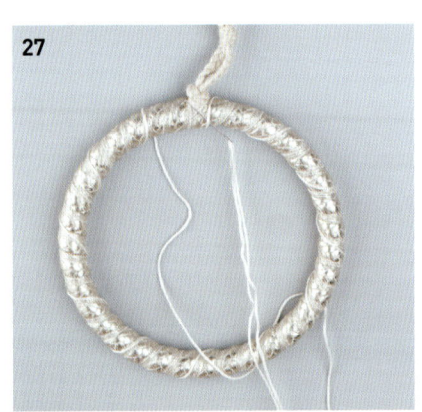

26

12개의 서클을 만들었습니다.

27

첫 번째 서클에 오른쪽에서 왼쪽으로, 아래에서 위를 향하는 방향으로 바늘을 걸어서 실을 빼줍니다.

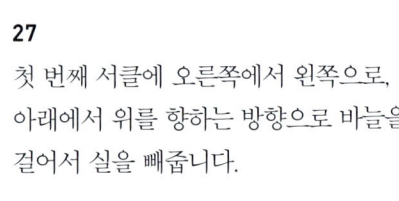

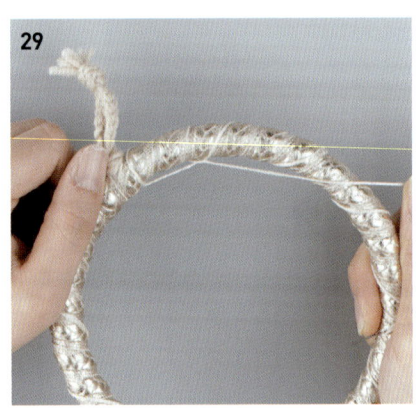

28-29

두 번째 서클에도 오른쪽에서 왼쪽으로, 아래에서 위를 향하는 방향으로 바늘을 걸어서 실을 빼줍니다.

30-31

그러면 첫 번째 서클과 두 번째 서클 사이에 선이 하나 생깁니다. 세 번째 서클에도 바늘을 걸어 실을 빼줍니다. 이런 식으로 선을 만들어가며 열두 번째 서클까지 걸어줍니다.

32

마지막 서클에서 첫 번째 서클로 가는 실에 뒤에서 앞으로 바늘을 걸어 빼줍니다. 바늘을 링 안쪽 뒤로 보내어, 뒤에서 앞으로 꽂으면 쉽게 바늘을 걸 수 있습니다.

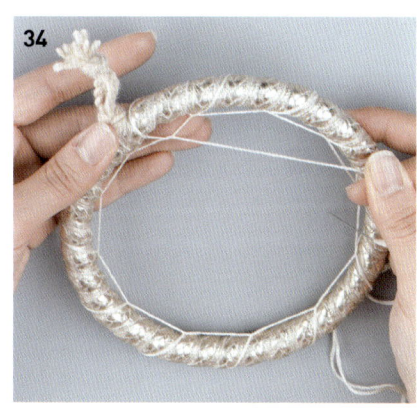

33

이제 마지막 서클과 첫 번째 서클 사이에 엮인 부분이 생겼습니다. 이 엮인 부분을 만들어가며 그물을 짭니다.

34

첫 번째 서클과 두 번째 서클 사이에 바늘을 뒤에서 앞으로 걸어줍니다.

35

또 엮인 부분이 생겼습니다.

Dreamcatcher

36-37
엮인 부분이 가운데로 오도록 왼손으로 잡고, 두 번째 서클과 세 번째 서클 사이에 바늘을 뒤에서 앞으로 걸어 당깁니다. 또 엮인 부분이 생기고 이번에는 점차 삼각형이 생깁니다. 이 삼각형을 만들어가며 1바퀴 그물을 짭니다.

38
고리 바로 아래 작은 삼각형이 생겼습니다.

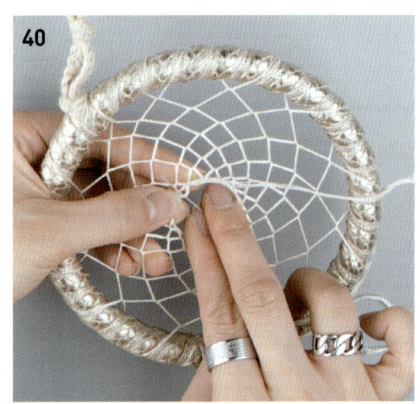

39
그 삼각형 밑변에 뒤에서 앞으로 바늘을 걸고, 나의 몸 쪽으로 당깁니다.

40
그다음 삼각형 밑변에도 뒤에서 앞으로 바늘을 걸고, 몸 쪽으로 당깁니다.

41
바늘을 느슨하게 놓았을 때 펜던트 지름과 비슷하게 원이 생길 때까지 그물을 짭니다.

42-44

그물을 완성하기 위해 가까운 그물에 바늘을 끼워 당기고, 고리가 생기면 바늘을 넣어 매듭을 짓습니다.

45-46

남은 실을 짧게 자르고 그물이 풀리지 않도록 매듭 부분에 접착제를 바릅니다.

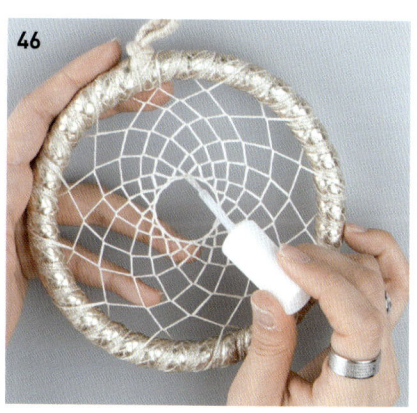

47

드림캐쳐 그물이 완성되었습니다.

48

금속 펜던트가 원 안에 놓이도록 고리에 오링을 걸어 위치를 잡습니다.
(평 집게 사용)

49

오링을 닫아 마무리합니다.

Dreamcatcher

50

깃털을 준비하여 모두 다듬습니다.

51-52

무늬 깃털과 화이트 깃털을 1개씩 잡고 뒷면끼리 마주 보게 겹칩니다.

53

금사 1줄을 2/3로 접어 깃대 끝에 고리를 만들어 잡습니다.

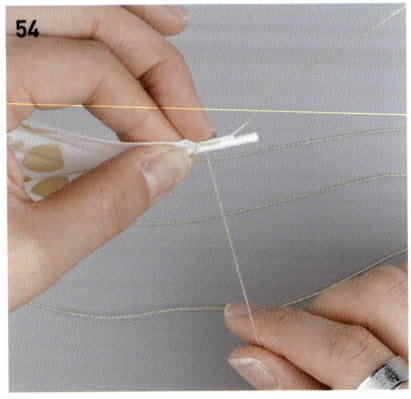

54-55

깃털 5개를 모두 묶습니다.

56-57
깃털 끝을 나뭇잎 모양으로 예쁘게 오립니다.

58
모두 예쁘게 오려서 준비합니다.

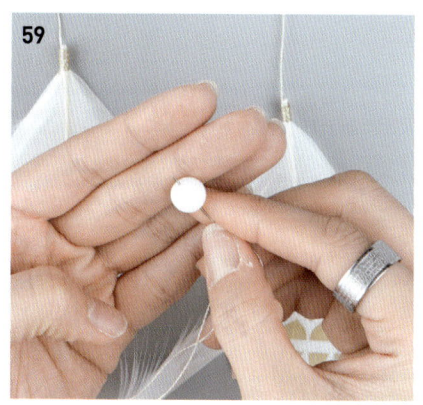
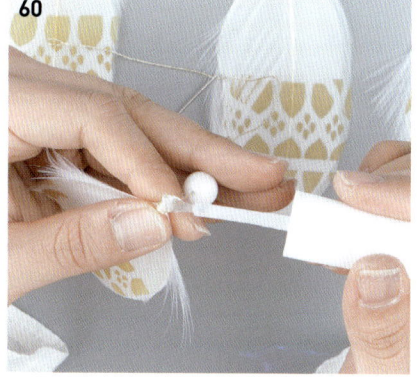

59
가운데 깃털부터 바늘을 꿰어 원석을 꽂습니다.

60
가장 하단의 원석과 깃대가 붙도록 실과 깃대 끝에 접착제를 바릅니다.

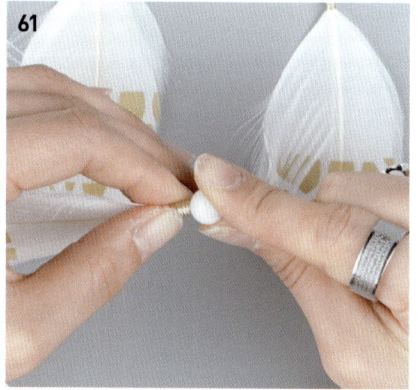

61
깃털과 원석을 붙이고 마를 때까지 잠시 기다립니다.

62-63

원석을 순서대로 꿰어준 뒤, 2cm 정도의 간격을 만들어 매듭을 두 번 겹쳐 짓습니다.

64

매듭 위에 원석을 꿰어줍니다.

65

이런 방식으로 원석을 모두 꿰어줍니다.

66

가운데부터 깃털을 달아줍니다.
고리를 들고 링의 중앙을 찾습니다.

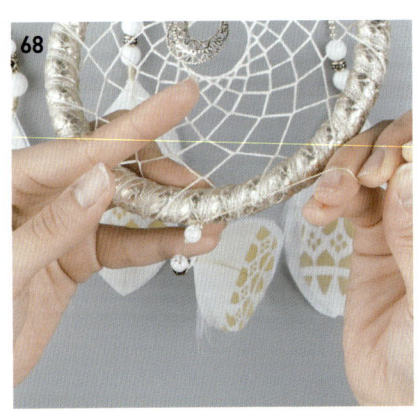

67-68

중앙 하단의 레이스 부분에 바늘을 앞에서 뒤로 꽂고, 한 번 휘감아 생긴 고리에 바늘을 넣어 매듭을 짓습니다. 깃털을 기준으로 한 번 더 휘감아줍니다.

69

다시 바늘을 앞에서 뒤로 꽂습니다.

70

남은 실을 2mm 남기고 짧게 잘라냅니다.

71-72

짧게 잘린 실 부위에 접착제를 칠하고 원석 쪽으로 실을 붙여 마감합니다.

73

나머지 깃털의 위치를 잡고 깃털을 모두 달아줍니다.

74

화려한 골드 드림캐쳐 완성!

14 / 크리스탈이 그물 위에 화려하게 장식된 펜던트 드림캐쳐

보라색 계열의 다양한 크리스탈들을 그물에 배치한
펜던트 드림캐쳐 만들기

짙은 보라색 자스민 펜던트를 이용하여 중형 드림캐쳐를 만들어볼 거예요. 이 드림캐쳐의 가장 큰 특징은 그물 위에 예쁘게 보라색 계열의 크리스탈들을 장식한다는 거지요. 차근차근 크리스탈을 넣는 패턴을 익히면서 따라 하면 어렵지 않게 완성할 수 있습니다.

깃털을 원석과 크리스탈로 무게를 조정해가며 사선으로 달아 세련된 분위기까지 연출해볼게요. 깃털과 원석이 많아서 시간이 꽤 소요될 테니 인내심을 가지고 작품을 완성해보세요!

작품 기본 정보

- ◇ 링을 감는 실: 825cm(5팔 반) 3줄 – 다크퍼플(아크릴 50%, 울50%)
- ◇ 그물 실의 길이: 450cm(3팔)
- ◇ 서클의 개수: 12
- ◇ 깃털 방향 개수: 7
- ◇ 완성 크기: 가로 19.3cm × 총 길이 50cm(고리 제외)

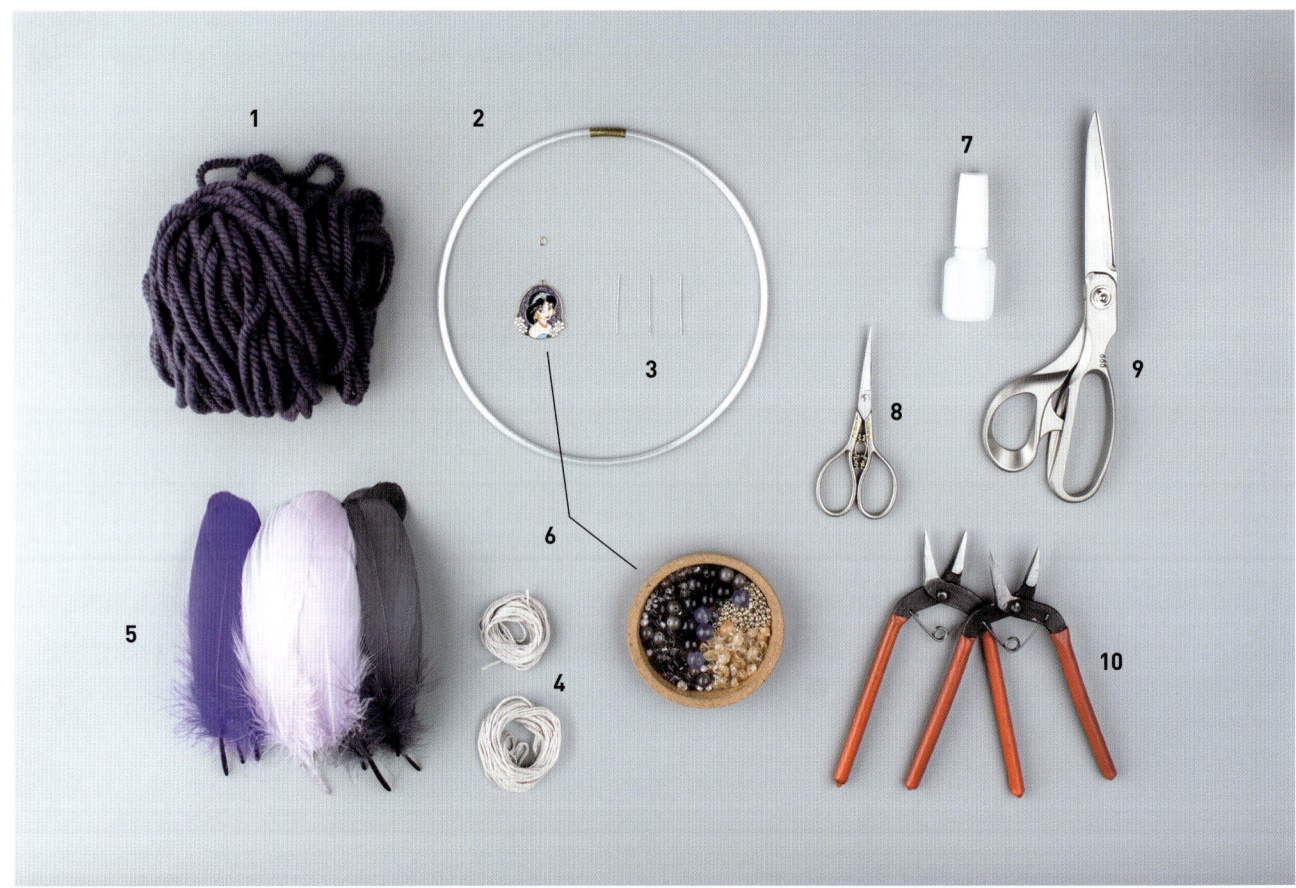

재료

1 링 감는 용 울 소피아 5mm 다크퍼플
2 링 지름 18cm 1개
3 독일 십자수 바늘 14CT(24호) 여러 개
4 자수실 DMC25 #453
 – 그물 짜는 용 450cm 1줄
 – 깃털 묶는 용 약 60cm 7줄
5 진회색 깃털(중) 7개, 진보라 깃털(중) 3개, 연보라 깃털(중) 7개
6 자스민 펜던트 1개, 오링 1개, 자수정 10mm 7개, 연퍼플 원석 10mm 4개, 진회색 마노 8mm 7개, 시트린오렌지 칩스 27~28개, 사각 퍼플 6mm 19개, 씨드비즈 골드 3mm 43개, 진회색 크리스탈 6mm 16개, 자수정 칩스 7개, 밀키 퍼플 AB 4mm 14개, 바이올렛 AB 크리스탈 론델 4mm 16개
7 브러시형 순간접착제
8 작은 가위
9 재단 가위
10 평 집게(오링 집게) 2개

제작 과정

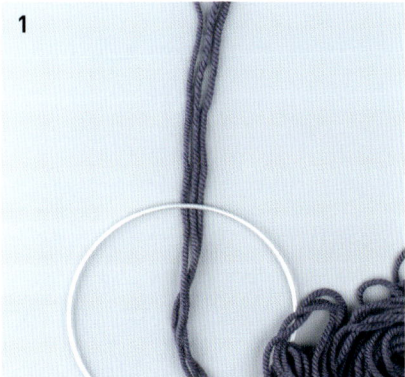

1-3

링의 12시 방향에 실을 X자로 묶어 준비합니다.

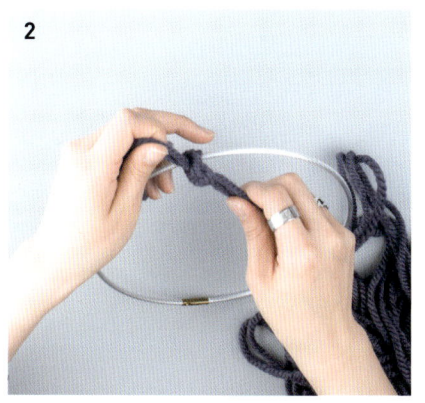
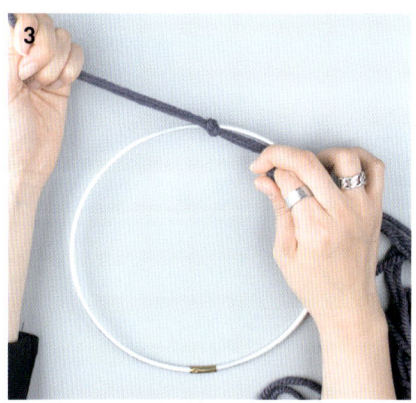

4-5

X자로 묶은 부분의 오른쪽으로 링과 털실 옆면에 접착제를 약간 발라준 뒤 붙입니다. (접착제가 굳도록 잠시 기다려주세요.) 그런 다음 실을 올려 감아 붙입니다.

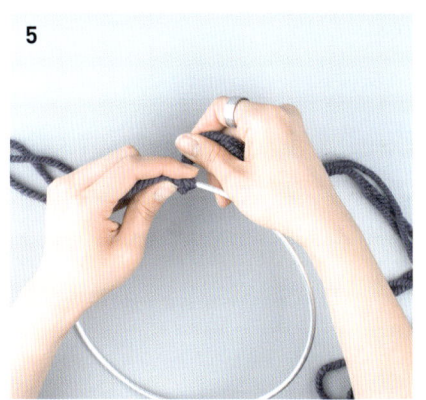

6

실을 당겨 한 번 더 겹쳐 감습니다.

7

튼튼하게 고정하기 위해 링 옆면에 한 번 더 접착제를 바릅니다.

Dreamcatcher

8

실을 올려붙입니다. 이 두께로 1바퀴를 감습니다.

9

모두 감았으면, 링 옆면에 접착제를 발라 올려붙입니다.

10

고리를 넘어 1바퀴 더 감아줍니다.

11

고리 오른쪽으로 넘겨 시계 방향으로 실을 감습니다.

12-14

2바퀴를 모두 감고 링 옆면에 또 접착제를 발라 올려붙입니다.

15
줄을 모두 잡고 한매듭을 합니다.

16
실을 두 갈래로 나눠 양쪽으로 당겨 매듭을 최대한 링 쪽으로 밀어주세요.

17
링을 뒤집어서 3줄씩 두 갈래로 나눕니다.

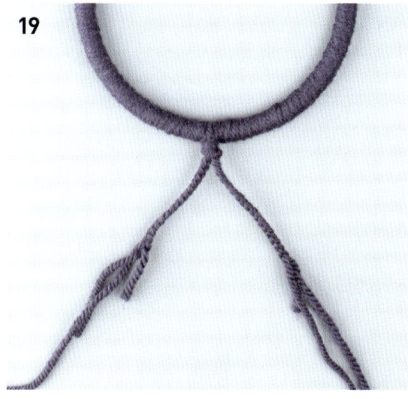

18-19
두 갈래 모두 세 줄 땋기를 해줍니다.

20
2cm~ 3cm 간격을 두고 한매듭을 한 뒤, 1cm만 남기고 잘라냅니다.

21
드림캐쳐 링 부분이 완성되었습니다.

Dreamcatcher

22-23
그물 실 끝을 두 번 겹쳐 묶습니다.

 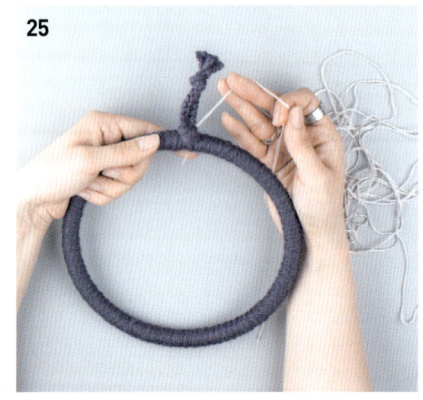

24
끝을 1mm만 남기고 잘라내고
반대편에는 바늘을 끼워줍니다.

25
링의 앞뒷면을 결정합니다. 링의 뒷면
위쪽에서부터 시작하여 앞면을 봤을
때 고리 바로 아래 중앙으로 바늘이
나오게 한 후, 실 끝에 지은 매듭이 걸릴
때까지 당깁니다.

26-27
그물 실의 매듭에 접착제를 발라
앞에서 당겨 매듭을 실 뒤로 숨깁니다.

28
고리 오른쪽으로 첫 번째 서클을
만듭니다.

29

서클을 일정한 간격으로 총 12개 만듭니다.

30

첫 번째 서클에 오른쪽 아래에서 왼쪽 위를 향하는 방향으로 그물 실에만 바늘을 걸어주세요.

31

두 번째 서클에도 오른쪽 아래에서 왼쪽 위를 향하는 방향으로 그물 실에만 바늘을 걸어주세요.

32-33

마지막 서클에까지 걸어준 뒤, 실과 바늘을 링의 안쪽으로 해서 뒤로 보낸 후, 바늘을 마지막 서클과 첫 번째 서클이 이어지는 부분의 뒤에서 앞쪽으로 걸어 몸 쪽으로 당기세요.

34-35

마지막 서클과 첫 번째 서클 사이에 엮인 부분을 가운데에 위치하게 두고, 왼손으로 잡습니다. 첫 번째 서클과 두 번째 서클 사이에 생긴 줄에 뒤에서 앞으로 실을 걸어주고 몸 쪽으로 당깁니다. 이렇게 엮인 부분을 잡아가면서, 그물을 1바퀴 짭니다.

36

1바퀴를 모두 짠 뒤, 고리 바로 아래 삼각형의 밑변에 뒤에서 앞으로 바늘을 걸고 몸 쪽으로 당깁니다.

37

왼쪽으로 또 삼각형이 생겼습니다.

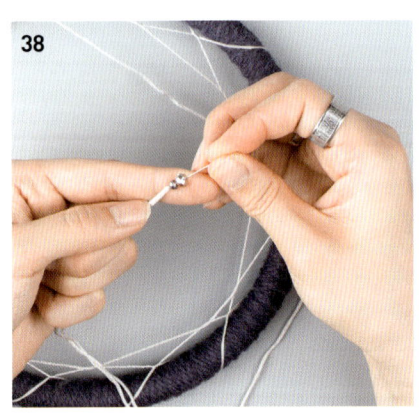

38

이제부터는 크리스탈과 원석, 크리스탈을 하나씩 걸어가며 그물을 짭니다. 바늘에 바이올렛 AB 크리스탈 4mm와 진회색 크리스탈 6mm를 1개씩 꿰어줍니다.

39

크리스탈이 그물 실에 걸려 있는 상태에서 그물 실을 조금 팽팽하게 당겨줍니다.

40

이전에 엮은 부위를 잡아줍니다.

41

다음 삼각형의 밑변에 바늘을 뒤에서 앞으로 걸고 몸 쪽으로 당깁니다.

42

크리스탈 두 개가 그물 안에 잘 들어갔습니다.

43
사각 퍼플 6mm, 밀키 퍼플 AB 4mm, 바이올렛 AB 4mm, 진회색 6mm 크리스탈들을 순서대로 바늘에 꿰어줍니다.

44
크리스탈들을 그물 안에 위치하게 두고 그물을 당깁니다.

45
엮인 부위를 왼손으로 잡습니다.

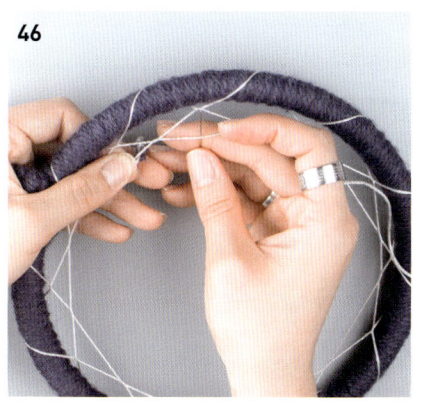

46
다음 삼각형의 밑변에 바늘을 뒤에서 앞으로 걸고 몸 쪽으로 당깁니다.

47
그물 실을 당깁니다.

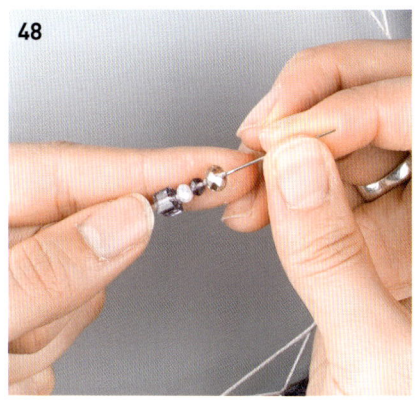

48
바로 이전에 넣었던 사각 퍼플 6mm, 밀키 퍼플 AB 4mm, 바이올렛 AB 4mm, 진회색 6mm 크리스탈들을 순서대로 바늘에 꿰어줍니다.

49
그물 실을 당겨 크리스탈들의 위치를 확인합니다.

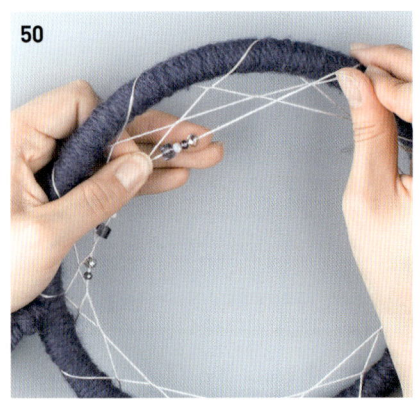

50

이전에 엮은 부위를 왼손으로 잡습니다.

51

다음 그물에 바늘을 걸어서 당깁니다.

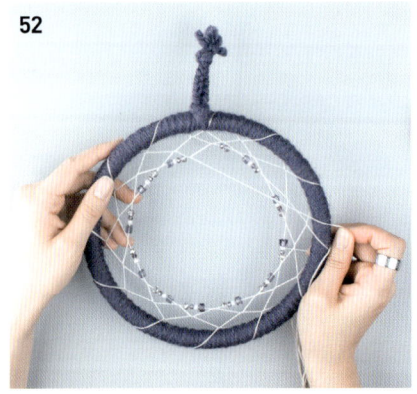

52

크리스탈을 걸며 그물을 짜주었습니다.

53

사각 퍼플 6mm, 밀키 퍼플 AB 4mm를 순서대로 바늘에 꿰어줍니다.

54

다음 크리스탈이 걸린 그물에 뒤에서 앞으로 바늘을 걸어줍니다.

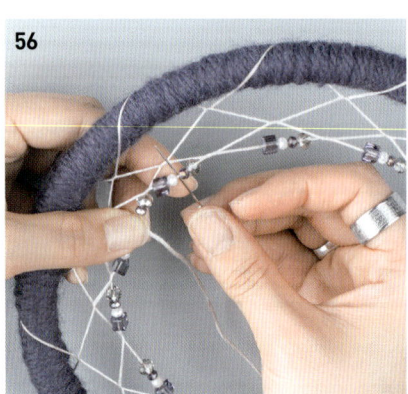

55

실을 당기고 엮인 부위를 왼손으로 잡습니다.

56

그다음 그물에는 크리스탈 4개 사이 가운데에 바늘을 뒤에서 앞으로 걸어줍니다.

57
실을 당깁니다.

58
엮인 부위를 잡습니다.

59
다음 그물에도 크리스탈 4개의 사이에 바늘을 걸어줍니다.

60
실을 당깁니다. 이렇게 계속 크리스탈 사이에 걸어 그물 1바퀴를 짜줍니다.

61
이번에는 사각 퍼플 6mm와 밀키 퍼플 AB 4mm 크리스탈 사이에 바늘을 뒤에서 앞으로 걸어줍니다.

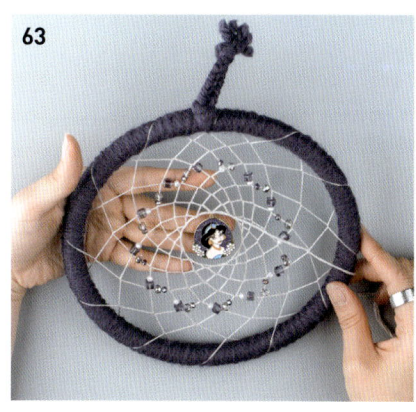

62
다음 그물에도 뒤에서 앞으로 바늘을 걸어줍니다.

63
바늘을 손에서 놓고 펜던트를 대보았을 때, 펜던트의 지름보다 약간 큰 크기의 원이 나올 때까지 그물을 짭니다.

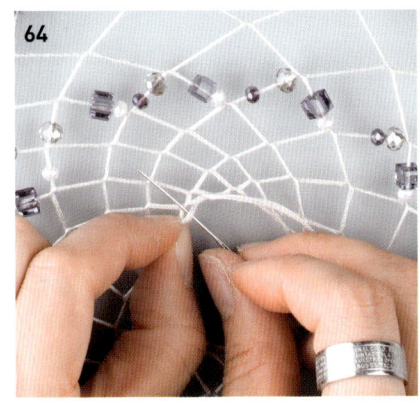

64-66

바로 이전 그물에 바늘을 걸고 매듭을 지어 당깁니다.

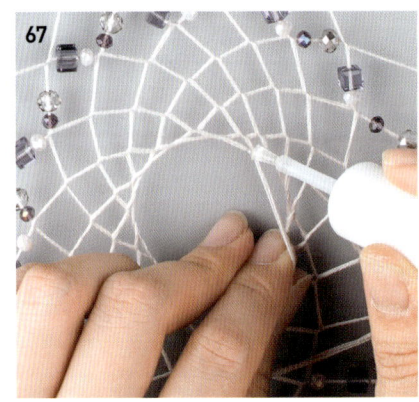

67

실이 풀어지지 않도록 매듭 부위에 접착제를 바릅니다.

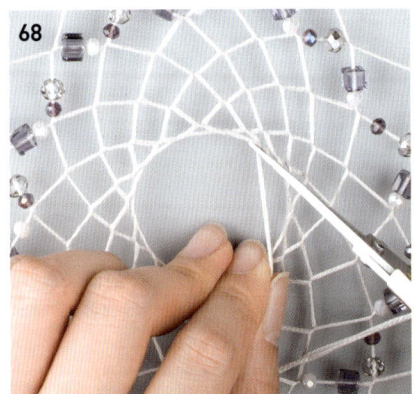
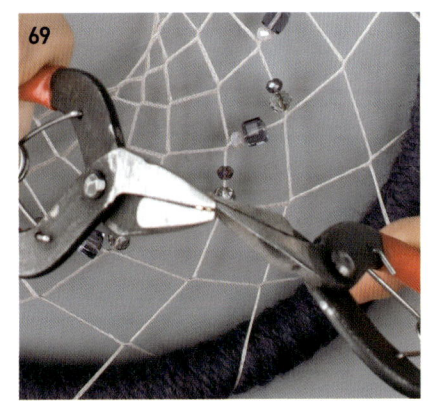

68

남은 실을 잘라냅니다.

69

오링을 벌립니다.

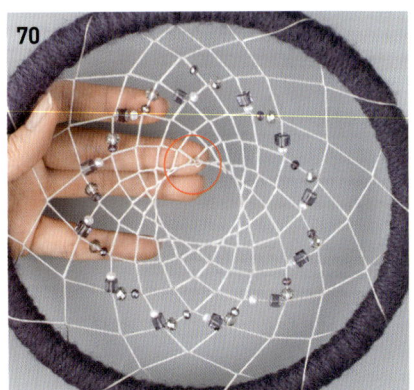

70

가운데 빈 원에서 12시 방향을 찾아 오링을 걸어줄 위치를 찾습니다.

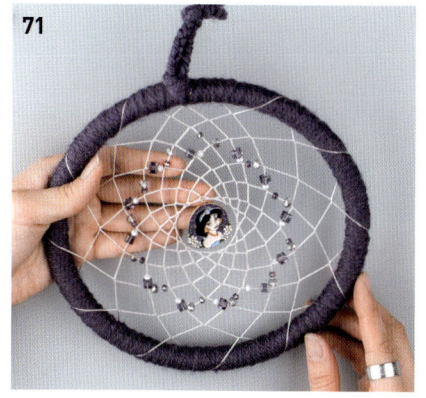

71
오링에 펜던트 고리를 걸어줍니다.

72
오링을 닫습니다.

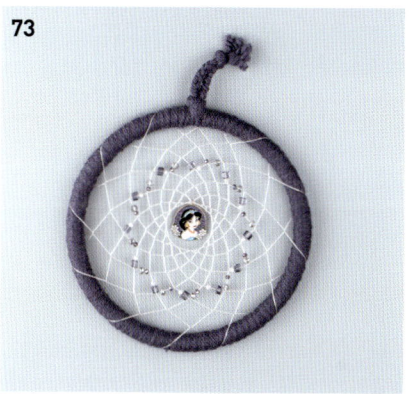

73
드림캐처 그물이 완성되었습니다.

74-75
깃털을 준비하여 다듬고 깃털 실을 알맞게 잘라 준비합니다.

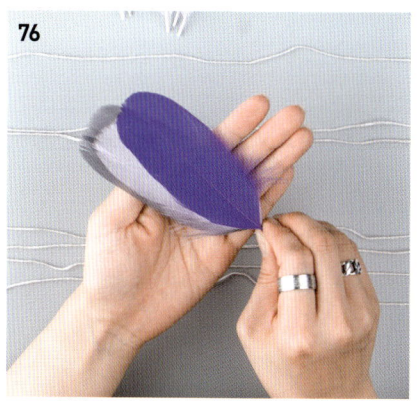

76
진회색 깃털과 연보라 깃털을 뒷면끼리 마주 보게 겹친 뒤, 진보라 깃털을 올립니다.

77

진회색 + 연보라 + 진보라 깃털 3개와 연보라 + 진보라 깃털 4개를 모두 묶습니다.

78

진보라색이 들어간 깃털 3개 먼저 원석을 꿰어 위치를 잡습니다.

79

3개의 깃털을 모두 달아줍니다.

80

나머지 4개의 깃털을 사이사이 간격이 맞도록 위치를 잡습니다.

81

나머지 깃털 4개도 모두 달아줍니다. 드디어 반짝이는 크리스탈과 보랏빛 펜던트로 장식한 드림캐쳐 완성!

Dreamcatcher

Dreamcatcher & Modern Macrame Since 2013
"Your dream is always in your hands."

HANDICRAFT
꿈을 만드는 공방
making-dream studio

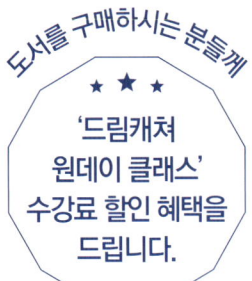

도서를 구매하시는 분들께
★★★
'드림캐쳐 원데이 클래스' 수강료 할인 혜택을 드립니다.

'꿈을만드는공방'은 드림캐쳐 외에도 마크라메, 썬캐쳐 등 많은 공예 수강 프로그램을 운영하고 있습니다. 본 책에 수록되어 있는 작품들은 전국 모든 가맹점에서 수강받으실 수 있으며, 책을 구매하신 분들에 한하여 **'드림캐쳐 원데이 클래스' 수강료를 1인당 10% 할인** 받으실 수 있습니다.

드림캐쳐 원데이 클래스의 종류는 꿈을만드는공방 공식 홈페이지 또는 각 가맹점의 네이버 예약 페이지를 통하여 확인하실 수 있습니다.

본사
경기 평택시 송탄로 254 2층
e www.making-dream.com
○ makingdream_weeklyj

인천점
인천 부평구 길주로 585번길 8
○ makingdream_incheon
● 꿈을만드는공방 인천점

수원점
경기 수원시 영통구매탄로204번길 2
○ da_all.2017
● beauty4258

평택점
경기 평택시 이충로100번길65-15
○ makingdream_pt
● 꿈을만드는공방 평택점

아산점
충남 아산시 온천대로 1496 온양온천역
방문객센터 1층
○ ggoom_dream
● lim9710298

대구점
대구 남구 대명복개로1길 30
○ lyrique_atelier
● 리리끄아틀리에

부산점
부산 남구 문현로 5-1
○ makingdream_busan
● 꿈을만드는공방 부산점

베이직부터 커스텀까지
내 손으로 만드는 15가지
드림캐쳐 수업

1판 1쇄 발행 2021년 9월 3일

지은이 위클리제이·이경미
펴낸이 조윤지
P R 유환민
책임편집 박지선
디자인 지완

펴낸곳 책비(제215-92-69299호)
주 소 (13591) 경기도 성남시 분당구 황새울로 342번길 21 6F
전 화 031-707-3536
팩 스 031-624-3539
이메일 readerb@naver.com
블로그 blog.naver.com/readerb
포스트 post.naver.com/readerb

'책비' 페이스북
www.FB.com/TheReaderPress

ⓒ 2021 위클리제이·이경미
ISBN 979-11-87400-56-1 (13630)

※ 책값은 뒤표지에 있습니다. 잘못된 책은 구입처에서 교환해 드립니다.

책비(TheReaderPress)는 여러분의 기발한 아이디어와 양질의 원고를 설레는 마음으로
기다립니다. 출간을 원하는 원고의 구체적인 기획안과 연락처를 기재해 투고해 주세요.
다양한 아이디어와 실력을 갖춘 필자와 기획자 여러분에게 책비의 문은 언제나 열려 있습니다.
• readerb@naver.com